初中语文必读名著
整本书阅读教学设计

罗文华　邢国飞　邓永辉　主编

中国农业出版社
农村读物出版社
北　京

图书在版编目（CIP）数据

初中语文必读名著整本书阅读教学设计／罗文华，邢国飞，邓永辉主编 . —北京：中国农业出版社，2024.1（2024.9重印）

ISBN 978-7-109-31589-1

Ⅰ.①初… Ⅱ.①罗… ②邢… ③邓… Ⅲ.①阅读课－教学设计－初中 Ⅳ.①G633.332

中国国家版本馆 CIP 数据核字（2023）第 231961 号

中国农业出版社出版

地址：北京市朝阳区麦子店街 18 号楼

邮编：100125

责任编辑：黎思玮

版式设计：杨　婧　　责任校对：吴丽婷

印刷：三河市国英印务有限公司

版次：2024 年 1 月第 1 版

印次：2024 年 9 月河北第 2 次印刷

发行：新华书店北京发行所

开本：700mm×1000mm　1/16

印张：20.75

字数：395 千字

定价：68.00 元

编委会

序 一

前段时间，江西师范大学附属中学的罗文华老师给我发来他与邢国飞、邓永辉两位老师主编的《部编本语文必读名著整本书阅读教学设计》书稿的电子文本，嘱我写一篇序言。感谢其厚爱之余，我也有一些惶恐，当然更多的还是有一种难以承担却也不能不去积极承担的责任感与使命感。在师范大学教书，是需要特别关注基础教育的建设与发展的；也只有在这个过程中，才能期望有效实现高等教育与基础教育的深度勾连，从而促成二者的耦合与进步。

《初中语文必读名著整本书阅读教学设计》的第一关键词，自然是"教学设计"，我作为总主编的《部编本语文教材教学设计》丛书一套六册刚刚在中国农业出版社出版完成，其呈现和展示的也是"教学设计"。在丛书的序言中，我谈了三个问题，即：语文学科教学设计的确定性、语文学科育人方向的明确性与语文学科教学设计的生成性。受制于学养，我一时也说不出更多的认识与感悟，只能是基于此，并由此出发，在这里，简要地聊一聊；当然，在具体论述中，会适度结合"整本书阅读"教学设计问题，尤其是《初中语文必读名著整本书阅读教学设计》这一著述作一些力所能及的表达。

一、语文教学设计的确定性

语文是一种人文基础学科，其在人才培养方面存在自身的特点与优势，同时也理应承担起更为重要也更为专业的使命和责任。课堂教学是有效落实语文学科"立德树人"根本任务的一个重要维度。

通常意义上，构成课堂教学活动的重要质素包括作为主体的学生、作为引导者也是主体的教师，以及参与到教学过程中的诸多辅助性活动，如教学设计、教学评价等。从这个角度上看，语文教学设计是教育教学活动的基本环节，是关于"教什么""怎样教"问题的一种操作方案，是语文教师根据学科育人方向和课程标准要求，结合学情和认识规律，运用系统集成的思路与方法，在深度解读教学文本的基础上，对教学目标、教学内容、教学方法和教学评价等开展的一种科学合理且行之有效的分析和策划。可见，适切的语文教学设计对于语文课堂教学的有序开展具有重要意义，其能够为具体的教学活动的开展提供基本的方向和目标，是关乎教学质量和教学效度的关键。从这个意义上说，语文教师理应寻求语文教学设计的确定性。

语文教学设计，顾名思义，其至少包含三个层面的内容：其一，语文教学是需要一定的设计的，无论是传统教学模式下的单篇课文教学还是当前倡导和实施的单元教学、群文教学都需要积极探寻一定的教学实施方案；换言之，借助于科学可行的教学设计，语文课堂教学理想效果的达成也就更加具有可能性。其二，语文课堂教学在一定程度上是可以被"设计"的，教材文本作为教师开展教学活动的依凭之一，其在教学活动的发生过程中具有一定的相对稳定性，这也为教学设计提供了基本抓手，使设计活动本身能够得以实现。其三，语文教学设计作为语文教师在遵循生命发展规律和教育基本原理、教学基本要求的基础上，充分发挥自身的主观能动性对教材文本进行的一项规划活动，其具有颇为鲜明的个性化特征；但更为重要的是，教学设计的核心在于"教"和"学"，也就是说，解决教师教什么、怎样教、教得怎么样以及学生学什么、如何学、学得怎么样的问题理应成为教学设计的首要任务，也是其出发点和落脚点，而这也必然地需要与语文学科的价值属性及其育人方向密切结合在一起。语文学科教学作为当下学科教育的重要组成部分，其学科特质和总体育人目标是确定性的，因而具体到教学设计层面，也应当遵循语文教育的本质要求，与语文学科和语文课程的育人方向相契合。由是，语文学科的教学设计是一项能够充分展现教师对于教育问题的基本理解以及对于教材文本的深度解读的教学准备活动，其并非唯一的、恒定的，而是具有一定的开放性、包容性和生成性；而从另一个方面来看，语文学科教学设计也因其非标准化特征，从而促使我们要遵循语文学科教学的根本方向，把握语文教育最为内核的育人魂魄，在合理的多样化形态中积极寻求其确定性。整本书阅读教学设计也是如此，可以确认的是，《初中语文必读名著整本书阅读教学设计》很好地体现出了语文教学设计的确定性这一要求。

二、语文教学设计的生成性

从某种意义上说，语文教学设计的生成性是与其确定性相对而言的。

教学表现为一种双向运动，其最大成效是在教育实践过程中实现师生的共同发展和进步。美国后现代课程观的代表人物小威廉姆·E. 多尔认为，课程本身不是固定不变的，而是表现为一种文化发展和创造的过程，也是在师生共同参与的活动中其能力、经验、观念不断生成的过程。这就意味着，教育教学活动不是知识内容的简单灌输和教学计划的固定实施，而是师生一起建构课堂教学意义及其持续生成的过程。因此，语文教学并不是对已有的确定性的教学设计的全盘照搬，在明朗的学科育人方向的确立中，其具有一定的弹性尺度和生成空间。教师不能机械地按照预设的思路进行教学，而是应该充分运用自身的学科素养和教学能力，将教学活动涉及的诸多质素加以统整，并结合具体的教学环境和学生的实际情况灵活地对其进行调整，使语文课堂处于动态发展的过程中，实现教师与学生双重主体的再创造、再生发。必须明确，这是语文学科教学设计生成性的题中应有之义。

就教学设计内容本身而言，其生成性还体现在教学方法、教学环节、教学情境、教学组织形式等方面。我们知道，语文教学设计是一项系统工程，其中起决定性作用的是教师对于语文学科育人方向的理解以及其自身所确立的语文教育教学理论主张，而构成教学设计的其他部件则是可以根据教学现实需要进行灵活调整的。

为了使一堂语文课达到理想的教学效果，教师在实际教学中要从育人质量和课堂效度的角度对事先预设的教学方案进行局部调整，例如，根据授课对象的认识水平和语文能力对所设定的教学环节、教学评价方式等进行适当而必要的改造，使其既能满足学生语文知识习得的需要，又能促进思维的提升与发展。当前广泛受到关注的"同课异构"教学实践活动，其理论原点正在于此。所谓"同课异构"，是指选用同一个教学文本，围绕同一学科教学方向，设定基本一致的教学目标，但在具体的课堂教学上则因不同教师和不同的授课对象而表现出不同的情形。这同时也就意味着，语文教学设计并非标准化、唯一性的。作为一项复杂的个体精神性实践活动，其在遵循总体的学科育人目标的前提下，可以有也应该有更为丰富的外在呈现形式。因此，在总体育人方向明确而又合理的基础上，语文教学设计在具体的实现路径等方面具有一定的可调整空间，这不仅是课堂教学生成性的某种体现，更是语文教育保持鲜活生命力的内在诉求。语文教师应当充分认识到这种生成性所产生的课堂教学的美学张力，并在日常教学实践中矢志追求，努力达到语文学科教育教学的深层次和谐状态。《初中语文必读名著整本书阅读教学设计》中导读课、推进课、展示课三种课型的设置及其丰富性展开就必然地包含并次第呈现出我们在这里所探讨的语文教学设计的生成性样貌。

三、语文教学设计的创新性

在事物的推进和发展上，创新是灵魂。从哲学上说，创新是一种人的创造性实践行为。生成，即意味着某种程度的创新；换言之，语文教学设计具有在确定性基础上的生成性，也就毫无疑问地表现出其一定的创新性。当然，我们在这里谈及的语文教学设计的创新性，更为根本的是指向其理论层面的创新要求。有理论创新，教学设计也就必然表现出不同于以往的新的情形。

关于《初中语文必读名著整本书阅读教学设计》这一著述，特别值得一提的是其构建了整本书阅读教学的1238理论体系。

一核：培养阅读习惯，训练阅读思维，提高阅读素养，实现育人目标。

双线：初中语文教材名著阅读线上、线下同时进行，互为补充，互相促进。

三层：内容开发层（导读课、推进课、展示课），三级实践层（校级、年级、班级），多项成效层（论文发表多篇，课题成果多项，培养阅读微课程实施种子教师，开发名著阅读系列微课等）。

八性：统整性（整本书阅读需要学校从"整体"入手，在阅读内容、活动安排上做到科学、系统、周全地规划与实施）；专题性（围绕整本书开展的专题教学，是把整本书阅读和专题教学黏合在一起的实践创新，是在困境中的"突围"和"建设"）；关联性（建立关联有三个基本维度：不同书目之间的关联，书中内容和学生自身生活体验的关联，书中内容和学生所处世界的关联）；精简性（借助系列微课，大大节约了阅读名著所需的时间）；情境性（名著阅读活动设计的情境越真实，越贴近学生的生活实际，越容易激发学生深度阅读的动机，有助于推动学生开展真实的阅读思考，提出真实的问题）；趣味性（根据每部名著的特质，寻找小而精的切入点，激发兴趣。微课程的呈现形式多样，可以是视频、音频、PPT 等形式，也可以设计丰富的背景，精美的图画，突出学科知识的趣味性和情境性，学生可以根据自己的喜好来实施选择性学习）；灵活性（学习模式灵活多样）；活动性（可开展读书分享会、群英故事会、名著知识竞赛、专题小论坛、演讲比赛、辩论比赛等一系列活动）。

必须予以确认的是，通过这一整体构架及其实践展开，不仅明确了整本书阅读教学之"核"，也有效地规范了整本书阅读教学的组织形式及内在肌理，表现为一种可贵的探索与尝试。

言有尽而意无穷，著作的价值和意义全靠读者阅读与评价，是为序。

詹艾斌

2023 年 4 月

詹艾斌，江西师范大学文学院教授、博士生导师；教育部基础教育语文教学指导专业委员会委员，江西省普通高等学校中国语言文学类专业教学指导委员会主任委员。

序 二

受罗文华初中语文名师工作室邀请，为《初中语文必读名著整本书阅读教学设计》一书作序，我欣然命笔，乐在其中。

众所周知，现在很多青少年很难静下心读整本书。这既有应试的原因：为了提高语文考试成绩，盲目大量刷题，作文习惯套作，令人痛心。这种急功近利，只见树木、不见森林的行为严重制约着学生的综合发展。又有现实的原因：各种电子产品在去文字化方面发展很快，学生们一步一步地远离文字而走向影像世界。在语文教学实践中，要坚持并推广整本书的阅读几乎成了一种奢望。

叶圣陶先生曾说过，整本书阅读的目的是"养成读书习惯""了解固有文化""增强民族意识""发扬民族精神"。我们现行的单篇阅读教学无法形成学生整体性阅读的思维和习惯，在很大程度上会限制学生语文素养的提升，因此实行整本书阅读势在必行。

2022年4月21日，《义务教育语文课程标准（2022年版）》正式颁布，用"学习任务群"的形式重构义务教育语文课程的内容系统。"整本书阅读"属于6个学习任务群之拓展型学习任务群，这是阅读教学本质的回归，是语文教育的一大幸事。培养中学生核心素养，首先要让学生爱读书，会读书，会读整本书，最终成为真正的阅读爱好者。

阅读是有方法、有技巧的，如何读整本书是一门学问。学生需要指导，教师同样需要学习。多年来，由于这方面的忽视乃至缺失，指导学生读好整本书，成为语文教师面临的一大挑战。罗文华老师及其团队面对挑战，迎难而上，精心组织，合理规划，分工协作。几易其稿的《初中语文必读名著整本书阅读教学设计》就是应教学之急需而诞生的。

罗文华老师及其团队以其对语文课程与教学论的研究为学理支撑，以整本书阅读教学实践的改进、教师语文专业水平的提升为追求，较为系统地阐述了指导整本书阅读教学设计的理论方法与实践，以求广大一线教师通过一定数量的整本书阅读教学实践，收到"想教、能教、善教"的实效。

该书目标明确，思路清晰，环环相扣，精心选择合适的途径与方法加以践行。在充分理解整本书阅读教学的新课标、新理念的基础上，梳理与总结"整本书阅读教学"的经验、模式和心得，有利于学习借鉴、开阔视野、活跃思维；从阅读方法、生命成长、核心素养的视角认真审视初中必读 12 部名著的核心价值，有利于思考的深入与透彻。至于整本书阅读的策略建构、指导方法、教学设计、多元评价，更是阐述得具体、详实、生动，有理有据有法，操作性较强。

在阅读策略建构时，罗老师及其团队特别强调要多措并举，因材施教；要妥善处理好学生自主阅读与教师阅读指导的关系，充分尊重学生作为读者的权利，在学生需要帮助的时候提供切实可行的帮助，在学生寻求指导的时候提供真实有效的指导。比如，在导读课课例设计时，特别强调求"趣"，采用多种形式激发学生的阅读兴趣；在推进课课例设计时，提倡求"深"，即精心选择最有价值的切入点，进行专题探究，挖深挖透；在展示课课例设计时，则强调求"丰"，尤为重视对评价量表的设计，以评促教，以评促学。书中收集了一定数量的教学案例，介绍了整本书阅读的各种组织形式和教学探索，能给语文教学同行以不少启迪。

真诚希望这本书能帮助教学一线的语文教师破解教学难题，提供教学思路，触发教学灵感。在罗文华老师带领的团队示范引领下，我相信会有更多的语文教师在实践中思考，在思考中前行，不断涌现出高品质的教学成果。

真心期待初中语文教师能成为学生的领读者，多把文学经典带给学生，打好青少年的精神底色，做有智慧、有本领、有担当的教育工作者，为推进新时代基础教育高质量发展做出新的更大贡献。

江西师大附中滨江分校执行校长　梁贵生

2023 年 5 月

目　　录

八年级下

九年级上

九年级下

巧用比较阅读　读懂自传小说

独立，是生命最美的姿态

探究中外小说中的女性爱情观

  2022 年 4 月 21 日,《义务教育语文课程标准（2022 年版）》正式颁布，用"学习任务群"的形式重构义务教育语文课程的内容系统。"整本书阅读"属于6 个学习任务群之拓展型学习任务群，这是阅读教学本质的回归，是义务教育的一大幸事。培养初中生的语文核心素养，首先要着力构建多样的读书情境，让学生爱读书，会读书，会读整本书，并获得美好的阅读体验，体悟到读书的真正价值，最终成为真正的阅读爱好者。同时也应加强对一线语文教师的引领与指导，助其设计出切实可行的整本书阅读教学方案。

  笔者在海量阅读并充分理解整本书阅读教学的新课标、新理念的基础上，梳理与总结"整本书阅读教学"的经验、模式与心得，从整本书阅读教学的基本内涵及主要特征、在语文学科核心素养视阈下看整本书阅读教学的意义等方面介绍整本书阅读教学的理论。

一、整本书阅读教学的基本内涵及主要特征

  人类文明的脚步进入 21 世纪，阅读已成为全世界关注的话题。我国从2001 年的《义务教育语文课程标准（实验稿）》到《义务教育语文课程标准（2011 年版）》再到《义务教育语文课程标准（2022 年版）》，一贯倡导"整本书阅读"。当前，整本书阅读教学活动已呈"燎原"之势，在全国开展得如火如荼。笔者有幸参加了江西某地区开展的整本书阅读教学开放日活动，发现部

分教师对整本书阅读教学的基本内涵理解不够准确！要么只是从某部名著中精选几段进行深入分析，只见树木不见森林；要么是从某部经典著作中选取几句有哲理的话，让学生进行简单的拓展、讨论，等等。

那么，究竟什么是整本书阅读教学？它的基本内涵又有哪些呢？

笔者认为，"整本书阅读教学"的内涵主要有三层意思：

一是"整本书"。这里所讲的"整"具有完整、整体的意思。既包括对全书脉络的通盘把握，也包括对全书内容的整体思考，表现出来的阅读行为较之单篇文本阅读更具连续性；"本"是阅读的数量单位，既可以是独立的一本，也可以是分为多册的一套，还可以是互相关联的多本。何更生先生认为，整本书是"融入了作家主观生命感受，具有独特灵魂和内涵的"的著作。整本书里的"书"，指的是与作者的生命联系在一起的、有独特的灵魂与气质的著作。

二是"阅读"。可以是深读、浅读，也可以是精读、泛读，还可以是课内读和课外读；阅读对象可以是文学作品、文化典籍，也可以是科学论著、学术著作等。通过整本书阅读，旨在养成读书习惯，拓展学生的阅历，形成自己的阅读方法，提升阅读鉴赏能力，发挥"整本书阅读"的独特性，让学生收获实际阅读效用。

三是"教学"。整本书阅读教学属于语文教学的重要组成部分，理应有教师的示范阅读引领，可操作性的教学设计和合理的教学组织活动等。在实际教学过程中，应在"整体读""比较读"的前提下，依据文本特点选择阅读策略；从文本自身的语言特点中，寻找"语文味"；通过问卷调查或访谈，充分了解学情，搭建贴近学情的阶梯，着力创建开放的讨论平台。整本书阅读教学课堂实现的两种方法：一是把学生已读完整本书作为前提，在课堂上完成相应的学习任务，用于帮助学生深入理解和检测阅读情况；二是把学生读完整本书作为要求，在课堂上选读部分内容并完成相应的学习任务。

同时，在多年的教学实践中，笔者发现"整本书阅读教学"还应具有以下几个主要特征：

1. 整本书阅读教学，是一种需要兼顾"语文新课标要求和尊重学生的自主选择"的阅读教学。

《义务教育语文课程标准（2011年版）》指出："要重视培养学生广泛的阅读兴趣，扩大阅读面，增加阅读量，提高阅读品味。提倡少做题，多读书，好读书，读好书，读整本的书。"无独有偶，《义务教育语文课程标准（2022年版）》也有类似的阐述。为此，部编语文教材加强了名著导读的教学力度，每一册部编教材中都有2部指定的名著供学生阅读。如七年级上册为《朝花夕拾》和《西游记》，七年级下册为《骆驼祥子》和《海底两万里》，八年级上册为《红星照耀中国》和《昆虫记》等。

同时，整本书阅读教学更是一种需要尊重学生自主性学习的阅读教学。如果学生对于所指定的名著没有阅读兴趣，或许开个头就会丢在一边。因此，教师对于阅读的引领，一定要基于学生的阅读兴趣点和关注点。阅读是个性化体现的过程，教师对阅读速度、阅读时间等不应作硬性规定，应有较宽松的时间；对阅读方式、方法不应进行太多限制，而应该顺应每个学生自身的阅读习惯，以学生愿意接受的方式进行。指导学生进行整本书阅读时，要精心选择可读性和典范性强的读物，且要积极挖掘读物里学生阅读的关注点。

2. 整本书阅读教学，是一种需要方法指导和过程管理的阅读教学。

行之有效的整本书阅读方法指导是推进"整本书阅读"的前提和基础。建构对"整本书阅读"的目标、内容、程序、方法、时间安排、监督推进、研讨评价等统筹机制，是推进"整本书阅读"的基本要求。

对于广大语文教师来说，集中精力，重点突破，可以在主题阅读上大做文章，建构目标指向更加明确的"整本书阅读"专题，按照作家、作品、内容、形式等专题进行阅读材料的选择，也可以创新整本书阅读任务单的呈现形式，如导读式、笔记式、任务驱动式、问题式、项目式阅读任务单等，以此来培养学生的信息搜集能力、推理解释能力和反思评价能力，让学生在有限的时间内实现阅读素养培养、阅读习惯养成的目标。

同时，在推进整本书阅读教学的过程中，一定要有阶段性阅读策略。如第一阶段：情节范读，自主通览，了解大意；第二阶段：细节精读，批注探究，撰写笔记；第三阶段：对照阅读，聚焦话题，创意读写。还要有过程性管理：一是数量管理，二是书目管理，三是读法管理。其中，使用"阅读存折"不失为一种好举措。所谓"阅读存折"，是阅读记录卡的一种形式，借鉴存折的样式，填写内容由"阅读时间""页码""阅读书目""阅读积分""家长签字"等项目所组成。"阅读存折"每周上交一次，每周一小评，期末一大评。此举有利于教师及时掌握学生的阅读情况，并用积分反馈的形式激发学生的阅读兴趣，以兴趣促进阅读习惯的养成。

3. 整本书阅读教学，是一种需要整合课内外不同文本语境的阅读教学。

整本书阅读教学与课文阅读教学应该相辅相成，教师一定要使二者建立关联：或由单篇阅读延展到整本书阅读，或在阅读整本书时也关注细节阅读。教师应引导学生在深入解读课文的基础上，深入文本内部，并及时进行拓展迁移，引导学生和编者对话，知道该篇课文在该单元中的位置，揣摩编者意图，将这一篇与这一组课文的"大同小异"弄清楚。同时，利用一本书的目录，对相关内容进行归类整合，巧妙地把篇与篇有机地链接起来，真正做到"掌握一篇，了解一类，读透一本"。

4. 整本书阅读教学，是一种需要建构"教师—学生—家庭"阅读共同体的阅读教学。

首先是教师的先读。可以进行速读批注、经典联读、解读相关的文本理论著作等，教师要鼓励多元解读，贴近作品指导阅读。唯有教师的示范先读，才能厘清文本的教学价值，设计出合理的阅读任务清单，才能高屋建瓴地指导学生的后续阅读工作。

其次是家庭的共读。从现实的情况来看，因为存在课程标准要求的阅读量与课时限制之间的矛盾，所以有必要把整本书阅读的主要阵地转移到家庭，并努力构建家庭阅读共同体。经常交流研讨，收集共读成果，展示阅读收获，着力把家庭建设为有浓郁读书氛围、良好阅读习惯、热衷公益阅读、具有阅读成效的"书香家庭"。

再次，是同学之间的分享读。为了保证阅读的连续性，培养同学间的阅读共同体，着力营造良好的阅读氛围显得尤为重要。教师可引导学生成立读书交流小组，分享交流阅读心得；每两周举办一次读书沙龙，提供平台，展示学生阅读笔记、手抄报等；开展读书抢答会，举办读书报告会等有助于阅读共同体形成的活动，让学生在活动中相互了解，形成凝聚力较强的阅读共同体，互相监督，促进每一个学生个体的阅读行为。

综上所述，笔者认为：真正的整本书阅读教学应是冲破语文教学狭小格局的深阅读、深度学习，需要以"泛读为主，精读为辅""课内阅读和课外阅读"的深度整合，"正式学习和非正式学习"的对接融通。整本书阅读需要课程化，但又要避免过度结构化，要保持教学的弹性，为学生的个性化、差异化阅读和学习留有充足空间。整本书阅读教学的主要意图不在于学生读完了多少本（套）书，而在于通过整本书阅读的训练，使学生成为语言感受力与运用能力不断增强，视野开阔，阅读习惯好，思维品质高，且具有一定审美与探究能力的阅读者。

二、在语文学科核心素养视阈下看整本书阅读教学的意义

《义务教育语文课程标准（2011 年版）》中明确提出："培养学生广泛的阅读兴趣，扩大阅读面，增加阅读量，提倡少做题，多读书，读好书，读整本的书。"[①] 我国高中课程标准中也有相类似的表述："具有广泛的阅读兴趣，努力扩大阅读视野。学会正确、自主地选择阅读材料，读好书，读整本书，丰富自

---

① 中华人民共和国教育部. 全日制义务教育语文课程标准［M］. 北京：人民教育出版社：2011. 23.

己的精神世界，提高文化品位。"① 可见，整本书阅读应当作为一种重要的教学形式，广大语文教师应给予足够重视。

笔者认为，整本书阅读对于培养中学生语文学科核心素养有不可忽视的作用。

1. 整本书阅读有利于语言建构与运用。

传统语文教材中的选文因受到篇幅的限制，每一篇选文一般不超过 3000 字，学生每学期能从教材上所汲取的语料相对有限。相较于单篇阅读，学生对优秀作品进行整本书阅读，能够见识到更多的优质语料。

整本书阅读也更有利于学生从这些语料中进行积累与吸收，从而构建自己的语言体系。整本书阅读的阅读对象多为篇幅较长的作品或者某个作家的作品集。就语言习惯而言，单个作家较多名作家、单部作品比多篇选文，在语料的使用上，更具连贯性、一致性。学生可以根据自己的喜好，有选择性地对这些语料进行吸收和模仿，从而将这些语料囊括进自己的语言习惯之中，建构自己的语言体系。

在这个方面，特级教师郑逸农曾做出过一些有益尝试，他曾撰文写道："《三国演义》的整本书阅读，可以让学生既写书评，又熟读背诵，并尝试运用。笔者曾让学生在高一花一学年的时间通读、细读《三国演义》，让他们从开篇词'滚滚长江东逝水，浪花淘尽英雄'开始熟读背诵。进入高二年级后就让他们运用"三国语言"写随笔，表现现实生活中的人和事。结果他们写得文采飞扬，颇有"三国"韵味。"②

2. 整本书阅读有利于思维发展与提升。

梁启超先生说过："四平八正地编成教科书样子给我读，读去自然是毫不费力，但从这不费力上头的结果，便令我的心思不细致不刻入。"③ 就文本特质而言，整本书阅读能够向学生展示更为深广的社会纵深面，帮助学生跳出单一的思维模式。就语文教学而言，整本书比单篇文章蕴含了更为丰富的教学资源，能够充分挖掘出整本书阅读中的教学价值，能够更有效地调动学生阅读的自主性，从而锻炼学生的思维能力。

整本书阅读，可以使学生的思维更加深刻。如在进行《骆驼祥子》整本书教学时，可以让学生思考祥子的堕落是由哪些因素造成的，这就迫使学生改变传统的线性思维，从整个社会环境的方方面面着眼思考，拓宽学生思维的深度

---

① 中华人民共和国教育部. 普通高中语文课程标准（实验）［M］. 北京：人民教育出版社：2003.8 - 9.

② 郑逸农. 整本书阅读要强化学科意识［J］. 中学语文教学，2018（1）：11 - 14

③ 梁启超. 读书指南［M］. 合肥：安徽人民出版社，2013：207 - 210.

和广度。

在整本书阅读中，我们可以将整本书的内容进行整合，从而实现单篇文章很难达到的教学效果，培养学生的思维能力。如在指导学生对《水浒传》进行整本书阅读时，可以让学生尝试对梁山上的好汉落草前的社会地位、人物命运进行分类，借以理解梁山最后走向招安的原因，以此训练思维的独创性。

整本书阅读还可以为学生搭建批判性阅读的平台。余党绪老师认为："原生态阅读、批判性理解与转化性写作，这是我的'整本书阅读'的基本策略。"① 余党绪老师在大量的实际案例中，让学生在不断对比、辨析中培养批判性思维，做出了许多具有思维含金量的思考，值得借鉴。

3. 整本书阅读有利于审美鉴赏与创造。

整本书的阅读过程，也是学生进行审美鉴赏的过程。

整本书中更为丰富的内容可以给学生更为多样化的情感体验与生命体验。王荣生教授认为，阅读的基本路径包括"唤起、补充学生的生活经验；指导学生学习新的阅读方法；组织学生交流和分享语文经验。"② 在整本书阅读中，丰富的社会、人文信息可以让学生获得更多的语文学科学习经验和更深的生命体悟，提升阅读能力。

整本书阅读的阅读方式可以是朗读、精读、略读、跳读等多种阅读方式的综合运用，学生可以根据书本的重难点以及自己不同的阅读目的、阅读取向来灵活选取不同的阅读方式和阅读速度，提高自己的阅读技巧。

整本书阅读的教学过程有利于教师根据文体做出更好的教学安排。如整本书的小说阅读可以让学生在较短时间内，集中攻克小说人物设置、情节冲突、环境构建、叙事技巧等关键问题，尤其是长篇小说中相似情节的反复出现，可以让学生在阅读中进行对比鉴赏，提升阅读鉴赏能力。

4. 整本书阅读有利于文化传承与理解。

语文课上的阅读教学，应该既包括文学类文本的教学，也应当包括实用类文本的教学。由此，整本书阅读的书目包括承载了中华民族优秀文化的古代典籍，如《论语》《孟子》《庄子》等，也包括一些文质兼美的历史、哲学乃至自然科学的著作，如《万历十五年》《中国哲学简史》《时间简史》等。这些著作原本就是文化的载体，学生通过对这些著作的阅读，能够很好地弥补自身文化素养薄弱的短板。在古籍中汲取养分，在现代作品中触摸时代脉搏，在古今对比中有所扬弃；在我们的传统文化中获取智慧，在阅读西方著作时认识到不同文化，尊重文化的多样性，并在对东西方文化的对比中能够吸收到全人类的思

---

① 余党绪. 整本书阅读之思辨读写. 语文学习, 2016 (7)：12-17
② 王荣生. 阅读教学设计要诀 [M]. 北京：中国轻工业出版社. 2016.68-73

想精华并得到启迪。

整本书阅读对初中生人生观、世界观、价值观的形成都有深刻的影响，能够提升学生的思想境界，让学生能站在更高、更广阔的平台上丰富自己的精神世界，使学生对不同文化有更加全面的认识，从而培养文化自信。

此外，整本书阅读还要阅读书本的目录、扉页、序跋等，这些学生平时阅读中容易忽略的部分，这些都可以让学生对整本书有更为全面的理解；整本书阅读需要学生花费更多的时间静下心来阅读，对学生阅读习惯的养成也大有裨益。

方法篇

　　倡导学生多读书、好读书、读整本书，注重阅读引导，培养读书兴趣，是新课标理念之一。

　　整本书阅读属于拓展性学习任务群，旨在引导学生在语文实践活动中，根据阅读目的和兴趣选择合适的书，制定阅读计划，综合运用多种方法阅读整本书；借助多种方式分享阅读心得，交流研讨阅读中的问题，积累整本书阅读经验，养成良好的阅读习惯，提高整体认知能力，丰富精神世界。

　　整本书阅读的地位和重要性不言而喻，整本书阅读教学则是教师们必须要面对的一项课题。这个课题庞杂而凌乱，没有完全现成的经验可以借鉴，更多是靠教师们自己摸索。通过仔细研读新课标对这一部分的要求，我们结合诸多一线教师的精彩课例，梳理出整本书阅读教学的一些行之有效的方法，以期在整本书阅读教学这个大环境下，大家共同交流、进步，共同将整本书阅读教学推向新的阶段。

一、基于学情，有备无患

　　俗话说，知己知彼，方能百战不殆。战场上是这样，教学中亦是如此，对学情的把握至关重要。不同的学校，不同的年级，不同的学生，都有着自己的特点。在设计整本书阅读教学时，我们要充分考虑学生的认知特点，包括学生已有的知识储备、一般能力、特殊能力、语言水平、阅读水平等。除了认知特点，还要了解学生的情感特征，比如学习兴趣、动机、态度等。有效的整本书阅读教学必须建立在对学生充分了解的基础上，否则就会成为空中楼阁。

比如七年级的学生好奇心、求知欲强，但囿于其自身的知识层面以及生活阅历，在阅读中可能会存在畏难情绪，往往也很难读出作品中的深层含义。这就要尊重学生阅读的自主性，以趣为主，循序渐进，让学生自己在阅读中慢慢去思考、质疑、发现，从而培养他们阅读的兴趣和能力。

再如九年级的学生，他们一方面正处于青春期，情感丰沛，心思敏感，知识储备不断增加，容易受到情感的熏陶、获得情感上的共鸣，这对阅读诗歌是有利的。但是九年级学生学习任务重，压力较大，即使有自主阅读名著的愿望，有时也难以付诸行动。因此，教师在设计相应的课例时，必须充分结合学情，制定科学合理的教学目标，引导学生阅读整本书，鼓励学生充分利用空闲时间，做好读书计划，并持之以恒。

基于学情，还要明确整本书阅读的教学目标。新课标指出，对于初中阶段的学生，每学年应阅读两三部名著，既感受经典名著的艺术魅力，丰富自己的精神世界，又探索个性化的阅读方法，分享阅读感受，开展专题探究，构建阅读整本书的经验。教学目标明确了，方向就不会错。因此，教师要关注名著的数量、阅读方法，以生为本，明确是学生阅读而不是教师阅读，教师只是起到引导作用。

例如《骆驼祥子》的整本书阅读教学，其教学目标可以预设为：仔细分析祥子性格特点的变化，根据性格特点变化分析其悲惨命运的产生根源，与主人公于旧时代的苦难产生共情，进一步思考祥子如何才能走出苦难生活，以及劳苦大众未来出路等深刻问题。在阅读的过程中，教师指导学生从人物、情节、环境等要素背后挖掘出新的内容并进行思考，这个教学目标清晰明了，由浅入深，环环相扣。

同时，教师还可以通过阅读前的问卷调查，对学生的阅读有个初步的了解，针对性地提供有效的指导。如此把学情摸透，备足课，下一步的教学就会轻松多了。

二、激发兴趣，以趣促读

兴趣是最好的老师，是阅读的催化剂。没有兴趣的阅读是枯燥的，甚至只是为了完成任务。因此教师在设计整本书阅读教学时，只有以激趣为主，才能将阅读有效进行下去。

为了激发学生的阅读兴趣，教师先要了解阅读兴趣和学习需求等概念。阅读兴趣指学生对某一部名著的爱好程度和趣味取向。文本呈现的个性气质往往与学生目光停留时间的长短密切相关。学习需求包含学习愿望或学习动机，也就是阅读者的学习驱动力。如果整本书阅读没有切中学生的需求，没有激发学生的阅读动机，没有唤起学生阅读欲望，那么教师的整本书阅读教学将难有成效。

教师在教学过程中，可以通过抓住精彩情节，讲解逸闻趣事，开展专题讲座、文学知识竞赛、课本话剧表演、读书交流会等活动，营造浓厚的读书氛围，调动学生进行整本书阅读的积极性。

同时，在教学中可以创建多种情境，以此激发学生整本书阅读的兴趣。

课堂是提升学生整本书阅读兴趣的主要阵地，课堂学习环境和教学手段对于学生整本书阅读兴趣的培养有着十分重要的作用。初中学生积极活跃，很有个性，不拘泥于传统，新颖的教学方式对他们来说更具吸引力。因此教师在教学时可以创设多样的教学情境，用新颖的、有趣的情境，让学生体验新鲜的、多样的阅读乐趣，带领学生走进整本书阅读的殿堂。还可以借助多媒体等现代教学手段，增强学习的趣味性。

比如在进行《水浒传》教学时，教师先准备了一些小题目，通过知识问答的形式既调动了学生的积极性，也检测了学生对基础知识的掌握情况。然后通过"水浒英雄招聘会"来精心设计，模拟情境。招聘会贯穿课堂始终，学生参与其中，整堂课学习氛围浓厚，笑声频出，效果良好。在讲《简·爱》时，教师以电影片段导入，立刻就抓住了学生的阅读兴趣，并在整堂课中恰到好处地穿插视频片段，既让课堂气氛轻松活泼，也让学生更好地了解了人物形象，理解了文章主旨。设计《西游记》教学时，教师设计"破解孙悟空成长密码"这一环节，让学生当侦探，在繁杂的文字中找出线索，充分调动了学生阅读的积极性。

开展小组合作，促成学生拓展阅读内容。在当今信息飞速发展及资源充分共享的时代，阅读已不仅仅是一个人的活动，也可以是一群人的活动。尤其是以组建小组合作学习为形式的阅读教学，既大大促进参与者的阅读积极性，也能极大地提高学生探究阅读内容、深挖阅读内涵的能力。因此，教师在整本书阅读教学环节可以采取小组合作学习的模式，在相互交流与探讨中，促成学生阅读内容的不断拓展和深化。当然对于小组合作学习的形式，要分组合理，任务明确，才能发挥其应有的作用。

此外，完善阅读奖励机制，尤其是针对七年级的学生，应注重以奖促读；做好阅读宣传，留下学生阅读足迹，增强学生的认同感；学以致用，充分结合考试，提升学生自信心。总之，教师要不遗余力地让学生爱上阅读。

三、专题导读，拓展思维

"专题"指的是围绕语文学科核心素养，以养成阅读整本书的习惯、增强文本探究意识为目的，对"整本书"的作者信息、主要内容、情节结构、写作视角、语言艺术、人物形象、主题思想、艺术手法等多方面内容进行深入的专项研读。

进行专题学习，是在对整本书有了一定了解的基础上进行的，是深入理解作品主旨的有效途径，是拓展学生思维的必要手段。在设计整本书阅读专题教学时，教师应该注重以下几个方面的内容。

（一）注重主题鲜明

在充分阅读整本书内容的前提下，理清作品本身的内在逻辑体系，做到心中有数。虽说"一千个读者就有一千个哈姆雷特"，每本名著都有不同的视角可供解读，但是，对于整本书阅读教学，教师要带领学生去探究文本，一定要有一个鲜明的主题，这样，学生在读时才不至于茫然无措。鲜明的主题就是一个很好的抓手，将名著的精华拎起来，将学生的思维聚起来，让阅读的效果好起来。

例如在设计《简·爱》这部作品的专题时，教师可做如下思考：

专题一：探究简·爱的人物形象。

专题二：思考爱情的真谛。

专题三：欣赏与排演。

《简·爱》是一部小说，分析人物形象、探究小说主旨是重点。这三个专题的主题都比较鲜明，都是围绕小说的主旨展开的，而且有一定的趣味性，课堂上的表现说明学生很愿意参与其中，他们在思辨和演练中对主人公简·爱、对爱情都有了更加深入的理解。

（二）注重内容梯度

专题教学设计既要满足学生初读时的指引性，又要满足学生再读时的深入性。设计过程要注意梯度，由浅入深，由易到难，过度顺畅自然。

例如，在进行《儒林外史》小说内涵的专题探究时，教师设计了四个专题。分别是："假儒士"与"真儒士"；封建科举制度和现今高考的异同；《儒林外史》与《孔乙己》《变色龙》《我的叔叔于勒》等篇目的对比阅读；《儒林外史》中的饮食和服饰文化。

这四个专题具有一定的梯度性，从对书中人物的评判，到分析古今考试制度的异同，再到不同文章的群文对比阅读，最后到传统文化的传承，可以说是层层深入，从不同角度增强了学生对小说内涵的理解。

（三）注重拓展探究

专题教学的设计是从学生视角出发，以实现学生自主学习和合作探究为理念进行的开放性设计。专题教学不能局限在课本上，而是要进行拓展引申。专题教学设计所讨论的问题应该是开放性的，不是只有唯一的答案。正是这样一个个不设限的问题给了学生充足的空间去思考、挖掘作品背后的内涵，钻研作者的表达意图，从而充分体会到作品文字之间渗透出来的为人处世的哲学。

例如，在设计《朝花夕拾》的专题教学时，可以从以下几方面进行拓展。

拓展专题	1. 论作者语言的魅力——反讽手法的运用
	2. 议鲁迅成长过程中遇到的黑暗力量
	3. 《朝花夕拾》中鲁迅故乡的风俗习惯
	4. 《朝花夕拾》中的鬼神故事
	5. 细品《朝花夕拾》中鲁迅的儿童视角和成人视角

这些专题的设计应既源于原著，又高于原著。从单纯地读故事、梳理情节、分析人物，拓展到探究写作手法、民风民俗、人生历程等，学生将思考得更多，收获也更多。

学生阅读整本书，不只是为了完成学习任务或考试，而是既要读出书中的内容，又要感悟书外的世界，将阅读转化为精神动力，塑造自己的人生观、价值观，为自己的健康成长奠基。

四、品味细节，感受魅力

在整本书阅读中存在一个误区，很多学生只追求"量"，而忽略了"质"。一些学生只满足于了解故事梗概，会讲故事，却未能细致分析。因此在整本书阅读教学中，教师要引导学生认真研读作品中的细节，更好地感悟整本书阅读的魅力。

细节描写包括人物的描写、景物的描写等。揣摩细节描写，探究人物形象时，要鼓励学生抓住细节描写进行分析。尝试抓住人物的外貌、语言、动作、神态和心理等细节描写的内容，然后将这些内容整合起来进行分析，力求从中总结出人物的性格特征。通过这种方法，学生就会发现细节描写让人物形象更加丰富，能更好地体现出人物的性格特征。

例如，《儒林外史》一书塑造了形形色色的人物，他们都有自己的鲜明特点。哪一个人物印象令人最深刻呢，能否围绕其展开深入分析，看看作者是如何通过细节描写凸现人物性格特征的。通过这些问题，学生就会充分发掘文中的细节描写，比如范进发疯时的丑态充分表现了他深受科举制度的毒害；严监生临死前因为两根灯草不肯咽气，一直伸着两根手指，形象写出了他的吝啬；匡超人对潘三被捕入狱"慷慨陈词"，暴露出他薄情寡义的嘴脸。这些细节，已经成为经典人物的名片，镌刻在读者的心中。

在进行《水浒传》教学时，教师设计了一个对比环节，通过比较武松和李逵两个人物的细节内容，把握两个人物形象的异同。

师：卓越的细节描写是《水浒传》这部小说的一大特色，请同学们阅读以下两个打虎片段，填写下列表格，把握两个英雄人物打虎的异同，从打虎的细节描写中感悟英雄人物形象。[打虎片段：景阳冈武松打虎（节选），黑旋风沂岭杀四虎（节选）]

比较内容	武松	李逵
遇虎原因	探望兄长，途经景阳冈	接母上梁山，途经沂岭
打虎原因	自卫	报仇
打虎数量	杀一只	杀四只
打虎难度	在暗处，且醉酒，无防备	在暗处偷袭杀虎，四虎中两只为幼崽
打虎方式	徒手	使朴刀
打虎过程	一波三折，惊心动魄	酣畅淋漓
打虎后的心情	尚存余悸	心情释然
打虎后的影响力	一战成名	孝心感动天地
人物形象特点	为人豪爽，勇猛果断，谨慎机智	粗鲁、大胆、有孝心

师：分析人物形象离不开对细节描写的探究、品读，如虎的"一扑""一掀""一剪"，武松的"三闪""一棒""一揪""一按""一打"，李逵的"一钻""一掣""一剪""一戳""一送""一赶"。通过品味人物最传神的细节，可以准确把握人物形象的思想性格和内心世界。小说中像这样精彩的片段还有很多，如《鲁提辖拳打镇关西》《智取生辰纲》等精彩片段也值得细细品味。教师也可以让学生在写作中学习这种细节描写，让人物更鲜活。

这个教学片段非常精彩，教师引导学生充分抓住细节，品味动作描写，将两个英雄好汉的性格特征分析到位，学生对这两个人物的印象会更加深刻。

景物描写对理解作品同样有帮助。在教学《骆驼祥子》时，教师设计了如下任务：

师：请同学们快速浏览第一、二、十、十一、十八、二十三章，找出"对自然环境、社会环境中的风景、物体"进行描写的相关句子，思考它们有何表达效果，并完成下列表格。

章节	景物描写的句子	表达效果
第一章		
第二章		
第十章		
第十一章		
第十八章		
第二十三章		

例如：那些灰冷的冰，微动的树影，惨白的高塔，都寂寞的似乎要忽然的狂喊一声，或狂走起来！就是脚下这座大白石桥，也显着异常的空寂，特别的白净，连灯光都有点凄凉。他不愿意再走，不愿意再看，更不愿意陪着她；他真想一下子跳下去，头朝下，砸破了冰，沉下去，像个死鱼似的冻在冰里。

表达效果：通过这段景物的描写，突显出祥子的心理状态，即想摆脱虎妞的纠缠，但又逃不了，就连平日里喜欢的景色都变得十分凄凉，这就烘托了祥子的无奈与悲苦的内心情感。

可见，通过分析景物描写，学生容易与主人公产生共情，对人物形象了解也更加到位，同时也积累了答题思路和写作经验，可谓一举两得。

五、对比分析，加深理解

在整本书阅读教学中，恰当运用对比手法，可以突出人物形象，加深对文章主旨的理解。

在进行《西游记》阅读教学时，教师抓住孙悟空流泪的片段作为教学主线，对比分析其四次流泪的不同，进而深刻理解人物形象。

将全班同学分为4组，速读《西游记》第一回、第二十七回、第三十回和第七十七回，每一组阅读一个章节（要求：每分钟不少于400字，勾画有关孙悟空流泪的句子，并完成下列表格）。

	流泪表现	为谁哭	为何哭
第一回			
第二十七回			
第三十回			
第七十七回			

在进行《简·爱》教学时，教师将简·爱和林黛玉两个人物进行了对比分析。示例如下：

请学生们结合整本书的内容，说说简·爱和林黛玉两个人物形象的异同，并完成表格。

提示：从身世、性格、爱情观等方面进行思考。

	相同点	不同点	
		林黛玉	简·爱
身世	寄人篱下	生活富足	颠沛流离
性格	率真叛逆 自尊心强	多愁善感、敏感含蓄	倔强勇敢、自尊自强
爱情观	执着追求 心灵相通	为爱而生、为爱而死	经济独立、精神平等

通过对比，学生可以探究出东西方文化的差异。《红楼梦》的故事写于清代。在封建社会里，女性只是男性的附庸。《简·爱》写于 19 世纪，当时的英国，女性也是男权社会的附庸品，女性婚姻以追求财富和地位为目的。林黛玉和简·爱这两位女性追求的都是自由平等的爱情，结局却一悲一喜。从中我们可以窥探中西方文化的显著差异：东方文化，含蓄委婉；西方文化，热情直率。

可见，对比阅读可以增加阅读的广度和深度，可以更好地分析人物形象和主旨，加深学生对作品的理解。

六、思维导图，提高效率

思维导图应用广泛，效果明显。在整本书阅读中运用思维导图可以更方便地理清文章内容、人物关系，便于理解和记忆。

(一)结合文章思路,合理绘制思维导图

在整本书阅读教学过程中,教师在对阅读任务进行布置时,应该分析文章的主题,明确文章所表达的内容,并掌握文章的具体结构和中心思想,以使教学方案的制订能够更加科学,学生可以更快速地理解文章内涵。

比如,教师在布置《红星照耀中国》阅读任务时,可以长征路线为纲领,预设出不同的发散分支,完成相应的思维导图。并以此为依据,让学生通过阅读能够联想到人物与事件之间的关联,能参与到思维导图的绘制当中,不断地丰富教学内容。通过这样的方式,学生不仅可以掌握思维导图的绘制技巧,还能快速地对内容加以梳理,明确文章脉络,理解文章主旨。

(二)突出文章重点,不断细化思维导图

通常情况下,学生在绘制完思维导图后,教师可以适当地为学生提供帮助,对思维导图进一步细化和完善,确保文章的主题能够清晰地展现在学生眼前,让学生可以快速理解文章的含义,明确文章所要表达的思想感情。

在《艾青诗选》教学时,教师带领学生把握了诗歌的中心意象是"土地"和"太阳"。课后请学生们举一反三,按照课上师生归纳总结出土地意象寓意的方法,自行品读和太阳意象有关的篇目,并创作思维导图。示例如下:

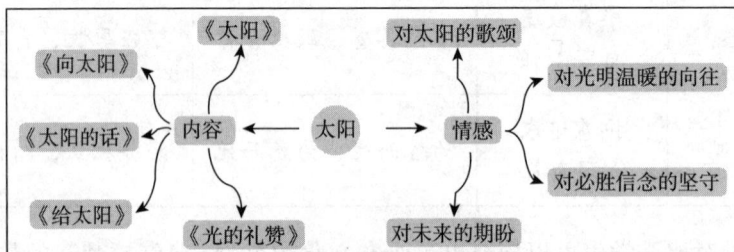

关于太阳意象的思维导图

(三)划分文章内容,高效掌握思维导图

思维导图是一种简单而有效的学习工具,能够帮助学生更好地整理知识、提高学习效率和思考能力。教师在进行整本书阅读教学时,如果一开始就让学生对整本书内容绘制思维导图会有很大难度。为此,教师可先引导学生将整本书的内容合理地分成几个部分,然后就不同部分分别绘制思维导图,这不仅使绘制出来的思维导图能够更加简明、直观、清晰,而且可以使学生在学习时效率更高,进而快速掌握整本书的知识点。

如《朝花夕拾》的内容比较分散,信息量大,师生可以围绕"趣",将其分为不同的类别,然后对每个类别再分别设计其分支,见下图。

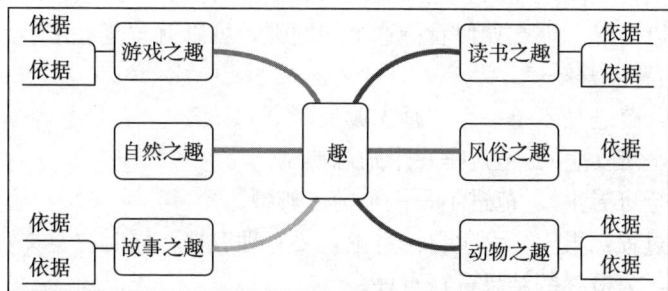

关于童"趣"生活的思维导图

七、任务驱动，多彩活动

任务驱动教学是一种教学方式，它能为学生提供体验、实践的情境。围绕任务展开学习，以任务的完成结果检验和总结学习过程，以此改变学生的学习状态，使学生能够主动建构起综合了探究、实践、思考、运用的学习体系。

整本书阅读教学要以任务为主线、教师为主导、学生为主体，充分激发学生的阅读兴趣，提高学生自主学习及与他人协作的能力。下面以几篇名著为例加以说明。

（一）解读孙悟空成长密码

以"解读孙悟空成长密码"为主题，再次阅读整本书，并结合任务方式、小组合作或个人探究形成自读成果，并进行展示。

1. 制作思维导图。要求主题突出，主线分明，制作精美。

2. 有绘画功底的学生运用美术方法绘制情节画，并配以文字。

3. 写读后感，不少于 800 字。

4. 创作阅读《西游记》的故事，探究"孙悟空成长密码"，可以叙述与父母阅读的故事，也可叙述与同学阅读、与老师阅读的故事。

5. 绘制手抄报，要求图文并茂。

6. 录制音频，不超过 5 分钟。

这些任务的设置目标明确、形式多样、多学科融合，充分调动了学生参与的积极性。

（二）人物之争——范进是否是励志典型?

正如马克思所说："真理是由争论确立的。"争论是对问题的一种深入的探讨，是思想的交锋，可以碰撞出思维的火花。学生们在阅读中已经知道了范进发疯是由科举制度造成的，但通过进一步阅读了解到他中举之后升官发财，境遇与从前有了天壤之别。因此，有的人认为范进寒窗苦读获取功名，改变了自己的人生，实现了阶层飞跃，应当受人"尊敬"，将他视为"励志典型"，但是有的人则不以为然。那么如何看待这个问题呢，可以就"范进是不是一个'励志典型'"为题展开辩论。

①辩题：范进是不是一个"励志典型"？

正方（全班女生）：范进是一个励志典型。

反方（全班男生）：范进不是一个励志典型。

②辩论过程：男生、女生自由辩论，要有理有据，同时注意文明辩论。教师为主持人，为最终的结果进行点评。

③教师总结：这场辩论非常精彩，正反双方针锋相对，金句频出，辩出了水平，辩出了能力。谁输谁赢，已经不重要，关键是我们对这个问题有了更深入的理解，有助于我们树立正确的人生观和价值观。

（三）能力迁移，自创短诗

学生学习了《艾青诗选》后，教师可以让学生选择生活中喜欢的几个意象，例如白云、树叶、阳光、雪、路……运用现代诗歌常见的抒情方式，创作几行属于自己的小诗。

提示：

1. 所选意象要能寄托自己的情感或表达自己的思考。

2. 语言简洁、凝练、生动、形象。

3. 注意节奏。

小组评选出优秀的作品在班级朗读展示，教师进行录制，将朗诵作品上传至班级交流群宣传，并将优秀诗歌作品张贴在班级诗歌活动展示墙上，供大家赏析、评价，这可以对其他学生起到激励和促进作用。

成果分享是对整本书阅读学习方法的迁移和运用。让学生把诗歌和生活联系起来，结合所学进行再创作，这也是一次能力的迁移，其中作品展示可以进一步提高学生阅读的积极性和成就感。

通过以上几个案例活动可以看出，学生对驱动型的任务非常认可，学生绘画时各显神通，写作时观点新颖，辩论时金句频出，从中获得了成就感、满足感，求知欲不断加强，形成一个良性的循环。对于教师而言，将再现式教学转变为探究式学习，使学生处于积极的学习状态中，根据自己对当前任务的理解，运用已有的知识和经验提出方案、解决问题。教师为每一位学生的思考、探索、发现和创新提供开放的空间，使课堂教学过程充满民主、充满个性、充满人性，课堂氛围才真正活跃起来。

八、读写结合，提升素养

读书与写作是密不可分、相互依存的。整本书阅读中的读写结合是将写作作为手段切入阅读过程中。主要做法有评点批注，读书笔记，随笔写作等。

在阅读《红星照耀中国》时，指导学生在阅读的过程中动笔，将自己认为好的语句和段落摘抄下来。比如斯诺对毛泽东的外貌描写："面容瘦削，看上去很像林肯的人物，个子高出一般的中国人，背有些驼，一头浓密的黑发留得很长，双眼炯炯有神，鼻梁很高，颧骨突出。"此外，在阅读完整本书后，还可以让学生选取自己喜欢的人物，根据自己读书的经验，写一篇感悟或者人物小传，以此提升写作能力。

从思维流动的方向上讲，阅读是思维的输入，写作是思维的输出，两者互相配合，同生共长。只阅读不写作，就没有知识"变现与转化"的机会；只写作不阅读，久而久之就会写之无物，空洞乏味。因此，教师在开展整本书阅读时，可以采用读写结合法，给学生提供读写转化的机会。

教师可以鼓励学生采用以下三种方式练习写作：其一，缩写训练。学生可以将整本书化作一篇内容简介或人物介绍，将书籍"读薄"，这是对原书的提炼式写作。其二，续写训练。学生可以在读完整本书后进行续写，这是对原书的二次创作。续写必须建立在对原著的准确解读之上，而后插上想象的翅膀才能进行创意写作。其三，读后感写作。学生可以将自己对书籍的理解通过文字的方式表达出来。写读后感，一是要明确写出对本书的看法，二是要融入自己的真情实感。

在具体教学中，还可以根据教学需要，设计相应的片段写作。这种片段写作简单、快捷、高效，教师可以当堂检测，分享点评。也可以布置课后练习，课上请学生分享，大家互评。比如在阅读《昆虫记》时，作者有大量使用拟人的句子，将昆虫的结构、习性等写得生动形象。教师可以要求学生课后观察植物、动物，然后使用拟人手法写一个片段。

下面是一位学生的作品：

海棠花中的客人

我家的阳台上栽种了五六盆海棠花，火红的花朵在嫩绿的叶子衬托下格外鲜艳，还带着点儿花香。我正欣赏着它们时，两只蜜蜂也来到了阳台。它们有着黄褐色的身体，身上长着密密的绒毛，两对大翅膀使他天生就是飞行健将。它尾部有一根刺，别看它又小又尖，扎起人来威力不可小觑。别看它长得不怎么样，它可是勤劳的代名词！两只蜜蜂"嗡嗡嗡"地在花上飞来飞去，最后似乎是确定了一朵最香的花，就轻轻降落在上面。他们往丝绒般的花蕊中钻，采蜜采得不亦乐乎。人类讲究礼尚往来，蜜蜂也一样，收了花蜜，作为回礼，他们会帮助花朵传播花粉，花朵们都很欢迎蜜蜂来"做客"。采完这一朵花的蜜，两只蜜蜂沾着一身的花粉，飞往下一朵花。

这段文字应该是建立在仔细观察、认真感悟、精心刻画的基础之上的。小作者通过课内阅读《昆虫记》相关篇目，了解到法布尔是如何观察和描写昆虫的。当教师布置任务后，就按照书中的方法进行创作，而且有意模仿文中的写法，将语言写得生动形象。这个读写结合环节，不但让学生深化了对名著的理解，而且提升了自己的文笔和思维水平。

在设计读写活动时，为了降低难度，教师可以给学生提供范例让学生参考。比如在进行《儒林外史》教学时请每组学生为丑角排行第一的"大佬"写一段最具讽刺意义人物推荐词，并上台展示。为了便于学生组织语言，教师可以给出一个模板，学生按照这个模板来进行写作。

如最具讽刺意义人物推荐词模板："我们组推荐_____为最具讽刺意义人物，我们的理由是：一是他的行为，可看出……（从人的劣根性角度谈）；二是他的行为，反映了……（从封建礼教或科举制度角度谈）；三是他的经历，揭露或批判了……（从社会现实角度谈）；因此，我们组一致认为_____当选《儒林外史》最具讽刺意义人物。"

有了模板，学生就有了方向，不至于思路混乱。从课上效果看，模板的使用非常必要，尤其是对有一定难度的写作任务。

整本书阅读教学，还有很多值得探讨的方法，相信在不断的努力与实践中，定会有更多的收获。

【七年级上】

"朝花"何以"夕拾"？

——《朝花夕拾》整本书阅读导读课课例设计

【名著解读】

　　《朝花夕拾》是部编本教材七年级上册必读的第一篇名著，是鲁迅先生于1926年创作并整理的一部回忆性散文集，共收录了10篇精美散文，意蕴深厚。文中虽有冷峻、犀利，甚至晦涩难懂的句子，但更多地充溢着童真与童趣。文章的艺术创作技巧丰富灵活，采用成人和儿童双重视角等。

　　鲁迅在1926年创作《朝花夕拾》时，已是文坛上举足轻重的作家。他写作这些作品时正经受着北洋军阀和各种敌对势力的严重压迫，以及守旧势力的排挤。在这样的处境中，鲁迅曾说："这时我又不愿意想到目前；于是回忆在心里出土了。"《朝花夕拾》记述了作者幼年和童年时的生活，以及青年时求学的历程，追忆了那些难以忘怀的人和事，抒发了对往日亲友和师长的怀念之情，以及对反动、守旧势力的抨击和嘲讽。

【名著价值】

1. 《朝花夕拾》作为初中阶段推荐的第一本书目，旨在消除与经典的隔膜。走进经典作品，可涵养情性，启迪人生。

2. 思想和文学大师鲁迅的作品已成为民族语言和文化的象征，阅读《朝花夕拾》可了解他的童年经历和心路历程，有助于消除与作者之间的隔膜，为深入阅读其相关著作奠定基石。

3. 《朝花夕拾》中既有鲁迅对往事的温暖回忆，也有对社会的冷静批判，阅读整本书可丰富人生感受和经验，启迪对人生的思考，如儿童时期的家庭教育问题、青年时代人生道路选择问题等。

【教学设想】

1. 重在激趣。《朝花夕拾》写作时代特殊、情节零碎，读懂不容易，想要读出趣味更不容易。为了引起学生的阅读兴趣，导读课必须紧紧围绕消除隔膜、深入浅出、激发兴趣，不断带领学生研读，读懂整本书的趣味和思想。

2. 重在示范。如何有效进行整本书阅读？这需要教师在课堂上进行适当示范，例如如何浏览、跳读、选读、精读，如何做读书笔记，如何做批注、鉴赏，在教师时时引导和落实中，逐步帮助七年级学生养成良好的整本书阅读习惯。

【教学目标】

1. 借助资料，多角度了解鲁迅，消除与作者之间的隔膜；

2. 通过浏览、跳读、选读、精读等方式走进作品，联系生活，体会儿童视角的趣味与妙处，消除与经典的隔膜；（重点）

3. 三读《小引》，理解作品文学价值及写作意图，总结名著阅读方法。（难点）

【教学课时】

1 课时。

【教学方法】

任务驱动法、朗读法、讨论式教学法。

【教学准备】

1. 教师：制作视频、课件，激趣阅读；
2. 学生：查找资料，了解作者基本情况。
3. 要预留相对充足的时间供学生自主阅读和合作阅读，品味自主阅读的成功感和合作阅读的愉悦感，并认真做好读书笔记。

【教学过程】

一、"朝花"激趣，唤醒童心

认识一位小朋友
1. 认识他的玩具。
（屏显）

播放视频：油蛉、叫天子、斑蝥，覆盆子、皂荚树，罗汉豆、何首乌等。

2. 分析他的性格。
预设：贪玩、活泼、热爱自然、善于观察、有好奇心和想象力、有童心……
3. 猜猜他的名字。
（屏显）

原名周樟寿，后改名周树人。浙江绍兴人。中国现代伟大的文学家、思想家和革命家，被誉为"民族魂"，是中国现代文学的奠基人之一。他1881年出生于绍兴，17岁到南京求学，21岁赴日留学，28岁回国，45岁写下《朝花夕拾》，1936年逝世，享年55岁。人们谈到他，脑海里总会浮现出"横眉冷对千夫指，俯首甘为孺子牛"革命战士形象。

师总结：视频中我们可以感受到童年的鲁迅就像邻家的伙伴，他的童年和我们一样丰富多彩，乐趣无穷。下面我们一同走进他唯一的一本回忆性散文集——《朝花夕拾》，看看其中写了哪些有趣的事情。

（设计意图）追逐趣味是孩子的天性，悬疑激趣的导入，轻松且有情趣，不仅大大降低了学生阅读前的畏难心理，还唤醒了学生对鲁迅童年往事的探究兴趣，有利于消除与作者之间的隔膜。

23

二、猜读目录，品读趣事

（一）活动一：浏览目录，趣味连线

（屏显）

思考：作者在哪个篇目里写了哪些童年趣事？请连一连，猜一猜有哪些趣事。

原著目录：

《小引》 　　　　　　　　　　长毛的故事

《狗·猫·鼠》 　　　　　　　　冬天吃冰

《阿长与〈山海经〉》 　　　　　雪地捕鸟

《二十四孝图》 　　　　　　　　起外号

《五猖会》 　　　　　　　　　　与小动物相处

《无常》 　　　　　　　　　　　读书时画画

《从百草园到三味书屋》 　　　　看迎神赛会

《父亲的病》 　　　　　　　　　美女蛇的故事

《琐记》 　　　　　　　　　　　不能钻晒裤子的竹竿

《藤野先生》 　　　　　　　　　……

《范爱农》

《后记》

预设：全书共十篇文章，其中有五篇提及趣事：《从百草园到三味书屋》里写雪地捕鸟、读书时画画、听美女蛇的故事；《阿长与〈山海经〉》里写长毛的故事、不能钻晒裤子的竹竿；《狗·猫·鼠》里写跟小动物相处；《五猖会》里缠着大人要去看迎神赛会；《琐记》中冬天吃冰，还给人起了"肚子疼"的外号……

（设计意图）学生浏览目录可了解整本书框架和各篇章之间的联系，有助于初步把握整本书大致的写作思路和主要内容，起到整体感知的作用。

（二）活动二：跳读文章，趣味朗读

（屏显）

跳读文章，找到"有趣"的片段，同桌间交流讨论，朗读展示。

明确：以"有趣"为关键词，梳理出文本中有趣的事物、有趣的地方、有趣的人，进而分类归纳，总结为事物之趣、物外之趣、情理之趣。

（屏显）

片段一：

冬天的百草园比较的无味；雪一下，可就两样了。拍雪人（将自己的全形印在雪上）和塑雪罗汉需要人们鉴赏，这是荒园，人迹罕至，所以不相宜，只

好来捕鸟。薄薄的雪，是不行的；总须积雪盖了地面一两天，鸟雀们久已无处觅食的时候才好。扫开一块雪，露出地面，用一支短棒支起一面大的竹筛来，下面撒些秕谷，棒上系一条长绳，人远远地牵着，看鸟雀下来啄食，走到竹筛底下的时候，将绳子一拉，便罩住了。但所得的是麻雀居多，也有白颊的"张飞鸟"，性子很躁，养不过夜的。

片段二：

三味书屋后面也有一个园，虽然小，但在那里也可以爬上花坛去折腊梅花，在地上或桂花树上寻蝉蜕。最好的工作是捉了苍蝇喂蚂蚁，静悄悄地没有声音。然而同窗们到园里的太多，太久，可就不行了，先生在书房里便大叫起来："人都到那里去了?!"

片段三：

先前，有一个读书人住在古庙里用功，晚间，在院子里纳凉的时候，突然听到有人在叫他。答应着，四面看时，却见一个美女的脸露在墙头上，向他一笑，隐去了。他很高兴；但竟给那走来夜谈的老和尚识破了机关。说他脸上有些妖气，一定遇见"美女蛇"了……到半夜，果然来了，沙沙沙！门外像是风雨声。他正抖作一团时，却听得豁的一声，一道金光从枕边飞出，外面便什么声音也没有了，那金光也就飞回来，敛在盒子里。后来呢？后来，老和尚说，这是飞蜈蚣，它能吸蛇的脑髓，美女蛇就被它治死了。

师总结：片段一是雪地捕鸟的快乐，片段二是背着老师偷偷捉苍蝇喂蚂蚁的紧张刺激，片段三是美女蛇故事的诡异神奇。这些有趣的事，30 年后鲁迅回忆起来，仍然那么形象动人。书中还有很多有趣的事，希望在之后的阅读中，大家联系自己的童年经历，品味其中的童真童趣。

（设计意图）指导学生通过"跳读文章""朗读片段"等活动开卷略读，消除与经典之间的隔膜，初步了解童年鲁迅的人生经历，感知他在成长过程中的人、事、情、理，体验文章之趣，激发整本书的阅读兴趣。

三、悟读《小引》，深入理解

（一）活动一：火眼金睛

结合片段，默读《小引》。

师：如果用《小引》中的一个四字短语小结这些富有童真童趣的片段，大家觉得哪一个词最合适？为什么？

明确：《小引》中有多个四字短语，如"鲜美可口""青葱可爱"，但最为合适的也许是"带露折花"。因为"带露折花"是《小引》中鲁迅对童年回忆及本书写作手法的一个浓缩表达，"带露"可见回忆之清晰，有"从回忆里抄出来"的现场感，"折花"是回忆体散文文艺性的说法。

明确读名著不仅要读目录、读文章，还应读小引、封面，甚至是后记等部分，这些部分与文本紧密相关。

（二）活动二：探秘文题

结合标题，寻读《小引》。

师：本书原来的题目是什么？作者为什么要更名？

明确：《朝花夕拾》原名为《旧事重提》。更名缘由是原本的名字只能表现回忆往事这一主题，而"朝花夕拾"中"朝"与"夕"表现了童年和中年这两个时间点。早上的落花到了傍晚才把它拾起，用来比喻童年和青年时的往事，到了晚年时回忆写成文章。取名《朝花夕拾》不仅可知这是一本回忆性散文集，还可以感受到文本的双重视角，即小鲁迅的心境和大鲁迅的思想，还与"带露折花"相吻合。所以《朝花夕拾》这个标题更耐人寻味。

通过寻读《小引》可知作者更题缘由，从而理解文题的多重意蕴。

（三）活动三：顺藤摸瓜

结合背景，悟读《小引》。

（屏显）

写作背景：1925 年，鲁迅在北京担任大学讲师期间，因支持学生运动而受到当时所谓"正人君子"的流言攻击和排挤。1926 年，北洋军阀政府枪杀进步学生，制造了"三一八"惨案。鲁迅写下《纪念刘和珍君》等文，热情支持学生的正义斗争，控诉北洋军阀政府的残暴，结果遭到当局的通缉而不得不远走厦门大学避难。后因在此看到一些知识分子的丑恶嘴脸，所以他只待了四个多月，之后便奔走广州。1928 年《朝花夕拾》正式发表。鲁迅在《小引》中是这样描述《朝花夕拾》写作经过的：《朝花夕拾》的前两篇写于北京寓所的东壁下；中三篇是流离中所作，地方是医院和木匠房；后五篇写于厦门大学的图书馆的楼上，已经是被学者们挤出集团之后了。

（设计意图）从"寻出一点闲静"来了解全书"温馨的回忆"的感情基调和写作《朝花夕拾》的经过，初步了解作者写作时复杂的处境及心境，明确阅读《小引》对整本书阅读起到的重要作用。

四、"夕拾"价值，总结方法

（一）双重视角，"夕拾"价值

（屏显）

《朝花夕拾》在平静朴素的叙述中渗透了作者真挚的感情，在简洁洗练的文笔中有深长的韵味；虽为个人回忆，但有丰富深刻的社会内容。在为数众多的现代散文创作中，它的艺术成就是创造性的，并且具有一定的典范意义。

——王瑶

师：阅读名家评价，想象一下鲁迅回忆往事时会有怎样的心理？体会作品价值。

预设：有对童年生活的向往，有对青年时代生活的怀念，有对现实处境的愤怒，有对麻木自私人性的嘲讽……其艺术价值不仅是深情的童年记趣，还有丰富深刻的社会内容。所以《朝花夕拾》中，既有温情脉脉的笔触，又有深刻辛辣的讽刺。

（设计意图）答案非唯一，学生思考问题的过程，其实就是分享个性化理解的过程。在分享的过程中，能激发思维的碰撞，引发更深刻、更理性的思考。

（二）方法总结，积累提升

（屏显）

漫读经典，有法可寻。朝花夕拾，激趣示范。
总览目录，整体感知。了解背景，知人论世。
小引后记，走进作品。文化积累，思想接轨。
联系自己，共鸣深悟。涵养性情，启迪人生。

学会名著阅读的方法：可从封面、目录、小引等部分大致了解名著内容及写作缘由，学会从不同视角解读文章内涵，引导学生联系自身生活，带着自己的情感体验读出童趣、读出自己，消除与经典之间的隔膜。

五、分层作业，畅读推进

必做：一周通读《朝花夕拾》，绘制"成长地图"，并结合教材所给的专题提示，选择整本书专题阅读研究点。

选做：对事件进行分类，以"鲁迅拾起的花"为题，用你擅长和喜欢的方式呈现探究结果。

小贴士：《朝花夕拾》中鲁迅对回忆中的人或事的感情色彩各有不同，这些回忆内容可以分为几种颜色？分别表达了鲁迅怎样的情感？用自己擅长和喜欢的方式完成这个作业。

在阅读推进的过程中，给学生布置适当的任务，可激发学生持续阅读的兴趣，是推进深入阅读的良好方式。学生是阅读的主体，在选择阅读专题研究点的过程中，反复"亲近"文本，这是阅读个性化理解的一种有效路径，进而提高学生的阅读水平。

巧设支架助推专题探究

——《朝花夕拾》整本书阅读推进课课例设计

【教学目标】

依据语文新课程标准，根据教材的内容、特点及学情分析，考虑到学生已有的认知结构、心理特征，制定如下教学目标：

1. 分类整理十篇文章，多元重组《朝花夕拾》的内容，推动学生对作品的阅读和理解。

2. 精读归类的文章，聚焦阅读中的疑难问题，抓住文章的兴趣点，捕捉阅读中的疑难点，在援疑质理中推进阅读。

3. 选定探究的专题，明确阅读任务和活动形式，引导学生积极思考，多角度探究。

4. 通过完成阅读评价量表，促进学生深入阅读和思考，拓宽名著阅读的深度和广度，消除学生的畏难情绪，思考经典名著的深刻内涵。

【教学重点】

选定探究的专题，明确阅读任务和活动形式，引导学生积极思考，多角度探究。

【教学难点】

完成阅读评价量表，促进学生深入阅读和思考，拓宽名著阅读的深度和广度，消除学生的畏难情绪，思考经典名著的深刻内涵。

【教学课时】

1课时。

【教学方法】

讨论分享法，设问迁移法，小组合作探究法。

【教学过程】

一、目录分类，串珠成线

师：作家黄子平对《朝花夕拾》有这样的点评："为回忆而回忆的事是没有的，旧事重提必是为了镜照现在，即所谓怀着对未来的期待将过去收纳于现在。"鲁迅在作品中是如何收纳过去，期待未来的呢？同学们细读文本，完成任务。

（屏显）

请你选一个角度，对《朝花夕拾》的文章进行分类。

要求：

1. 分类的标准明确，参照列举的标准。

2. 阐述分类理由，从文章内容中找到分类依据。

3. 在分类中体现你对文章内容的认识和理解。

分类角度选择
写作手法类：侧重写人、侧重记事、侧重议论
情感态度类：写作目的有正面情感抒发类、批判某个或者某类人、讽刺某种社会现象或传统
时间类：以时间线为轴，分为"童年之趣""青年之惑""中年之思"
……

示范：

分类	篇目	理由	原文依据	认识和理解
《朝花夕拾》侧重写人	《阿长与〈山海经〉》	记叙了"我"儿时与保姆长妈妈相处的几件事，详细地写了"我"对她的情感变化	喜欢"切切察察"、给"我"讲长毛的故事、为"我"买《山海经》等	刻画了一个"满肚子是麻烦的礼节"，却朴实善良的旧中国劳动妇女形象，表达了作者对长妈妈的尊敬、感激、怀念之情

（续）

分类	篇 目	理 由	原文依据	认识和理解
《朝花夕拾》侧重写人	《藤野先生》	回忆了"我"在日本留学期间的学习生活，讲述了藤野先生对"我"的教诲	添改我的讲义、纠正我的解剖图、了解中国女人裹脚情况	赞美了藤野先生没有种族偏见的人道主义精神，表达了对他的深切怀念，也讲述了"我"弃医从文的前因后果
	《范爱农》	追叙了"我"在日本留学时和回国后与范爱农接触的几个生活场景	绣花鞋事件、徐锡麟事件、报馆案风波、看光复的绍兴	对旧民主主义革命的失望以及对正直倔强的爱国者范爱农的同情与悼念

（设计意图）通过篇目分类，引导学生关注书册目录，思考各篇目之间的关系，真正从立足整本书的角度深入学习各篇独立的散文，进一步挖掘作品的关联性，为后面的深入学习建立支架。

二、问题导向，援疑质理

师：老师初读《朝花夕拾》，发现文章中不仅有不少内容是远离了你们现在的认知常识，还有一些生僻的知识。对每一篇目，老师都会有一定的疑问，如内容、结构、语言、选材、写作目的……你们呢？

（屏显）

请同学们按自己的目录分类进行小组文本精读，罗列出每个小组的阅读疑问（见下表），然后，同学们合作探究进行讨论，再查阅资料，书写探究成果，在悦读沙龙活动中进行分享。

	篇目	问题链	原文依据	是否解决	
				是	否
小组质疑	《狗·猫·鼠》	1. 作者笔下刻画的狗、猫、鼠到底有什么不一样的关系？它们分别代表当时社会的哪些形象，请举例说明。 2. ……			

	篇目	问题链	原文依据	是否解决	
				是	否
小组质疑	《二十四孝图》	1. 文中"老莱娱亲"和"郭巨埋儿"等故事是采取何种写作方法表现的，表达了作者什么样的情感？ 2.……			
	《无常》	1. 有人说，这篇文章把无常树立成了正面的形象，你认可这种观点吗？请从文中找出依据。 2.……			
	《父亲的病》	1. 文中两个中医开的药方引子为什么如此奇异，说明了什么？ 2. 衍太太为什么要在父亲断气的时候让"我"不断地叫喊父亲？ 3.……			

（设计意图）七年级学生还处于小学向初中的过渡阶段，在阅读过程中，学生一定会遇到障碍，教师要善于梳理、整合、研究学生在精读过程中存在的问题，也要鼓励学生质疑，在读中疑、在疑中读，不断发现问题并尝试解决问题，使学生找到通往更高思想高度的密码，让学生形成自主分析和探究作品内容及内涵的能力，从而推动阅读活动的开展。

三、专题研究，深入解读

师：同学们按照学习目标分好学习小组，各组选择一个专题，写好选题理由、意义和探究的目的及方式等，让我们为"朝花夕拾"架起多角度桥梁，真正消除与经典之间的隔膜。

（一）鲁迅童年色彩——感悟成长

师：同学们阅读鲁迅先生笔下的"旧事"，了解到其中很多篇目叙述了他的童年，展现了他的成长经历，相信你们也一定有自己的感悟，请你根据对文本的了解，用以下方式描述作者的童年时光吧。

涉及篇目：《狗·猫·鼠》《阿长与〈山海经〉》《二十四孝图》《五猖会》《从百草园到三味书屋》《父亲的病》《琐记》

1. 一字立骨，纲举目张：制作思维导图。

（屏显）

你觉得作者的童年是什么色彩的呢？请你用一个字或者一个词概括，为此找到依据，并制作出一张思维导图。

要求：支架清晰，理由充分，表述得体，有自己的感悟。

示例：

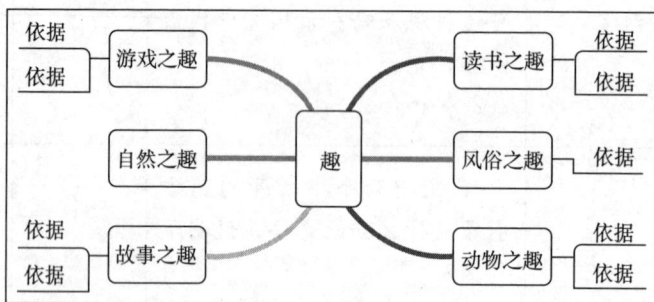

关于童"趣"生活的思维导图

2. 两法并用，行成于思：批注，摘抄。

鲁迅的童年是多姿多彩的，也是五味杂陈的，或快乐，或悲伤，或愤怒，或欣喜，或厌恶……了解这些不仅可以全面认识鲁迅的成长经历，还可以丰富我们的人生感受和经验。

（屏显）

请你用圈点批注法、摘抄领悟法探求鲁迅先生的童年世界，并尝试用两三句话作简要点评（见下表）。

童年感受	原文摘录	我的点评

（设计意图）整本书阅读并不是为了完成任务而阅读，而是要读出自己的

理解和感悟。针对鲁迅童年的生活经历，任务设计是从学生的认知水平和思维能力出发，搭建起合理的学习支架，帮助学生读懂、读通，养成良好的思维习惯。

（二）探人物故事——体悟生活

《朝花夕拾》中出现了一些比较丰满的人物形象，有长妈妈、寿镜吾老先生、父亲、邻居衍太太、日籍老师藤野先生、挚友范爱农等，请你选择最感兴趣的一个人物，进行跳读并完成以下任务。

1. 人物小卡片——探求个性鲜明的人物形象。

（屏显）

要求：理清思路，条理清楚，结合阅读任务（见下表），制作出一张人物名片。

阅读任务	1. 跳读或选读或精读《朝花夕拾》中该人物分别出现的篇目。 如长妈妈在《阿长与〈山海经〉》《从百草园到三味书屋》《五猖会》《狗·猫·鼠》《二十四孝图》中都有出现；父亲只在《五猖会》《父亲的病》中出现。
	2. 圈点勾画出该人物的语句描写，如外貌、动作、语言、神态、心理……
	3. 通过文本或查阅资料找出该人物的相关背景和身份。 如鲁迅先生的父亲是秀才，思想上比较开明，但受到鲁迅祖父舞弊案的牵连，意志消沉，常年以酒作乐，患上了肺结核；加之家庭愈加贫困，不能得到很好治疗，他非常痛苦；他对鲁迅的教育非常严厉，从不懈怠。通过这些，我们就可以更加理解散文中父亲的形象了。
	4. 在相关场景和事件中分析人物性格特点。
	5. 在具体语境中体会作者对人物的态度及抒发的情感。

2. 人物表白墙——探析鲁迅情感的丰富性。

学生们再次进行深入阅读和思考，研读文本，抓住作者对这些人物的情感起伏的描绘，结合相应的背景，思考鲁迅最想对他们说的话是什么？揣摩作者想要表达的深层情感。

请你以鲁迅的口吻，以"（   ），我想对你说"为题，给你心目中的人物写一封"告白"信。

（设计意图）对人物的评析是多面的，应该全方位地了解人物的经历和情感，理解作者对这些人物的情感态度，这个环节以任务驱动的方式引导学生分析人物的存在价值，深入透彻理解作者笔下的生活百态。学生用心去读，把自己的思想与作者的思想加以融合，把自己的经历与文中人物的命运相勾连。因此，一封告白信，既要有自己的想象，更要有自己对社会人生的思考。

（三）鲁迅的儿童教育观——思悟人生

教师不能只做传授书本知识的教书匠，而要成为塑造学生品格、品行的"大先生"。

（屏显）

在百年之前，作为思想家和教育家的鲁迅是如何看待儿童教育的呢？文本中何处体现了呢？他的观点在今天是否还有借鉴意义呢？请同学们细读有关篇目，联系现实，谈一谈自己的体验和看法。

要求：写一篇 800 字左右的读后感，或随笔，或评论，或研究论文等，从作品中选取一个点，以点带面进行分析探究，所选文本材料紧扣主题，有逻辑性，且有理有据。

涉及篇目：《阿长与〈山海经〉》《二十四孝图》《五猖会》《从百草园到三味书屋》《琐记》

示例：

正面肯定态度：鲁迅反对束缚儿童天性，认同儿童个性发展，比如在《从百草园到三味书屋》中对"我"的乐园——百草园的描写、对雪地捕鸟过程的叙述，都体现着儿童的天真浪漫与天性中的活泼单纯；鲁迅还提倡乐学，兴趣是最好的老师，《阿长与〈山海经〉》中对"我"去书斋看书以及痴迷《山海经》的描述，就充分体现了这种乐学的儿童教育观。

批判反对态度：比如《二十四孝图》表现了封建礼教对儿童的荼毒；《五猖会》批判了强制性的封建教育对儿童天性的摧残和压制；《从百草园到三味书屋》批判了腐朽呆板的私塾教育对儿童身心的束缚。

（设计意图）学生的自主阅读要带着任务进行，如阅读与鉴赏，阅读与思考，阅读与写作……这些体现语文核心素养的能力一定要在整本书的阅读教学中贯彻落实，思维与情感共同参与，这样设计的学习任务才可以让学生主动积极地学习。

（四）鲁迅的求学之变——省悟"大道"

爱默生说："一个人怎样思想，他就是怎样的人；一个人作何种选择，他就是何种人。"有人说《朝花夕拾》是鲁迅以追忆与体验代替思索与批判，以温和的方式唤醒并救赎国民的灵魂，他是在孤独中奔跑的勇士，所以鲁迅的作品是深邃的，其中包含了他的一次次选择。

师：请同学们梳理以下阅读任务（见下表），充分利用已学的读书方法，循着鲁迅先生追求真理、探索救国之路的足迹，结合有关鲁迅求学之变的文章进行解析。

阅读任务	1. 梳理有关求学的文章，如《琐记》《藤野先生》
	2. 找出每次求学之变的关键节点及其原因
	3. 概括出作者在探索救国之路上的重大事件
	4. 总结出作者求学之变背后的意义
展示任务	1. 绘制一份"我"的求学之路的过程图 2. 精心制作鲁迅的朋友圈

（设计意图）阅读任务群的设计在整本书阅读教学的推进中处于核心地位。整本书阅读设计的有效支架，既要有趣味性，又要有可操作性，让学生读文赏趣，由趣入境，才能提升学生语文核心素养。

（五）拓展探究，架起多角度桥梁

教材中有这样一句话："读经典作品，或许会有隔膜，这可能是时代变迁或语言形式上的生疏造成的。想着跨越这种隔膜，可以接触人类智慧的精华，你就会有耐心读下去，深入堂奥，大有获益。"名著阅读的专题探究就是以文本为载体，以阅读任务群为导向，在教师一步步引导下，为学习经典、理解经典、感悟经典架起多角度的桥梁。

师：同学们肯定还有许多专题想要精心挖掘，请每位同学再尝试选择一个专题进行探究（见P36表）。

要求：表述探究专题的理由、意义、目的以及方法等。

示范：

拓展专题	1. 论作者语言的魅力——反讽手法的运用
	2. 议鲁迅成长过程中遇到的黑暗力量
	3.《朝花夕拾》中鲁迅故乡的风俗习惯
	4.《朝花夕拾》中的鬼神故事
	5.《朝花夕拾》中的儿童视角和成人视角

（设计意图）《朝花夕拾》是由各单篇集结成册的散文集，推进课的专题探究应该依据体裁特点，提取有价值的教学点，建构文本之间的关联。教师在设计任务群的时候，可以采用多点关联文本，比如语言运用、写作手法、选材、主旨等，助推学生的深度阅读。

四、评价推进阅读

教师设计阅读评价量表（见下表），促进学生深入阅读和思考，以拓展其名著阅读的深度和广度，思考经典名著的深刻内涵。

《朝花夕拾》名著阅读专题探究阅读评价量表

任务	评价内容	评价标准	等级			
			A	B	C	D
阅读任务	内容层面	1. 熟练运用恰当的读书方法快速而准确地提取文本信息				
		2. 能在多篇文本阅读中找到共通点，学会类比阅读、迁移阅读、互补阅读等关联性阅读方法				
		3. 能准确概括出各个专题所设置的问题链，心中有"法"				
		4. 能有效地由量到质、由表及里、由浅入深理解《朝花夕拾》各篇的内涵和意义				

任务	评价内容	评价标准	等级			
			A	B	C	D
专题研究成果	内容层面	1. 所选文本材料与探究的专题相契合				
		2. 专题探究的结论明确，论述合理且有逻辑性				
	形式层面	1. 书写整洁，语言流畅，脉络清晰，主题突出				
		2. 专题探究的成果展示要有条理，发挥示范作用				
	合作层面	所有小组成员参与任务，个人自主学习与小组合作学习并举				

昔日花落今拾起　共寻成长引共鸣

——《朝花夕拾》整本书阅读展示课课例设计

【教学目标】

依据语文新课程标准，考虑到学生已有的认知结构、心理特征，制定如下教学目标。

1. 通过自己所绘"思维导图"讲述作品中的故事及主题，加深对作品的了解。
2. 通过改编演绎，锻炼学生的写作能力，引领学生提高整本书的阅读能力。
3. 通过多种形式点评学生的表演，提高对作品的鉴赏能力。
4. 通过一系列实践活动提升学生多向思维的能力，提升其综合素养。

【教学重点】

学会一些阅读方法，以多种形式展现自己的阅读体会，表达自己对作品的理解。

【教学难点】

引导学生通过对他人的汇报进行点评分析，引申到对社会、人生的思索，提高其思维能力。

【教学课时】

1 课时。

【教学方法】

思维导图讲解法、表演法、朗读法、多种形式点评法。

【教学过程】

一、创设情境，篇名导入

读完鲁迅先生的散文集《朝花夕拾》，我们似乎还能聆听到那位历经世事的智者对童年的回忆，里面饱含着对故人、对童年快乐时光的思念。在平和温馨的生活中我们又似乎窥见了当时黑暗的社会。这部作品从抒情中能见讽刺，叙述中暗含批判，描写中暗含仇恨。

《朝花夕拾》是鲁迅 1926 年所作的回忆性散文集，共十篇，多侧面反映了鲁迅少年时期的生活，形象反映了他性格和志趣的形成过程，前七篇反映他童年时期在绍兴的家庭和私塾中的生活情景，后三篇叙述他从家乡到南京又到日本留学然后回国教书的经历。"朝花"以儿童的目光追忆往昔；"夕拾"以成人的眼光做评论。

（屏显）

《朝花夕拾》目录：

《小引》《狗·猫·鼠》《阿长与山海经》《二十四孝图》《五猖会》《无常》《从百草园到三味书屋》《父亲的病》《琐记》《藤野先生》《范爱农》《后记》

师：这么多篇作品，肯定有你最喜欢的篇目！哪组代表先来给我们推荐？说说你的推荐理由。

（设计意图）通过对《朝花夕拾》十个作品的归类及目录展示引导学生迅速回忆整本书中的故事，激发学生畅所欲言，为顺利进入"我最喜爱的篇目推荐"做好指引。

二、我喜爱，我推荐

鲁迅先生的这部回忆性散文集《朝花夕拾》共十个篇目，每位学生的欣赏点肯定是不同的。学生看完作品也肯定有自己的独特体会，对于人物、故事都有自己的偏好。这一环节是请各小组学生推选一位代表上台分享自己喜爱的篇目及推荐理由。

学生代表可以脱稿进行演讲，也可以借助前期阅读过程中的成果"思维导图"介绍某个喜爱的故事，或是带上自己的摘抄，把阅读心得分享给其他学生。

各组代表发言。

（设计意图）这一环节旨在引发学生对一段时间来阅读《朝花夕拾》进行回顾，也是对学生口头表达能力的训练，还能引起喜欢相同篇目的学生的兴趣和共鸣。

三、多元化，探成长

谈到鲁迅作品，许多人的第一反应便是它的批判精神，这大概是先生"以笔为旗，以笔为投枪或者匕首"的光环太过耀眼，让大家在看到他的时候就会被这种认知禁锢。但是鲁迅的作品真的只有批判精神吗？这一环节通过几个探寻、展示学生对《朝花夕拾》中"童心""人性""社会"的理解，发现鲁迅先生文字里对社会、对人生独特的感受和认知。

各小组展示形式可以多样化，"思维导图"思路介绍、演讲、表演均可。为使展示形式不单一化，在展示之前教师可引导学生根据主题内容选择不同的汇报形式。

1. 探成长——《朝花夕拾》中的童心。

学生在推进课时做过相关批注或"思维导图"汇总，十个篇目中跟童趣有关的内容是不少的，无论是摘抄、批注或是"思维导图"汇总均是学生的体会，在这个环节学生可带上自己的成果上台介绍自己的探究体会，成果可以是趣事汇集图，也可以是思考笔记。

在《狗·猫·鼠》中，鲁迅以一个儿童的视角解释了"我""仇猫"的根源：十岁那年，猫吃了"我饲养着的可爱的小小的隐鼠"，竟然是这样一个原因，单纯得带着不懂事的蛮横。而小时候天真地想看"老鼠成亲"，也直接加深了"我"对猫的仇恨。《阿长与〈山海经〉》中对长妈妈的厌烦与肃然起敬、《五猖会》中对迎神赛会的热烈期盼、《从百草园到三味书屋》中对花草昆虫的充满想象力的观察，无不出自一个孩童的天性，洋溢着无私、淳朴的童趣。

学生自由发言，汇集趣味点。

教师在学生发言后引导全班学生思考归纳：童心世界能被呈现得如此纯真、有趣的原因是作者善于描摹儿童心理，描写充满情趣。再次引导学生读作品，品味其中关于"童心童趣"的句子，理解鲁迅先生的教育观。

（设计意图）学生代表借助"思维导图"这种高度概括的思维工具向其他学生讲述自己的创作思路及阅读体会，不仅展示了学生的语言运用能力，也锻炼了学生的思维能力，更是提升了他们的创作能力。

2. 探成长——《朝花夕拾》中的人性。

小组可综合展示整本书中的所有人物，也可选择同类人物进行深入分析。为了让各个主题汇报形式有特点，这个探讨环节可采用表演的方式。在此之前各小组成员应选好表演篇目，"编剧"做好剧本改编，表演者明确自己的身份及台词。

师：《朝花夕拾》中的哪些人给我们留下了深刻印象，请欣赏各小组同学的表演！

表演组：

A. 《阿长与〈山海经〉》组

B. 《从百草园到三味书屋》组

C. 《藤野先生》组

D. 《五猖会》组

E. 《无常》组

F. 《父亲的病》组

G. 综合组

各小组上台演绎相关情节，突出表现人物性格及形象。

师：同学们的演绎确实精彩绝伦，接下来我们来听听他们表演背后的故事以及他们对饰演人物的揣摩和体会。

饰演学生自评本组表演。

师：各位同学是否认同他们对人物的理解呢？请你就此次演员们演绎人物时的表情、语言进行点评，说出你观看时的感受。

其他学生点评。

师点评：同学们通过丰富的解读，用精彩的表演带领大家领略了经典的恒久魅力。在演绎时我们需要结合人物性格，全方位展示人物身上的优缺点，比如善良朴实的长妈妈身上的粗俗、迷信可在表演时透出憨厚；可亲可敬的寿镜吾先生，演员们需根据不同事件变化表情及语气；当演绎父亲命"我"背书时一定要演绎出封建大家长的严苛；爽直公正富有人情味的无常可以用反差的方式演绎出"恶相却有善心"的形象……通过观看表演，我们对《朝花夕拾》的内容有了更清晰的认识，对文中的人物形象有了更深刻的理解。

善的人性：长妈妈、无常、藤野先生。

恶的人性：《父亲的病》中的庸医，《琐记》中的衍太太，以及《藤野先生》中受军国主义思想影响的日本青年。

迂腐的人性：私塾先生、父亲。

在活动后再次进行归纳，这些善良的典型人物能如此深刻叩击我们心扉的原因是鲁迅先生擅长细节描写，写出了人物的神韵，融入了他的个人情感。

附：《阿长与〈山海经〉》课本剧剧本

准备：《山海经》，桌椅各一，自绘小人书、包袱。

旁白：时间一天天过去，长妈妈的规矩可多了，小鲁迅在她的约束下慢慢长大。作为一个小孩子，小鲁迅是多么渴望有一本属于自己的绘图版《山海经》啊。

小鲁迅：妈妈，叔祖说有一本书特别特别好看，还有图画的呢，你给我买一本吧！

太太：什么书啊？

小鲁迅：《山海经》。

太太：没听过！应该不是什么好书，别买了，你把那些"四书五经"背熟就行了！

（小鲁迅很失望地回来，坐在桌前哀声叹气）

（长妈妈上，大老远就听得到她厚重的脚步声）

长妈妈：迅哥儿，怎么了？今儿怎么这么不高兴啊？

鲁迅：哎，跟你说了也没用！你又不懂！

长妈妈：你就跟我说说吧，没准儿我能帮帮你呢，瞧你愁成啥样了！

小鲁迅：长妈妈，我有个远房的叔祖，他说在他的书斋里曾经有过一部绘图版《山海经》，画着人面的兽，九头的蛇，三脚的鸟，生着翅膀的人，没有头而以两乳当作眼睛的怪物……可惜现在不知道放在哪里了。我想要，又不好意思让他找，他可是很疏懒的。问大人呢，谁也不愿理会我。唉！

旁白：小鲁迅心想，"我知道她并非学者，说了也无益；但既然来问，也就都对她说了罢。"

旁白：可是，长妈妈把这件事牢牢地记在了心里。

旁白：就在长妈妈告假回家的时候，她去了书店。

旁白：又过了十多天，是长妈妈告假回家以后的四五天，她穿着新的蓝布衫回来了，一见面，就将一包书递给小鲁迅，高兴地说道："迅哥儿，有画儿的'三哼经'，我给你买来了！"

旁白：小鲁迅似乎遇着了一个霹雳，全体都震悚起来；赶紧去接过来，打开纸包，是四本小小的书，略略一翻，人面的兽，九头的蛇……果然都在内。从此，小鲁迅对长妈妈又产生了新的敬意。

小鲁迅：太好了！太好了！你真是个好妈妈，你太伟大了！长妈妈，谢谢你。"

时间回到成年时期，鲁迅回忆。

独白：书的模样，到现在还浮现在眼前，一部刻印十分粗拙的本子。纸张很黄，图像也很坏，甚至于几乎全用直线凑合，连动物的眼睛也都是长方形的，但那时却是我最为心爱的宝书。我的保姆，长妈妈，辞了这人世，大概也有了三十年了罢。仁厚黑暗的地母呵，愿在你怀里永安她的魂灵！

（设计意图）用表演的方式探讨人性特点，通过组织学生进行课堂表演，把学生带入情境，以激发学生强烈的表达愿望，并提升其对课文的理解。不管是表演的学生还是观看的学生，都能获得对人物的重新认识和把握。点评环节用自评、他评、师评三种方式不仅让表演者获得认可，得到改进，更是调动了观看者的思绪，提高了其审美品位。

3. 探成长——《朝花夕拾》中的社会。

这里有热闹的迎神赛会，有美丽神秘的传说……鲁迅在描写这些乡风乡俗时，那些生动的描写，无不显出思念的痕迹。那些对故乡生活的深情描绘，也是作者心灵深处埋藏着的柔软一角，是作者灵魂栖居的精神家园。

学生代表朗读从各篇目中总结出的关于风俗文化的文字，在朗读后发表小组讨论的观点，从而对整本书中描绘的社会现实有个清晰的认识。

《父亲的病》在父亲临终前大叫"父亲"，使父亲走得不安宁。对临死的人进行喊魂，其实是民间的一种做法，但这种做法一直让鲁迅内疚和痛苦。鲁迅在《狗·猫·鼠》里描写小时候床头贴的两张花纸《八戒招赘》和《老鼠成亲》，也极具民间色彩，书中还对中国传统中的送礼吃饭的礼节进行了批判。对这些风俗文化的态度，作者在文中既有传承，又有批判。

探究社会的环节不仅能引导学生消除与经典之间的隔膜，丰富人生感受与经验，提高思考问题的能力，而且可以在传承人类文化精华的过程中涵养自身。

四、读对比，明思想

《朝花夕拾》中有鲁迅先生对温情的留恋和对恶行的排斥，引导学生对两种心境、两个视角、两种表达的篇章片段进行对比品读。

学生展示对比文字，结合不同心境深情品读。

温馨回忆与理性批判。

《阿长与〈山海经〉》

"哥儿，你牢牢记住！"她极其郑重地说。"明天是正月初一，清早一睁开眼睛，第一句话就得对我说：'阿妈，恭喜恭喜！'记得么？你要记着，这是一年的运气的事情。不许说别的话！说过之后，还得吃一点福橘。"她又拿起那橘子来在我的眼前摇了两摇，"那么，一年到头，顺顺流流……。"

《父亲的病》

"父亲！！！父亲！！！"他已经平静下去的脸，忽然紧张了，将眼微微一睁，仿佛有一些苦痛。"叫呀！快叫呀！"她催促说。"父亲！！！"什么呢？……不要嚷。……不……。"他低低地说，又较急地喘着气，好一会，这才复了原状，平静下去了。

"父亲！！！"我还叫他，一直到他咽了气。我现在还听到那时的自己的这声音，每听到时，就觉得这却是我对于父亲的最大的错处。

《朝花夕拾》中回忆里的文字采用儿童视角，风格温馨、柔和，而对当时现实世界刻画的文字都采用的是成人视角，风格辛辣、讽刺。

《无常》赏析

大王出了牌票，叫我去拿隔壁的癞子。问了起来呢，原来是我堂房的阿侄。生的是什么病？伤寒，还带痢疾。看的是什么郎中？下方桥的陈念义儿子。开的是怎样的药方？附子、肉桂，外加牛膝。第一煎吃下去，冷汗发出；

第二煎吃下去，两脚笔直。我道阿嫂哭得悲伤，暂放他还阳半刻。大王道我是得钱买放，就将我捆打四十！

自己做了一世人，又怎么样呢？未曾"跳到半天空"么？没有"放冷箭"么？无常的手里就拿着大算盘，你摆尽臭架子也无益。对付别人要滴水不漏的公理，对自己总还不如虽在阴司里也还能够寻到一点私情。然而那又究竟是阴间，阎罗天子、牛首阿旁，还有中国人自己想出来的马面，都是并不兼差，真正主持公理的脚色，虽然他们并没有在报上发表过什么大文章。

重温《无常》中温暖的文字，品读作者之所以愿意亲近无常，愿意用如此温暖的文字叙写回忆，是因为现实中受到了伤害，只有回到故乡与童年的记忆里才能让精神得到安抚。

（设计意图）这个环节再次消除了学生与经典之间的隔膜，把握住了文中儿童及成人两种不同的心境，体会到作者在现实中因受挫而到回忆中找寻安慰的人生感受，从而在整体上读懂这本书，读懂作者。

五、寻成长，引共鸣

师：很多人在迟暮之年回顾自己的一生，回望自己的成长之路，除了拾起幸福的过往，还能思考些什么。希望大家将这部经典作品一读再读，凝结成自己的人生智慧。

我们再读《朝花夕拾》，读出了之前未读出的作者心中最为柔软的一面，也体会到了其中深沉而深刻的悲怆。钢铁战士般的鲁迅先生让人畏惧，但铁血柔情的先生让人无法拒绝。希望每位同学据此写一段体会，200～300字。

（设计意图）通过最后的反思作业使学生再次感受经典名著的艺术魅力，既丰富精神世界，完善自己的阅读体会，又锻炼了创作实践能力。

师：一本好书，如智者般引领我们前行；读一本好书，就是将智者的思想沉淀为自己的知识。通过阅读我们可以了解历史，品读人生，探讨生命的哲理，感悟人生的真谛。阅读经典名著，徜徉浩瀚书海，感悟丰富、别样的人生，愿墨香伴随我们一生！

【板书设计】

昔日花落今拾起　共寻成长引共鸣

寻　　　童年——温馨
　　　　现实——批判

投石问路　结伴西行

——《西游记》整本书阅读导读课课例设计

【名著解读】

  《西游记》是部编本教材七年级上册第六单元的名著推荐必读篇目。该书主要讲述的是唐僧师徒四人西天取经，历经九九八十一难的故事。唐僧取经是史实，吴承恩在此基础上增添了神话成分，经过一番再创作，才写成了故事情节完整、人物形象生动的长篇章回体小说，这是一部令中华民族为之骄傲的伟大的文学巨著。《西游记》不仅有深刻的思想内容，艺术上也取得了很高的成就，是中国神魔小说的经典之作，达到了古代长篇浪漫主义小说的巅峰。它以丰富奇特的艺术想象、生动曲折的故事情节、栩栩如生的人物形象、幽默诙谐的语言，构筑了一座独具特色的艺术宫殿。

【教学目标】

  1. 了解《西游记》的主要故事内容，培养阅读《西游记》及其他文学名著的兴趣。

  2. 通过人物的解读和片段的学习，掌握精读与跳读并用的读书方法，增强阅读古典小说的信心。

  3. 认识《西游记》作品的现实意义，从中受到启发，有所感悟。

【教学重点】

  1. 了解《西游记》的主要故事内容，培养阅读《西游记》及其他文学名著的兴趣。

  2. 通过人物的解读和片段的学习，掌握精读与跳读并用的读书方法，增强阅读古典小说的信心。

【教学难点】

  认识《西游记》的现实意义，从中受到启发，有所感悟。

【教学课时】

1 课时。

【预习作业】

拟订阅读计划表，学生按计划开启《西游记》的阅读之旅。（见表 1、表 2）

表 1　《西游记》阅读计划表

阅读时间	阅读任务	喜欢的故事	体会或思考	自我评价
第 1 周	第一至十二回			
第 2 周				

表 2　《西游记》阅读手册

班级：	姓名：	
阅读时间：	回目名：	
本回主要内容：		
本回主要人物：		
本回精彩语段：		
我的感悟：		

【教学过程】

一、创设情境，歌声开启学习之路

师：每当老师感到迷惘的时候，就喜爱听一首歌，今天我把它分享给大家，请会唱的同学一起唱。（播放歌曲《敢问路在何方》）

这是大家非常熟悉的电视剧《西游记》中的片尾曲。今天就让我们乘着歌声的翅膀轻轻敲开《西游记》的大门吧！

二、巧借回目，跳读理清取经之路

1. 通过之前的预习，同学们对《西游记》中的故事或人物，有没有印象深刻的？结合具体回目，说说你的体会或思考。

生 1：我印象最深的是第四回《官封弼马心何足　名注齐天意未宁》，孙悟空神通广大，玉皇大帝却只给他封个弼马温的官职，太大材小用了。

生 2：我印象最深的是第五至七回，孙悟空大闹天宫的情节，我知道他这样做不对，但我觉得他好厉害。

生 3：我记得最清楚的是第五十三回《禅主吞餐怀鬼孕　黄婆运水解邪胎》，唐僧和猪八戒喝了女儿国里的水怀孕的情节，我觉得作者的想象力很丰富，这也是《西游记》最吸引我的地方。

生 4：我最喜欢孙悟空，印象最深刻的是第二十七回《尸魔三戏唐三藏　圣僧恨逐美猴王》，我觉得文中写他三打白骨精的情节很精彩。

…………

师小结，明确书中主要内容。

（屏显）

《西游记》是明代吴承恩依据史实并结合民间说书艺术创作的一部章回体小说，一个回目就是一章。全书共 100 回，前 7 回写孙悟空大闹天宫，第 8～12 回写取经的缘由，第 13～100 回写孙悟空在猪八戒、沙僧的协助下保护唐僧前往西天取经，一路克服了八十一难，修成正果。

2. 结合下图，以第二十七回“尸魔三戏唐三藏　圣僧恨逐美猴王”为例，说说你发现《西游记》的目录（见下图）和平时看的书目录有什么不同？

目录

第一回 灵根育孕源流出 心性修持大道生
第二回 悟彻菩提真妙理 断魔归本合元神
第三回 四海千山皆拱伏 九幽十类尽除名
第四回 官封弼马心何足 名注齐天意未宁
第五回 乱蟠桃大圣偷丹 反天宫诸神捉怪
第六回 观音赴会问原因 小圣施威降大圣
第七回 八卦炉中逃大圣 五行山下定心猿
第八回 我佛造经传极乐 观音奉旨上长安
第九回 袁守诚妙算无私曲 老龙王拙计犯天条
第十回 二将军宫门镇鬼 唐太宗地府还魂
第十一回 还受生唐王遵善果 度孤魂萧瑀正空门
第十二回 玄奘秉诚建大会 观音显相化金蝉
第十三回 陷虎穴金星解厄 双叉岭伯钦留僧
第十四回 心猿归正 六贼无踪
第十五回 蛇盘山诸神暗佑 鹰愁涧意马收缰
第十六回 观音院僧谋宝贝 黑风山怪窃袈裟
第十七回 孙行者大闹黑风山 观世音收伏熊罴怪
第十八回 观音院唐僧脱难 高老庄大圣除魔
第十九回 云栈洞悟空收八戒 浮屠山玄奘受心经
第二 十回 黄风岭唐僧有难 半山中八戒争先
第二十一回 护法设庄留大圣 须弥灵吉定风魔

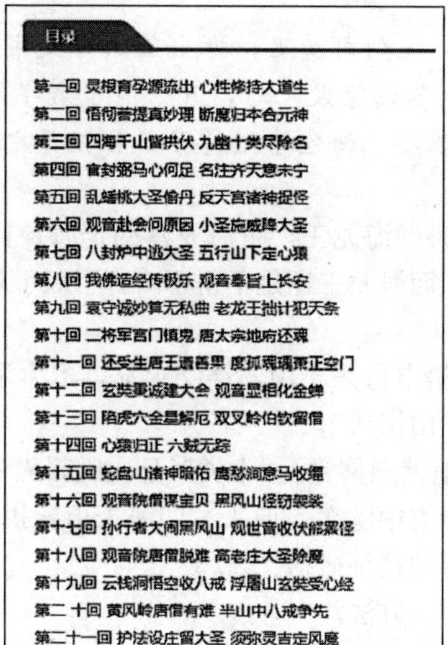

章节目录

学生代表发言，教师适时引导，做好小结。

①回目名是该回情节和内容的概括。

②运用对仗的修辞手法。

③押韵。

④对人物的称呼颇有古典美。

⑤这个"戏"隐隐约约表露了白骨精的精明。

⑥设置悬念，表现了故事的感情色彩。

··············

3. 再以《西游记》第三回"四海千山皆拱伏　九幽十类尽除名"为例，说说应该怎么读回目？

（屏显）

悟空将金冠、金甲、云履都穿戴停当，使动如意棒，一路打出去，对众龙道："聒噪！聒噪！"四海龙王甚是不平，一边商议进表上奏不题。（四海拱伏）

手中那棒，上抵三十三天，下至十八层地狱，把些虎豹狼虫，满山群怪，七十二洞妖王，都唬得磕头礼拜，战兢兢魄散魂飞。霎时收了法象，将宝贝还变做个绣花针儿，藏在耳内，复归洞府。慌得那各洞妖王，都来参贺。（千山拱伏）

猴王渐觉酒醒，忽抬头观看，那城上有一铁牌，牌上有三个大字，乃"幽冥界"。（九幽）

那判官不敢怠慢，便到司房里，捧出五六簿文书并十类簿子，逐一查看……悟空道："我也不记寿数几何，且只消了名字便罢！取笔过来！"那判官慌忙捧笔，饱掭浓墨。悟空拿过簿子，把猴属之类，但有名者，一概勾之。（十类）

生1："四海"是讲四海龙王，东海龙宫的定海神针被孙悟空讨去也无可奈何，孙悟空要披挂，四海龙王还是不得不凑齐了双手献上，这就是"四海拱伏"；

生2："千山"是悟空行乐千山，结交弟兄，本事了得，千山妖兽，皆拜悟空为尊，这就是"千山拱伏"；

生3："九幽"指地狱幽冥界；"十类"是在幽冥界勾掉猴属类在生死簿上的姓名，也就是从这十类中除名。原来"四海千山皆拱伏，九幽十类尽除名"就是对该章节主要内容的精练概括。

师小结，明确读回目方法。

①对每一个回目中的词语进行推测或质疑。

②带着问题阅读正文。

③在阅读正文的过程中，积极在文中寻找答案。

④在阅读正文后再回答之前的疑问。

4. 回目推想，合作绘制取经线路。

将回目中主要地点按时间排列，勾画唐僧师徒西天取经的线路图，用地图形式或示意图形式均可。

（1）简图式：画出相应数量的方框，把方框连接；在方框中一一标注地名即可。（见下图）

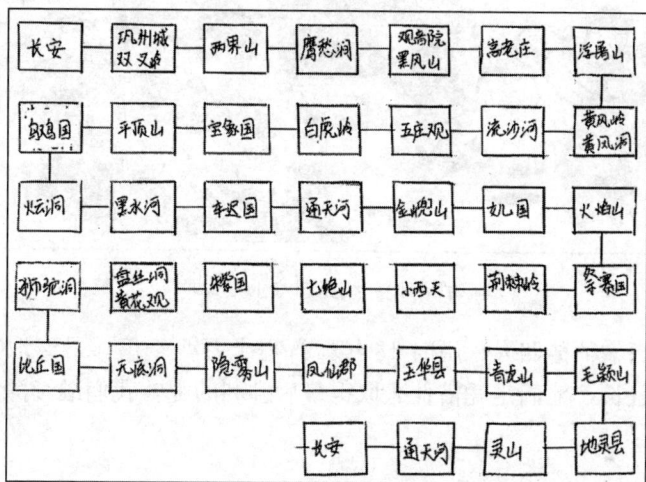

《西游记》线路图（简图式）

（2）地图式：以长安为起点，仿照地图形式发挥想象描画。（见下图）

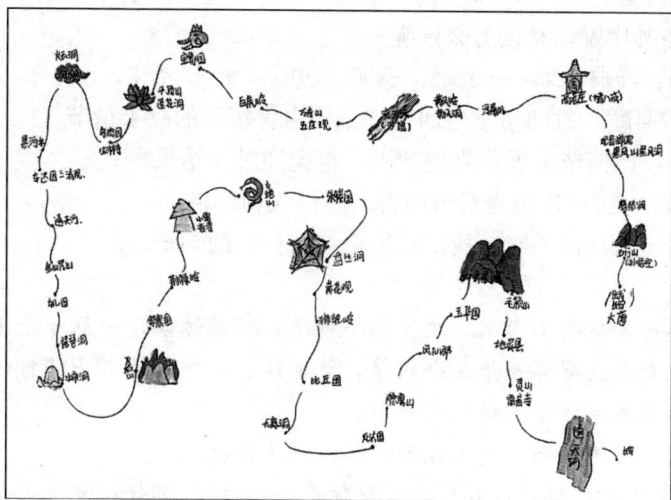

《西游记》线路图（地图式）

（3）思维导图式：可添加个性图案，根据情节适当创作。（见下图）

《西游记》线路图（手帐式）

过渡：唐僧师徒四人，历时 18 年，行程十万八千里，最终取回真经。取经之路道阻且长，他们是凭借什么取得最后胜利的呢？我们继续深入原著中去品析。

三、深析片段，精读体会心灵之路

师：很多同学对"三打白骨精"的内容印象深刻，下面我们就一起来研究这个经典的片段。

1. 读经典片段，又该怎么读呢？

师小结：经典片断——细读，理解，想象，反复品味。

2. 情节回顾。教师请学生回忆"三打白骨精"的故事情节。

师指导：按情节发展，先说起因，再说经过、结果。

3. 细读"三打"，感受情节曲折，感悟人物性格。

（1）快速浏览这一回，找出写悟空"三打"的句子。

（屏显）

只见那行者自南山顶上，摘了几个桃子，托着钵盂，一筋斗点将回来，睁火眼金睛观看，认得那女子是个妖精，放下钵盂，掣铁棒当头就打……行者又发起性来，掣铁棒，望妖精劈脸一下。

行者认得他是妖精，更不理论，举棒照头便打。

"你瞒了诸人，瞒不过我！我认得你是个妖精！"那妖精唬得顿口无言。行者掣出棒来，自忖思道："若要不打他，显得他倒弄个风儿；若要打他，又怕

50

师父念那话儿咒语。"又思量道:"不打杀他,他一时间抄空儿把师父捞了去,却不又费心劳力去救他?……还打的是!就一棍子打杀他,师父念起那咒,常言道:'虎毒不吃儿。'凭着我巧言花语,嘴伶舌便,哄他一哄,好道也罢了。"好大圣,念动咒语,叫当坊土地、本处山神道:"这妖精三番来戏弄我师父,这一番却要打杀他。你与我在半空中作证,不许走了。"众神听令,谁敢不从,都在云端里照应。那大圣棍起处,打倒妖魔,才断绝了灵光。

(2) 自由读一读描写"三打"的句子,选择一句你喜欢的,反复读一读,说说你从中读出了什么?

生1:我从第一次"当头就打"中读出悟空出手之快,表现了他内心的焦急,害怕妖怪吃了师父。

生2:我从第三次"自忖道"中读出了孙悟空的机智谋略,从容不迫。这与他第一次的急迫不一样。

生3:我读出第二次相较于第一次和第三次写得更简单,作者做了详略安排。

生4:我从第二次的"举棒"读出了孙悟空的愤怒和打的力度之大。

…………

(3) 悟空三打白骨精的时候,其他人都是什么反应?

生1:八戒说了很多挑拨的话,害得悟空最后被唐僧驱逐。

生2:唐僧觉得很罪过,且耳根软,容易受他人影响,最后在八戒挑拨下做出了错误的决定。

生3:关于沙僧的反应没过多着墨,只写了悟空离开前嘱咐他照顾好师父,可见沙僧是比较敦厚、实在的人。

(4) 这一情节中,不仅写了悟空的"三打",还写了白骨精的"三变",以及唐僧的"三责",都写了三次,你读着觉得重复吗?为什么?

(屏显)

这三次描写充分揭露白骨精的诡计多端,表现孙悟空善于识破妖计、勇敢机智的斗争精神,反映出唐僧人妖不分、善恶不辨的弱点;同时这样写把故事层层推向高潮,为唐僧最后把孙悟空赶回花果山做足了铺垫。

这种写法叫反复叙事。整本书都可以看成是反复叙事。在情节设计上,八十一个历险故事有着大致相同的模式:遇到妖魔鬼怪——唐僧被抓——悟空与妖魔斗智斗勇——降妖不成向上界求助——唐僧获救,如此一个个情节像冰糖葫芦一般串联在一起。

4. 概括阅读、欣赏小说的方法。

(1) 首先,要了解小说的写作背景、内容情节等;

(2) 其次,要把握住人物形象。应抓住故事情节和环境描写,结合文章中描写人物的语言神态、动作行为、心理活动等，分析人物的性格特征和性格形成原因；

（3）品味精彩的语言，学习作者的写作技巧，并从字里行间体会作品中反映的社会现实（即主题思想）。

过渡：从这一回中，我们既读出了跌宕起伏、引人入胜的情节，又学到了写作的技巧，更重要的是，我们感受到西天取经路道阻且长，困难重重，唐僧师徒四人想要战胜九九八十一难，修成正果，还要精诚团结。对于悟空，这更是一场自我修行的心灵之旅。

四、细查变化，对比感悟成长之路

1. 对比知情节，赏析悟内涵。

矛盾冲突可以推动情节发展，呈现人物心灵成长的历程。取经途中悟空和唐僧曾发生三次矛盾，故而离开师父，请你对比阅读，完成下面表格。

作　品	悟空三次离开师父的原因
《西游记》	第一次：杀六强盗被唐僧埋怨残害生灵，赌气离开； 第二次：①＿＿＿＿＿＿＿＿＿＿＿＿＿＿＿＿＿＿； 第三次：真假美猴王故事中，因打死强盗被唐僧驱逐。 思考探究： ②结合孙悟空三次离开师父的情节，请你分析悟空的成长变化。 ＿＿＿＿＿＿＿＿＿＿＿＿＿＿＿＿＿＿＿＿＿＿＿＿ ＿＿＿＿＿＿＿＿＿＿＿＿＿＿＿＿＿＿＿＿＿＿＿＿ ＿＿＿＿＿＿＿＿＿＿＿＿＿＿＿＿＿＿＿＿＿＿＿＿ ＿＿＿＿＿＿＿＿＿＿＿＿＿＿＿＿＿＿＿＿＿＿＿＿

（屏显）

①因三打白骨精被唐僧写下贬书驱逐离开；

②第一次是在孙悟空刚拜唐僧为师的时候，因为他杀了六个妖精化身的强盗，唐僧误会他杀死的是无辜老百姓，所以便与孙悟空断绝师徒关系，孙悟空

一气之下便离开了，最后还是被东海龙王劝回到唐僧身边。第一次的离开，可以说是负气离别，也是他行为欠思考、率性而为的结果。最后经龙王劝说才回到唐僧身边，说明他的心性还不成熟，仍需教导。

第二次是三打白骨精，唐僧误以为白骨精是好人，加上猪八戒的挑唆，唐僧便写下贬书驱逐他离开，再次与孙悟空断绝师徒关系。第二次被赶，从某种程度上是唐僧误解所致，此时的孙悟空为了降妖，不顾被唐僧误会，可见他的忠心耿耿。另外，即使离开了唐僧他还不忘对猪八戒、沙僧千叮咛万嘱咐，表现他重情重义，行为也不再像以前那样毛糙，变得成熟稳重起来。

第三次是真假美猴王，真孙悟空与假孙悟空同时出现在唐僧面前，唐僧将真孙悟空赶走，最后假孙悟空被如来佛祖识破，唐僧与孙悟空才算是和好如初。第三次被赶，孙悟空不再像前两次那样负气就离开了，而是先告罪求饶，再向菩萨等人寻求帮助，可见他取经意志更加坚定，能理性去考虑问题，寻找解决的办法，获得了更好的成长。

2. 读第九十八回"猿熟马驯方脱壳　功成行满见真如"中行者与金顶大仙的对话，思考为何悟空纵有天大的本领也要经"本路"才能取得真经？

大仙道："且住，等我送你。"行者道："不必你送，老孙认得路。"大仙道："你认得的是云路，圣僧还未登云路，当从本路而行。"行者道："这个讲得是。老孙虽走了几遭，只是云来云去，实不曾踏着此地。既有本路，还烦你送送。我师父拜佛心重，幸勿迟疑。"

明确：

每一个取经者只有经"本路"才能取得真经，本路要一步一步地丈量，踏踏实实地修行。成长模式是理智地遇挫而行，成为自己最希望成为的样子。

3. 阅读《西游记》对于我们有什么现实意义？

《西游记》让我们懂得了一个道理，那就是——想要办成一件大事，大家必须意志坚定、齐心协力，团结一致、不畏艰难、勇往直前才能成功。

过渡：取经之路道阻且长，困难重重，在不断地降妖除魔中，悟空的心魔也不断被驱除，从而获得了真正意义上的成长，最终修炼成佛。由此可见，取经之路，亦是成长之路。

五、课堂小结，任务驱动现实之路

（一）小结

播放歌曲《敢问路在何方》。

师：同学们，很高兴能和大家一起走进《西游记》，走进那个玄幻奇特的神魔世界，感受跌宕的情节、鲜活的人物和成长的滋味。人生亦是道场，让我们一起加入唐僧师徒西行的队伍，一路修行一路歌。最后，老师想用歌词中的一句话与大家共勉：敢问路在何方？路在脚下！

（二）布置作业（任选其一）

1. 完成"直播带货卖宝贝"或"西游美景我代言"，要求撰写宣传稿。

2. 研读孙悟空各个名号背后的故事，探究其最终获封"斗战胜佛"的原因。

【板书设计】

投石问路　结伴西行

回目——跳读——取经之路
片段——精读——心灵之路
变化——对比——成长之路
任务——驱动——现实之路

泪洒心田见真情　取经路上悟成长

——《西游记》整本书阅读推进课课例设计

【教学目标】

1. 通过细读文本，概括孙悟空的性格特征。
2. 借助细读、跳读与略读相结合的方法，分析悟空四次流泪的原因。
3. 由"哭"看孙悟空的成长，从中感受成长的力量。

【教学重点】

通过细读文本，概括孙悟空的性格特征。

【教学难点】

由"哭"看孙悟空的成长，从中感受成长的力量。

【教学课时】

1课时。

【教学方法】

1. 速读、精读、研读等多种阅读方式综合运用。
2. 讨论点拨法。
3. 影视文本对照法。

【课前预习】

跳读与孙悟空有关的章节，从以下角度概括人物形象。

自选角度：

1. 人物描写方法（动作、语言、神态、心理描写等）
2. 描写角度（正面描写、侧面描写等）
3. 环境描写、细节描写
4. 修辞手法（对比、反问、衬托、对偶等）

小组讨论，用以下句式回答：选文（　　　　　），运用了（　　　　　），刻画了孙悟空（　　　　）的人物形象。

（设计意图）新课标提出：能从多角度揣摩、品味经典作品中的重要词句和富有表现力的语言，通过圈点、批注等多种方法呈现对作品中语言、形象、情感、主题的理解。因此本环节课前预习，让学生圈点勾画，细读文本，从多个角度解读人物形象，形成自己的独特阅读体验，为本课体悟孙悟空的成长做铺垫。

【教学过程】

一、初读观性格

师：有这样一部电视剧，拍摄历时多年，辗转多国，缺少经费，演员不足，一经播出，却创造了收视神话，重播 3000 余次，"霸屏"三十余年，人们屡看不厌，仍然津津乐道。它就是 1986 年版的《西游记》，请同学们观看《西游记》片头曲，结合预习作业，概括孙悟空的形象。

参考：

1. 选文第一回中众猴和猴王的话："大王好不知足！我等日日欢会，在仙山福地，古洞神洲，不伏麒麟辖，不伏凤凰管，又不伏人间王位所拘束，自由自在，乃无量之福，为何远虑而忧也？""今日虽不归人王法律，不惧禽兽威严，将来年老血衰，暗中有阎王老子管着，一旦身亡，可不枉生世界之中，不得久注天人之内？"此运用了对比的写作手法，将悟空与群猴对比，刻画了孙悟空深谋远虑的形象。

2. 选文第二回中的"悟空捻着诀，念动咒语，摇身一变，就变做一棵松树"运用了动作描写，刻画了悟空千变万化的人物形象。

3. 选文第四回中的"这巨灵神睁睛观看，真好猴王：身穿金甲亮堂堂，头戴金冠光映映。手举金箍棒一根，足踏云鞋皆相称。一双怪眼似明星，两耳过肩查又硬。挺挺身才变化多，声音响亮如钟磬。尖嘴咨牙弼马温，心高要做齐天圣。"此运用了外貌描写，刻画了孙悟空尖嘴猴腮、威风凛凛的形象。

4. 选文第二十七回中的"大圣跳起来，把身一抖，收上毫毛，却又吩咐沙僧道：'贤弟，你是个好人，却只要留心防着八戒诓言诓语，途中更要仔细。倘一时有妖精拿住师父，你就说老孙是他大徒弟。西方毛怪，闻我的手段，不敢伤我师父。'"此运用了语言描写，刻画了孙悟空细心体贴、关心师父的形象。

5. 选文第七十七回中的"他落下云头，摇身一变，变作个小妖儿，演入门里，大街小巷，缉访消息。"此运用了动作描写，刻画了孙悟空上天入地、无所不能的形象。

他上天入地、无所不能；他正义勇敢，通晓人性。近年来有关孙悟空的影视作品层出不穷，这个形象却历久弥新，在于他不是千人一面的神仙，而是鲜活灵动的英雄。

二、泪中见情感

师：少年孙悟空曾经是我最倾慕的人，他大闹天宫，无所畏惧，似乎他没有软弱的时候，然而在以下选文中，孙悟空流露出了另一种神态——哭，其实无所不能的孙悟空也很爱流泪，是个名副其实的"小哭包"，《西游记》中对孙悟空哭的描写多达 29 次，那么悟空究竟为何而哭呢？

请学生们分为 4 组，速读《西游记》第一回、第二十七回、第三十四回和第七十七回，每组阅读一个章回。（要求：每分钟不少于 400 字，勾画有关孙悟空流泪的句子，并完成下列表格）

章 回	流泪表现	为谁哭	为何哭
第一回			
第二十七回			
第三十四回			
第七十七回			

参考答案：

章 回	流泪表现	为谁哭	为何哭
第一回	一日，与群猴喜宴之间，忽然忧恼，堕下泪来	为了自己	忧虑生死
第二十七回	又想起唐僧，止不住腮边泪坠，停云住步，良久方去	为了唐僧	被师误解
第三十四回	只为想起唐僧取经的苦恼，他就泪出痛肠，放眼便哭	为了唐僧	稍作妥协
第七十七回	心如刀绞，泪似水流，按落云头，放声大哭	为了唐僧	因师死亡

新课标提出：养成默读习惯，保持一定的速度。能熟练地运用略读和浏览的方法，扩大阅读范围。本环节要求学生速读、跳读，勾画关键信息。引导学生思考悟空流泪的原因，为下一环节思考眼泪所承载的情感做铺垫。

眼泪往往是人的情感的外在体现，诗人艾青就曾用眼泪表达他对这片土地的热爱。根据上表，可以看出眼泪承载着悟空怎样的情感呢？

学生回答，教师适时引导，做好小结。

参考：

①对生死的忧虑。悟空认为尽管在花果山不受管制，无忧无虑，却总有死亡的一天，到时候要被阎王辖制，因此伤心地落下泪来。

②离开师父的担忧。被师父误解为乱杀无辜，被驱逐回花果山，心中却充满对师父的担忧及离别师父的不舍。

③有稍作妥协的屈辱。为了营救师父，平日只拜过佛祖、菩萨和师父的悟空，也会变作小妖去哄骗金角大王和银角大王的母亲，他一边哭一边安慰自己。

④以为师父逝去而悲痛。听到师父的死讯，忍不住"心如刀绞，泪似水流"。

三、泪中话成长

这种看似软弱的行为，却让人物形象更加丰满。歌德说："流水碰到抵触的地方，才把他的活力解放。"一次次的落泪，对悟空的成长起了怎样的推动作用呢？

成长是未成年人在成长过程中历经各种挫折、磨难，或迷茫依旧，或若有所悟，或得以顿悟的心路历程。

1. 教师要求学生完成以下任务。

①有感情地朗读有关悟空流泪的句子。

②学生小组思考并讨论，每一次落泪对悟空的成长起了怎样的推动作用？

2. 学生思考后，师小结：

①为人生苦短而哭。

美猴王享乐天真，何期有三五百载。一日，与群猴喜宴之间，忽然忧恼，堕下泪来。众猴慌忙罗拜道："大王何为烦恼？"猴王道："我虽在欢喜之时，却有一点儿远虑，故此烦恼。"

猴王道："今日虽不归人王法律，不惧禽兽威严，将来年老血衰，暗中有阎王老子管着，一旦身亡，可不枉生世界之中，不得久注天人之内？"

猴王闻之，满心欢喜，道："我明日就辞汝等下山，云游海角，远涉天涯，务必访此三者，学一个不老长生，常躲过阎君之难。"

这一次哭泣让悟空走出舒适的花果山，踏上寻仙访道的第一步，让那个孕育于天地的石猴，蜕变成七十二变的悟空。这一哭让他打破原来的自己，让他迎接生活的磨砺，展现了不破不立的勇气。

②被师父误解而哭。

大圣跳起来，把身一抖，收上毫毛，却又吩咐沙僧道："贤弟，你是个好人，却只要留心防着八戒谗言谄语，途中更要仔细。倘一时有妖精拿住师父，你就说老孙是他大徒弟。西方毛怪，闻我的手段，不敢伤我师父。"

你看他忍气别了师父，纵筋斗云，径回花果山水帘洞去了。独自个凄凄惨惨，忽闻得水声聒耳。大圣在那半空里看时，原来是东洋大海潮发的声响。一见了，又想起唐僧，止不住腮边泪坠，停云住步，良久方去。

唐僧肉眼凡胎，对妖怪只是要"慈悲为怀"；孙悟空火眼金睛，对妖魔务必要斩草除根，以绝后患。师徒二人在这一事件上总是有着不可调和的矛盾，也因此产生了许多感情上的冲突（播放《西游记》中心猿归正的片段）。

同样是被误解，同样是被驱逐，孙悟空两次的表现却是截然不同，对待师父唐僧的态度也有了极大的转变。此时的孙悟空已经不再是那个顽劣不堪的石猴，而是学会了谅解，成为心怀感恩、担忧师父的性情中人。

③为自尊受辱而哭。

孙大圣见了，不敢进去，只在二门外忏着脸，脱脱的哭起来，你道他哭怎的，莫成是怕他？他当时曾下九鼎油锅，就炸了七八日也不曾有一点泪儿，只为想起唐僧取经的苦恼，他就泪出痛肠，放眼便哭，心却想道："老孙既显手段，变做小妖，来请这老怪，没有个直直的站了说话之理，一定见他磕头才是。我为人做了一场好汉，止拜了三个人：西天拜佛祖，南海拜观音，两界山师父救了我，我拜了他四拜。为他使碎六叶连肝肺，用尽三毛七孔心。一卷经能值几何？今日却教我去拜此怪。若不跪拜，必定走了风讯。苦啊！算来只为师父受困，故使我受辱于人！"

塞林格在《麦田里的守望者》一书中这样说道："一个不成熟男子的标志是他愿意为某种事业英勇地死去，一个成熟男子的标志是他愿意为某种事业卑贱地活着。"

这一哭，让悟空学会忍辱负重，是悟空逐渐走向成熟的标志。原本桀骜不驯的悟空动辄抡起铁棒，如今也学会顾全大局。平日里只拜过佛祖、菩萨和师父的悟空，也会为了师父变成小妖去哄骗金角大王和银角大王的老母。

④因师父受难而哭。

大圣听得两个言语相同，心如刀搅，泪似水流，急纵身望空跳起，且不救八戒、沙僧，回至城东山上，按落云头，放声大哭。叫道："师父啊！

> 恨我欺天困网罗，师来救我脱沉疴。
> 潜心笃志同参佛，努力修身共炼魔。
> 岂料今朝遭蜇害，不能保你上婆娑。
> 西方胜境无缘到，气散魂消怎奈何。"

他这一哭，哭出了对师父的无限深情，哭出了对取经事业的潜心笃志。原本取经事业只是无奈之举，可一路走来，取经已成为使命，保护师父已内化于心，成为责任。

悟空的最初流泪是为了自己的生死，而后为师父的苦难而痛哭流涕；由最初的堕下泪来到放声大哭，此时的孙悟空也不再是那个"一生无性"的石猴了，他已具备了人的情感，懂得了去理解、去感恩；由最初的放荡不羁爱自由到为了师父甘愿受束缚。

四、泪中谈启示

其实孙悟空的成长历程像极了我们每一个普通人，由自由任性到勇于担当，那么孙悟空为何能不断成长？对我们有怎样的启示？

参考：

①因为他在取经路上遭遇了很多的苦难，在困难之中不断磨砺，渐渐使自己趋于成熟。在我们的人生道路上，磨砺也是走向成熟的催化剂。

②因为有关心他的师父。师父将他从五指山下救出，给他缝制新衣服，给了他温暖和爱，让他从为了自己而哭到学会关心他人。在生活中，我们也要关注身边人，对爱我们的人回之以爱。

③因为伙伴的不离不弃。取经路上，艰难险阻，孙悟空却能坚持走下去，都是因为师徒四人相互扶持。猪八戒虽然喜欢挑拨离间，但是在危急关头，也会挺身而出。人生道路漫长，我们要珍惜来之不易的友情，友情能带领我们克服难关。

④要修炼好自己的本领。我们小时候喜欢孙悟空，是因为他上天入地，无所不能；长大后喜欢他是因为他像每一个你和我一样，一路跌跌撞撞，却不曾放弃。

五、结语

透过眼泪，我们可以看出孙悟空不仅是个随心所欲、不服管教的猴，也是个上天入地、无所不能的神，更是个充满烟火气的性情中人。正是这取经路上看似不合身份的哭，演绎了悟空从单纯到成熟、由顽劣石猴到性情中人的成长历程，使得孙悟空这个形象愈加丰满，愈加鲜活可爱！

欣赏文学作品，有自己的情感体验，初步领悟作品的内涵，从中获得对自然、社会、人生有益的启示。通过设计以上环节，使学生从中汲取到精神能量。

【作业布置】

1. 阅读《西游记》孙悟空流泪的其他章节，思考眼泪承载了孙悟空怎样的情感。

2. 介绍孙悟空。

要求：

①介绍人物的身世。

②用几句话勾勒其性格特征，并引用故事来论证，最好有细节。

③写出你喜欢这个人物的理由。

介绍方式：手抄报、作文、短视频等。

【板书设计】

泪洒心田见真情　取经路上悟成长

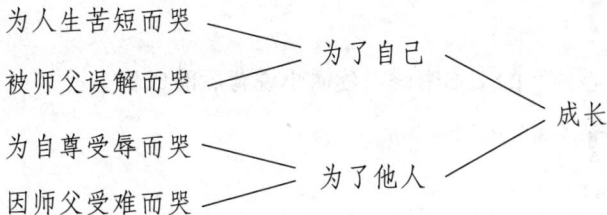

为人生苦短而哭 ———┐
　　　　　　　　　　├—— 为了自己 ——┐
被师父误解而哭 ———┘　　　　　　　　　├—— 成长
　　　　　　　　　　　　　　　　　　　│
为自尊受辱而哭 ———┐　　　　　　　　　│
　　　　　　　　　　├—— 为了他人 ——┘
因师父受难而哭 ———┘

从行"动"到心"净"的修心历程

——《西游记》整本书阅读展示课课例设计

【教学目标】

1. 学习通过探究人物名字深意，解读孙悟空成长密码，解密经典小说的主旨。

2. 考察阅读《西游记》的全过程，以学生的阅读态度、阅读方法和读书笔记、阅读成果等为依据进行评价。

3. 分享阅读心得，交流研讨阅读中的问题，积累整本书阅读经验，养成良好阅读习惯，提高整体认知水平，丰富精神世界。

【教学重点】

解密"定心猿"的文本密码，读懂小说背后的成长主旨。

【教学课时】

1 课时。

【教学准备】

以"解读孙悟空成长密码"为主题，再次阅读整本书，并完成以下任务，展示小组合作或个人探究自读成果：

1. 制作思维导图。要求主题突出，主线分明，制作精美。

2. 有绘画功底的同学，运用美术方法绘制人物或情节，并配以文字。

3. 写读后感，不少于 800 字。

4. 叙写阅读《西游记》的故事，探究"孙悟空成长密码"，可以叙述与父母阅读、与同学阅读、与老师阅读的故事。

5. 绘制手抄报，要求图文并茂。

6. 录制音频，不超过 5 分钟。

【教学过程】

一、评选优秀作品并进行展示

1. 学生对叙述作品探究过程中出现的问题，找到解决的方法，感悟自己在整本书阅读中的收获及成长。

2. 展示作品，成立评委小组，进行评分（见下表）。

"解读孙悟空成长密码"阅读成果展示评分表

类别 评分项		主题分明 30分	涉及回目 10分	图文并茂 10分	思维等级 10分	表达能力 20分	运用能力 10分	创新能力 10分	总分 100分
绘画类	思维导图								
	漫画								
	手抄报								
文本类	读后感								
	读书故事								
其他类	音频								
	视频								

3. 颁奖，获奖作者发表成长感言。

4. 各类优秀作品展示：

（1）绘画类。

（2）文本类。

（3）音视频类。

二、行者修心归道

1. 梳理名号来历。

师：大家读完《西游记》后对孙悟空的印象有：神通广大，有七十二变化，一个筋斗就能到十万八千里远的地方；孙悟空保护唐僧西天取经，一路上打妖除魔，神通广大……不知同学们有没有注意到吴承恩在写孙悟空时是否一直用这个名字来称呼他？

（1）在整本书中，孙悟空的正式名号一共出现了几个？

预设：美猴王、孙悟空、齐天大圣、孙行者、石猴、弼马温和斗战胜佛。

（2）这七个名号的由来。

美猴王是因为石猴发现了水帘洞，被众猴尊为千岁大王，后来把这个名字改为"美猴王"；孙悟空是他拜菩提祖师为师获得的称号；弼马温是玉帝接受太白金星的建议授予孙悟空的官职；齐天大圣是孙悟空回到花果山自己封的；孙行者是唐僧给他取的；斗战胜佛是取经后被如来封的。

（3）另外补充。

齐天大圣虽然是孙悟空自己封的，但他在遭到天兵天将打击时，英勇击败了托塔天王李靖与哪吒三太子，于是皇帝再次招安，他便顺理成章获得了"齐天大圣"的名号。

2. 巧读回目探玄机。

小说的情节设置都是作者有意为之的，从孙悟空的名号变化中就能发现其用心。教师先教学生的第一个阅读方法，巧读回目探玄机。在 100 回的回目中，能发现孙悟空的第八个名号——心猿。

第一回	灵根育孕源流出　　心性修持大道生
第四回	官封弼马心何足　　名注齐天意未宁
第七回	八卦炉中逃大圣　　五行山下定心猿
第十四回	心猿归正　　六贼无踪
第十九回	云栈洞悟空收八戒　　浮屠山玄奘受心经
第二十三回	三藏不忘本　　四圣试禅心
第三十回	邪魔侵正法　　意马忆心猿
第三十三回	外道迷真性　　元神助本心
第三十四回	魔王巧算困心猿　　大圣腾那骗宝贝
第三十五回	外道施威欺正性　　心猿获宝伏邪魔
第三十六回	心猿正处诸缘伏　　劈破旁门见月明
第四十回	婴儿戏化禅心乱　　猿马刀归木母空
第四十一回	心猿遭火败　　木母被魔擒
第四十四回	法身元运逢车力　　心正妖邪度脊关
第四十六回	外道弄强欺正法　　心猿显圣灭诸邪
第五十回	情乱性从因爱欲　　神昏心动遇魔头
第五十一回	心猿空用千般计　　水火无功难炼魔
第五十四回	法性西来逢女国　　心猿定计脱烟花
第五十六回	神狂诛草寇　　道昧放心猿
第五十八回	二心搅乱大乾坤　　一体难修真寂灭

第六十二回　涤垢洗心惟扫塔　缚魔归正乃修身
第六十七回　拯救驼罗禅性稳　脱离秽污道心清
第六十九回　心主夜间修药物　君王筵上论妖邪
第七十三回　情因旧恨生灾毒　心主遭魔幸破光
第七十五回　心猿钻透阴阳窍　魔王还归大道真
第七十六回　心神居舍魔归性　木母同降怪体真
第八十回　　姹女育阳求配偶　心猿护主识妖邪
第八十一回　镇海寺心猿知怪　黑松林三众寻师
第八十三回　心猿识得丹头　姹女还归本性
第八十五回　心猿妒木母　魔主计吞禅
第八十八回　禅到玉华施法会　心猿木母授门人

作者为什么叫孙悟空为心猿？

从名号出现的源头去找。这个名号最早出现于第七回，当孙悟空在八卦炉中被炼了七七四十九天后，孙悟空跳出八卦炉。吴承恩写了这样一诗句："猿猴道体配人心，心即猿猴意思深"中的"猿猴"指的是：孙悟空。这句话的意思就是孙悟空的外形之下有——人心。当学生遇到有些难以理解的语句，可以直接抓关键词了解其大致内容，从诗句中可以读出作者是把孙悟空当作人心的幻相来刻画的。

"马猿合作心和意，紧缚牢栓莫外寻。"这句话中隐藏着一个成语。"马""猿""心""意"——心猿意马。

佛教有六十心的说法，指凡人的烦恼染污心的六十种差别相，其中第六十心就是猿猴心，是指修心者之心散乱不住一处。作者觉得这时候的孙悟空的心是散乱、动荡、焦躁的。

3. 细嚼字词品深意。

师：刚刚我们说到悟空是人心的幻相。那就让我们回到文字本身去探究原因。请阅读大闹天宫的片段，圈画字词，进行批注。

（1）说说语段中哪个词可以概括孙悟空大闹天宫时的形象。

预设：好猴精。

（2）哪些字词体现了这个形象？在语段上圈画标注。

动作描写：从"忍不住，将身一纵，跳出丹炉，唿喇一声，蹬倒八卦炉，往外就走"中的"纵、跳、蹬、走"写出悟空等待逃脱时机已久，一有机会就要挣出生天，同时看出他动作麻利，反应迅速。"放倒""一摔""揲出""幌一幌""打"写出悟空心生戾气，凶猛。

修辞的角度：比喻句"好似癫痫的白额虎、风狂的独角龙"把悟空比作白

65

额虎和独角龙，这两种动物已经极为凶猛，加上"癫痫""风狂"，更是体现他的气势逼人。

关键字词："乱"。说明此时的孙悟空要扰乱、打乱、破坏天宫。大闹天宫的孙悟空充分展现出他的桀骜不驯，同时从"闭门闭户""无影无踪"看出他的神通广大。

虽然打得爽、解气、开心，但并没有解决问题，且带来了更大的问题。注意"好猴精"这个称呼，什么是"精"？精是妖精，从天仙名分排列，这是不入流的，可见此时神通广大的孙悟空在作者心中只能算是个妖精。这一声"好猴精"看出作者对孙悟空这一行为的态度是——不支持的，不赞同的。

（3）"好"在此是个褒义词吗，你怎么理解"好"字，生活中有这样的用法吗？

师：当同一个字词放在特定语境之中，它们的意思就会发生微妙的变化，就像"好猴精"，就像"齐天大圣"。"齐天大圣"的称呼又体现了孙悟空怎样的性格？

预设：孙悟空觉得自己和天帝一样有能力，一样可以管理天下，他极其自信、自大，他觉得自己和天一样有能力、有本事，自己就是道德最完善、智能最超绝、最通晓万物之道的。天即天子、玉帝、天地。"齐天大圣"的旗号一打出，表明了他不仅要做一个与天地山川齐寿的"大王"，更要做一个与天地神佛齐平的"大圣"。从"大王"到"大圣"，充分体现他依仗自身本领，性情变得急躁、桀骜不驯、妄自尊大，不明白"山外有山、人外有人"的道理，遂与整个天庭为敌。然而，从"好猴精"的评价中我们知道，齐天大圣并不"齐天"，更不是"大圣"。他对自己、对环境还是了解太少，面对压迫，他只会盲目地发力，最终只换来了如来佛的五指山和五百年的囚禁。（第七回 八卦炉中逃大圣 五行山下定心猿）

4. 关注成长的奥秘。

为了定心猿，孙悟空最终踏上了西天取经之路。这条路上，孙悟空开始变得成熟起来。

（1）从大闹天宫到取经初期的一棒打死妖怪，再到后期为了师父委曲求全，你能看到孙悟空有哪些变化呢？

预设：孙悟空处理事情越来越有章法，逐渐能控制自己的脾气了。

塞林格在《麦田里的守望者》一书中这样说道："一个不成熟男子的标志是他愿意为某种事业英勇地死去，一个成熟男子的标志是他愿意为某种事业卑贱地活着。"

大闹天宫时候的孙悟空是不成熟的，遇到问题不管后果，看似很英勇，但不能解决问题；等到取经后期，他学会了顾全大局、委曲求全，看似卑贱，但是他解决了问题，最终取经成功。

（2）思考孙悟空"行者"名号有什么隐含的意思？

预设："行"既可以理解为十万八千里的艰难取经路程，也可以理解为"修行"。西天取经路途，孙悟空一个筋斗云的距离是十万八千里，取经路途也是十万八千里，这不是数字上的巧合，而是作者有意而为之，告诉我们成熟是不能走捷径的。一个筋斗便可完成的事情，却要经过九九八十一难的艰难旅途。作者正是借着这个数字的巧合告诉我们这趟艰苦旅程正是修心过程的必经之路。所以"行者"二字便是"定心猿"的文本密码。

5. 《西游记》文本密码。

（1）斗战胜佛到底战胜了谁？

预设：战胜了妖怪，最主要还是战胜了自己。

王阳明认为："破山中贼易，破心中贼难。"唐僧师徒在西天路上所经历的障碍有来自外界的，但更主要的是来自取经团队、来自内心的。取经路上的险山恶水也好，妖魔鬼怪也罢，看似来自外界，但实质上都是"心魔"所致，要想铲除"心魔"，必须心意真诚，以修心达到归心。通过经历各种磨难，把内心当中的"心猿"革除，以此达到修心蜕变、收心归佛，这便是"斗战胜佛"。

有人就说：《西游记》其实就是一部心经，"千经万典，只是修心"。

（2）孙悟空的名号由美猴王、孙悟空、弼马温、齐天大圣、孙行者再到斗战胜佛的变化，亦是心与魔之间相较量的变化。有人说，孙悟空就是我们心中的那个猿。我们都要经过九九八十一难，让自己的心定下来，学会控制自己，为事业"卑贱"地活，才能取得"真经"。我们和孙悟空一样，都会有很自我的时候，只有经历定心猿的过程，才能真正战胜自己，成为斗战胜佛。

6. 小结。

罗曼·罗兰说："读书就是在读自己，在书中发现自己，在书中检查自己。"这节课通过读孙悟空，了解名号背后的深意，窥见了成长的密码。《西游记》中传达出来的深刻内涵包含着一种潜在的生命意义上的完善与蜕变，实现"佛在灵山莫远求，灵山只在汝心头""心净孤明独照，心存万境皆清"的境界。

三、课堂小结

有学者认为《西游记》是一部符合成长小说特征的作品，所谓成长小说，是一种展现未成年人在成长过程中，历经各种挫折、磨难，或迷茫依旧，或若有所悟，或得以顿悟的心路历程的文学样式。成长小说通常探讨人生经验中独立自我的发展，尤其重视什么是自我和如何建立自我这两个问题。成长小说的主人公通常注重追求个人价值，往往有其独特的生存方式和性格，因此容易与现实世界发生冲突，而成长小说主人公就在个人与社会的这种冲突中得到成长。从这个角度来看，孙悟空的成长历程正体现了《西游记》所具有的成长小说的属性。

四、作业布置

反复阅读《西游记》，选用精读与跳读相结合的阅读方法，多做圈点、勾画、批注。

师：让我们在独闯世界的时候，也要拿出一种敢为天下先的勇气，不仅要敢于突破前人的思维，也要敢于打破自己心中那些根深蒂固的成见。

品经典名著之魅力　习圈点批注之读法

——《骆驼祥子》整本书阅读导读课课例设计

【名著解读】

　　《骆驼祥子》是老舍先生的代表作，也是中国现代文学史上的经典名篇。小说创作于 1936 年，同年 9 月开始在《宇宙风》连载，1937 年 10 月续完，每期发表 2 章，共 24 章。老舍先生曾自认为"这是一本最使我自己满意的作品"。先生用他明白晓畅的叙述笔调，生动幽默的北京口语，惊心动魄地写出了恶魔般的社会环境是怎样残忍地将一个年轻力壮、聪明努力、足壮诚实的乡村汉子祥子扭曲成一具贪婪堕落的行尸走肉。文学大师老舍借用祥子这样一个小人物的喜怒哀乐对现实生活进行呈现和批判。对祥子、虎妞、小福子、老马等社会最底层市井人物的书写，为读者展现了上世纪 20 年代劳动人民的生存状态。书中既有老舍对所处时代的深沉记忆，又有对黑暗社会现实的揭露，同时隐隐流露出作者对底层劳动人民的理解与同情。

　　《义务教育语文课程标准（2022 年版）》在教学建议中指出"倡导少做题、多读书、好读书、读好书、读整本书，注重阅读引导，培养读书兴趣，提高读书品味"。整本书阅读属于"拓展型学习任务群""本学习任务群旨在引导学生在语文实践活动中，根据阅读目的和兴趣选择合适的图书，制订阅读计划，综合运用多种方法阅读整本书；借助多种方式分享阅读心得，交流研讨阅读中的问题，积累整本书阅读经验，养成良好阅读习惯，提高整体认知能力，丰富精神世界。"基于此，笔者计划用三个课例来指导《骆驼祥子》一书的整本书阅读。在导读课阶段，通过激趣法吸引学生的阅读兴趣，重点教授学生圈点勾画做批注的读书方法，让学生阅读名著有抓手。在推进课阶段，着力培养学生问题意识，提高主题思辨能力，继续运用多种批注方法，精读重点章节。在展示课阶段，为学生创设快乐分享的氛围，搭建分享阅读心得，交流研讨阅读问题的平台；通过小组合作探究，推选代表进行汇报的方式，发现和推广学生阅读整本书的成功经验，支持和保护学生阅读中的独到见解。

【教学目标】

1. 学会如何做批注，并在阅读的过程中进行多种批注。
2. 通过批注，研讨祥子的形象，学会分析、鉴赏小说人物形象及其塑造手法。
3. 提升学生欣赏文学作品的能力，养成良好阅读习惯。

【教学重难点】

1. 研讨祥子的形象及小说刻画人物的方法。
2. 了解长篇小说的三大要素，学会运用批注法加强阅读感受。

【教学课时】

2 课时。

【教学方法】

讲读法、自主探究法。

【教学过程】

一、创设情境，趣味导入

1. 师：同学们，虽然我们还是初中生，但是也可以渐渐树立未来的职业目标。通过学校的"家长讲堂——职业介绍活动"以及你平时的接触和了解，我们见识了很多不同的职业，谁能说说你未来准备从事哪种职业呢？为什么选择这个职业呢？

预设：主播（口才好）、吃播博主（喜欢美食）、摄影师（喜欢拍照）、博物馆讲解员（喜爱历史）、律师（记忆力好，有正义感）……

2. 师：为了实现自己的职业规划，我们可不能空想，一定要提前规划好，列出计划。那做好了职业规划，就一定能实现吗？为什么？

明确：不一定，人生的未知因素太多，学业认知、专业水准、认知发展、社会变革都有可能影响我们所从事的职业，甚至一些偶然的因素也会导致人生轨迹的变化。我们可以根据实际情况进行调整，但一定要保持清醒的自我认知和脚踏实地的努力，规划才有意义。

师：同学们，你们知道老师今天所要讲的主人公祥子是干什么的吗？他有自己的职业规划吗?

明确:人力车夫。祥子想攒钱买一辆属于自己的人力车。

(设计意图)教师通过创设职业规划这一情境,先引起学生的兴趣,让其认识到,职业规划不是你做了就能实现,还会受到多方面的影响,以此为下文讲述"祥子的愿望落空"做铺垫。

二、品读封面,感悟祥子与作者

1. 师:同学们,《骆驼祥子》出版以来,有很多种封面,这些封面采用的画面可以分为这样几类:一辆车;一个人加骆驼;一个人加一辆车;一个人加一辆车加一座城。那么这些画面与这本书的内容又有什么关联呢?

2. 看封面(见下图),猜测情节大意。

(屏显)

师:大家看到上面的封面,画面上是一个人和一辆车,请你猜测这个人和这辆车与这本书的内容有什么关联。

预设 1:主人公祥子是个人力车夫。

预设 2:全书围绕着人力车来写。

师：请你在"车"前面加上一个动词来猜测这本书的情节。

预设：买车、卖车、丢车、拉车、坐车、擦车、爱车……

师：祥子的一生都围绕着人力车的得失展开，祥子和人力车到底发生了哪些故事呢，留个小悬念让大家在原文中探索。

（屏显）

师：大家再看下面这个封面（见下图），一个人拉着三匹骆驼行走在大山脚下。本书的主人公祥子的职业是车夫，但本书的书名并不是车夫祥子，而是骆驼祥子，同学们思考一下，这是为什么呢?

预设1：祥子的生活或者命运与骆驼有关。

预设2：祥子就像是骆驼一样，吃苦耐劳。

预设3：祥子有个外号叫"骆驼祥子"。

（屏显）

（一）祥子在海甸的一家小店里躺了三天，身上忽冷忽热，心中迷迷忽忽，牙床上起了一溜紫疱，只想喝水，不想吃什么。饿了三天，火气降下去，身上软得像皮糖似的。恐怕就是在这三天里，他与三匹骆驼的关系由梦话或胡话中被人家听了去。一清醒过来，他已经是"骆驼祥子"了。

师：骆驼祥子是祥子的外号，至于这三匹骆驼怎么来的、又到哪里去了，在这里给同学们留一个悬念，大家在原文中找寻答案。

（屏显）

（二）刘老头子的确没有替祥子宣传，可是骆驼的故事很快的由海甸传进城里来。以前，大家虽找不出祥子的毛病，但是以他那股子干倔的劲儿，他们多少以为他不大合群，别扭。自从"骆驼祥子"传开了以后，祥子虽然还是闷着头儿干，不大和气，大家对他却有点另眼看待了。

师：这段文字虽然写的是祥子，但"那股子干倔的劲儿""闷着头儿干"却也很像是对于骆驼性格的刻画。因此，书名"骆驼祥子"还有另外一层含义，就是主人公的性格像骆驼，像骆驼一样吃苦耐劳。

师：在下面这个封面（见下图）上，作者老舍的名字写在了封面的最上面，我们在初一上学期学习过老舍先生的《济南的冬天》，说说你对他的理解，以及猜一猜他为什么创作这样一篇小说。

（屏显）

（屏显）

老舍是一位出身城市贫民阶层的作家，生活在城市底层中的贫苦大众是

73

老舍最为熟悉、感情最深厚的一类人,老舍的作品大多取材于市民生活。他善于描绘城市贫民的生活和命运,尤其擅长刻画浸透了封建宗法观念的保守、落后的中下层市民,在民族矛盾和阶级搏斗中、在新的历史潮流冲击下惶惑、犹豫、寂寞的矛盾心理和进退维谷、不知所措的可笑行径。他喜欢通过日常平凡的场景反映普遍的社会冲突,笔触往往延伸到民族精神的挖掘或者民族命运的思考,让人从轻快诙谐之中品味出生活的严峻和沉重。关于自然风光的色彩鲜艳的渲染和关于习俗人情的细致入微的描摹,增添了作品的生活气息和情趣。

师:读了上面的内容,你读出了哪些信息?

预设1:他从小生活贫苦,特别了解底层老百姓的生活,所以他可以细致刻画车夫的形象,能够把车夫的生活写好。

预设2:因为老舍能够感知城市贫民的生活悲苦,对于底层人民很同情,对于当时黑暗社会对人的压迫很不满意,所以想通过文字对民族命运进行思考。

预设3:祥子由积极上进爱拉车到后来懒惰自私,成为行尸走肉,也有很多社会原因。

(设计意图)通过讲解封面,让学生对主人公祥子有一定了解。知人论世是帮助学生快速了解作者主题思想的重要方式,有利于激发学生对祥子以及文章主旨的阅读兴趣。

三、习圈点批注之法,明小说人物形象

1. 了解小说体裁的主要知识点。

小说是以刻画人物为中心,通过完整的故事情节和具体的环境描写反映社会生活的一种文学体裁。小说有三个要素:人物、情节、环境(自然环境和社会环境)。

人物形象的核心是人物的思想性格,主要通过描写方法进行创作。故事情节是指作品所描写的事件发展演变的全过程。故事情节的结构:(序幕)—开端—发展—高潮—结局—(尾声),用以展示人物性格,表现作品主题。环境描写是指对人物活动的环境和事情发生的背景描写。环境描写分为自然环境和社会环境。自然环境描写是指对人物活动的时间、地点、季节、气候及花草鸟虫的描写;社会环境描写是指对人物活动的具体背景、处境、氛围以及人际关系等的描写。环境描写烘托了事件发生的氛围,凸显了人物形象,推动了故事情节的发展。

2. 圈点批注之方法。

批注是一种常用的读书方法。阅读时把读书感想、疑难问题、随手旁批等

写在书中的空白地方，以帮助理解并深入思考。批注在书头的叫做"眉批"，在书侧或者字、词、句旁的叫旁批，批注在一段或者全文之后的叫做尾批。要想做好批注，首先要学会使用批注符号（见下表）。

（屏显）

"圈点批注法"符号示例

符号	用法说明	符号	用法说明
——————	重要的线索语句	？	疑问之处
……	重要的关键词	＝＝＝＝	有欣赏价值的语句
（　　　）	解释说明的内容	①②③	句子或自然段序号

圈点批注法——阅读的过程中用固定的符号，做好重点、难点、疑问句的圈点标画或批注，可以培养思考能力，提高阅读质量。

师：对应上面这张"圈点批注法"符号示例表，我们一起来学习在书上圈点批注的示例。

①如"多留神，少争胜，大概总不会出了毛病。"在关键词下面打"着重号"。这是祥子对于生意的看法，可以概括为祥子的生意经，这属于"概括式批注"，主要是提炼内容。

②如"嘴慢气盛"是对祥子性格的刻画，写出了祥子的不足之处，结合上文，可以看出祥子是一个优劣分明之人。这属于"赏析式批注"，主要是欣赏与分析。

③如"语言简洁，憨态可掬"是对祥子形象的一个评价以及对语言特色的总结。这属于"评价式批注"，主要是从文章内容或语言等角度写出自己的评价。

④如"祥子的相貌气质是他的保护色吗？"关键句子就在下面划横线。通过提出疑问，思考祥子的相貌气质是不是有利于他的生意。提出疑问，促进思考，这属于"质疑性批注"。

⑤如"坐车人与拉车人，到底谁在揣摩对方上更胜一筹？"同样属于"质疑式批注"，看出两人之间其实都在揣摩对方，可以看出祥子还是有些聪明，有自己的生意经。

师：同学们接下来看到第一章的这句话，"他仿佛就是在地狱里也能作个好鬼似的"，从中你读到了什么？

预设：祥子是一个老实、善良的好人。

师：看似一句玩笑话，但是在这里作者把祥子放在了一个特定的社会背景下刻画，将祥子的命运与社会局势的变化联系在一起，为情节发展埋下了伏笔。这种对于文章内容的有感而发，被称为"感悟式批注"。
（屏显）

圈点批注法及其作用：
①概括式批注——提炼内容。
②赏析式批注——欣赏与分析。
③评价式批注——评价与议论。
④质疑式批注——提出疑问。
⑤感悟式批注——有感而发。

3. 活学活用，思考祥子的职业规划。

师：我们知道了祥子是一个吃苦耐劳的人力车夫。那祥子为什么不去做其他职业，而选择人力车夫呢？
（屏显）

带着乡间小伙子的足壮与诚实，凡是以卖力气就能吃饭的事他几乎全作过了。可是，不久他就看出来，拉车是件更容易挣钱的事；作别的苦工，收入是有限的；拉车多着一些变化与机会，不知道在什么时候与地点就会遇到一些多于所希望的报酬。

明确：祥子在干过很多苦力活之后，坚定地选择了人力车夫。因为他相信人力车夫还是有更多机会去赚更多的钱。

师：祥子的职业规划合理吗？同学们跟着老师一起，根据第一章的内容完成以下表格（见下表）。
（屏显）

健康情况	是否有专长	不良爱好	目标是否坚定	收支比例	努力后的成就

教师带着同学们一起阅读，进行圈点批注。学生们畅所欲言。
（1）他有力气，年纪正轻。
分析：年轻有力气。
（2）他的身量与筋肉都发展到年岁前边去；二十来的岁，他已经很大很高，虽然肢体还没被年月铸成一定的格局，可是已经像个成人了——一个脸上身上都带出天真淘气的样子的大人。看着那高等的车夫，他计划着怎样杀进他的腰去，好更显出他的铁扇面似的胸，与直硬的背；扭头看看自己的肩，多么宽，多么威严！杀好了腰，再穿上肥腿的白裤，裤脚用鸡肠子带儿系住，露出那对"出号"的大脚！是的，他无疑的可以成为最出色的车夫；傻子似的他自己笑了。

分析："很大很高""好更显出他的铁扇面似的胸，"与直硬的背""自己的肩，多么宽，多么威严"——身体强壮，人高马大。

（3）他没有什么模样，使他可爱的是脸上的精神。

分析：有精神。

（4）他爱自己的脸正如同他爱自己的身体，都那么结实硬棒。

分析：身体强壮。

以上关于祥子健康情况的批注，属于圈点勾画法当中的"概括式批注"。请学生速读，找到相关词句做好批注，完成表格（见下表）。

（屏显）

健康情况	是否有专长	不良爱好	目标是否坚定	收支比例	努力后的成就
年轻力壮，人高马大，有精神	聪明，努力，勤快，跑法很好看，拉车稳、利落、准确	不吃烟，不喝酒，不赌钱，没有任何嗜好	再苦再累，都坚定不移地要一辆自己的车	从风里雨里的咬牙，从饭里茶里的自苦，才赚出那辆车	那辆车是他的一切挣扎与困苦的总结果与报酬，像身经百战的武士的一颗徽章

明确：对于吃苦耐劳的祥子，这个职业规划还是合理的，因为他年轻，有力气，身体强壮，也聪明努力、肯干，没有什么不良嗜好，一直坚定地完成自己的目标，获得了一定成效，所以他攒钱买到了自己的第一辆车。但是祥子最终的愿望还是落空，从中可以看出这其实跟社会的黑暗相关。

4. 圈点批注之内容。

师：接下来，我们要针对人物描写的句子做"赏析式批注"，对重要故事情节做"概括式批注""评价式批注"和"感悟式批注"，对环境描写做"赏析式批注"。那还有没有其他的内容需要批注呢？

预设：直接表达作者思想感情的句子也值得批注。

师：《骆驼祥子》是一部以第三人称为视角的小说，那文中哪些句子直接表达了作者的思想感情呢？

预设：抒情和议论性的语句。

师：非常棒，你能试着找一找第一章当中抒情和议论性的语句吗？

预设：比如第一章的最后一句"可是，希望多半落空，祥子的也非例外。"

师：对，这是一句议论性的语句，作者在这里预示了什么？

预设：预示了祥子的愿望落空，为下文祥子的悲惨命运做铺垫。

师：议论句大多表明了作者的观点，同学们一定不能忽视。

（屏显）

圈点批注关注点：人物、情节、环境、议论性语句。

5. 学生对第一章、第二章进行圈点批注。

学生成果展示（见下图）：

> 到城里以后，他还能头朝下倒立半天。这样立着，他觉得，他就很像一棵树，上下没有一个地方不挺脱的。
> 批注：把祥子比喻成一棵树，生动形象地写出了他的健壮和挺拔，也可以看出祥子的自信和对未来无限的憧憬。

> 生长在乡间，失去父母与几亩薄田，十八岁的时候便跑到城里来。带着乡间小伙子的足壮与诚实，凡是以卖力气就能吃饭的事他几乎全作过了。
> 批注：简单的几句话就交代了祥子的身世、性格。

> 我们所要介绍的是祥子，不是骆驼，因为"骆驼"只是个外号；那么，我们就先说祥子，随手儿把骆驼与祥子那点儿关系说过去，也就算了。
> 批注：开篇简洁明了，吸引着读者想，探明"骆驼"和"祥子"之间到底有怎样的渊源。

四、作业布置

1. 学生每天阅读一章内容，填写下列任务表，概括每章主要内容，并给每章起一个小标题（见下表）。

章　节	主要内容	小标题
第一章		
第二章		
第三章		
第四章		
第五章		
第六章		
第七章		
第八章		
第九章		
第十章		
第十一章		
第十二章		
第十三章		
第十四章		
第十五章		
第十六章		
第十七章		
第十八章		
第十九章		
第二十章		
第二十一章		
第二十二章		
第二十三章		
第二十四章		

教师点拨：如何概括主要内容？

预设：结合人物和主要事件。

例如：第一章主要内容，祥子在十八岁时进城来拉车。经过不懈的艰苦努力，成了北平城一流的洋车夫。

小标题：语言简洁明了，主要要素是人物和事件，如果章节主要人物不是祥子的话，就要把人物名补充上去。

学生概括第二章主要内容，师生共同修改（见下表）。

（屏显）

主要内容	小标题
第一章	祥子在十八岁时进城来拉车。经过不懈的艰苦努力，成了北平城一流的洋车夫。
第二章	祥子怀着侥幸心理贪图高额车费往清华拉客人，结果被军阀部队抓去当差，车也被抢走。

2. 学生认真自读，找出主要任务和自己感兴趣的次要人物，弄清人物之间的关系，圈点批注刻画人物形象的精彩句段。整理祥子前后期的表现，设计一份前后变化的对比表，给祥子画一幅双面人像。

培养学生问题意识　提高主题思辨能力

——《骆驼祥子》整本书阅读推进课课例设计

【教学目标】

1. 圈画关键字词，概括章节内容。
2. 运用多种批注方式，精读重点章节。
3. 运用质疑式批注方式，探究作品主题，培养学生思辨能力。

【教学重点】

运用多种批注方式，精读重点章节。

【教学难点】

运用质疑式批注方式，探究作品主题，培养学生思辨能力。

【教学课时】

1 课时。

【教学过程】

一、概括小说内容，明确重点章节

师：在上一节导读课中，已经利用圈点批注阅读法把握了《骆驼祥子》的情节、人物、环境和评价性语言等重要信息。在接下来的阅读过程中，同学们依据圈画的关键字词，尝试概括各章节内容（见下表）。下面我们一起来分享交流。

《骆驼祥子》各章节内容梳理参考	
第一章	祥子在十八岁时进城来拉车，经过不懈的艰苦努力，成了北平城一流的洋车夫。

（续）

第二章	祥子怀着侥幸心理贪图高额车费往清华拉客人，结果被军阀部队抓去当差，车也被抢走。
第三章	祥子连夜带着逃兵丢下的三匹骆驼逃命，天亮的时候来到一个村庄，他把三匹骆驼卖给一位养骆驼的老人，得到三十五元钱。
第四章	祥子病倒在海甸一家小店里，他强打精神，回到人和车厂。他继续积攒钱，希望能再买一辆属于自己的车。
第五章	祥子仍然省吃俭用，但他的思想和行为发生了明显的变化。他在杨家拉上"包月"，只四天就被折磨得不得不辞掉了。
第六章	祥子离开杨家回到人和车厂。虎妞请祥子喝酒，酒后，在迷迷糊糊中，祥子被虎妞骗上了床。
第七章	祥子到曹家拉"包月"，曹先生一家对他很好。祥子拉车时摔跤了，曹家也不责备他。
第八章	年关将到，祥子打算买点礼物去探望刘四爷并要回寄存在那里的钱，这时虎妞却找上门来。
第九章	虎妞把祥子寄存在刘四爷那儿的钱拿来还他，并跟他说她怀孕了，要求他娶她，祥子心乱如麻，借酒浇愁。
第十章	祥子在小茶馆里等曹先生，一个五十多岁的老车夫因为又冷又饿晕倒在茶馆门口，祥子买来十个包子请老车夫和他的孙子小马儿吃。
第十一章	祥子拉曹先生回家的途中发现被人跟踪，然后被孙侦探抓住。孙侦探威逼利诱，最后祥子把所有积蓄都给了孙侦探来"保命"。
第十二章	祥子逃离曹家，走投无路。重新回到曹家，遇着高妈。高妈要祥子留下来看家。曹先生的学生阮明到党部诬告曹先生是"乱党"。
第十三章	天亮了，祥子无处可去，只好又回到人和车厂。见他回来，虎妞很高兴。

第十四章	刘四爷庆寿那天，他看到虎妞对祥子的亲热劲儿，火上心头。当着众人的面，父女俩吵得不可开交，虎妞索性公开了她和祥子的关系。
第十五章	虎妞让冯先生把祥子带到天顺煤厂去，准备了结婚的一切物事，新婚之夜，祥子知道虎妞的怀孕是假，祥子气愤难当。
第十六章	虎妞和祥子租住的大杂院里住的都是穷苦人，虎妞喜欢在他们面前显摆自己的富有。祥子偷偷到人和车厂附近观察，发现车厂的招牌换了。
第十七章	祥子打听明白，刘四爷把人和车厂卖了，带着钱外出看世界了。虎妞无奈之下只好拿钱买车给祥子拉。
第十八章	二强子看着女儿卖淫，心情矛盾痛苦。虎妞真的怀孕了。六月十五那天，先是烈日当空，晒得人喘不过气来；午后狂风大作，暴雨倾盆。在烈日和暴雨下，这冰火两重天里，祥子都拉着车，他终于病倒了。
第十九章	祥子病了一个月，还没完全康复就拉上了车，没几天，他又病了，一病又是一个月。祥子生病期间，小福子来和他说说话，虎妞醋劲大发。虎妞怀孕之后，不运动又贪嘴，最后因难产而死。
第二十章	祥子卖了车，埋葬了虎妞。他不再想买车了，他不再像以前那样不合群，而是设法向大家表示他很合群。后来，他拉上一个夏先生的包月。
第二十一章	到了秋天，祥子禁不住诱惑，竟与夏太太发生了关系，而且得了病。他变得懒惰了，学会了打架。一天晚上，他意外地拉上了刘四爷，刘四爷问虎妞的下落，他答了"死了"，就扬长而去。
第二十二章	自从在胡同里恶言恶语地顶撞了刘四爷，祥子感到万分痛快。他决心与过去告别，他身上重新有了活力，有了生机。他找到曹先生家，请曹先生给他指点出路。曹先生让他再到他家来拉包月，并答应让小福子也在他家吃住。祥子立即赶到那个大杂院找小福子，却不见了小福子的踪影。

（续）

第二十三章	祥子在街上失魂落魄地走，遇见了小马儿的祖父，老头子告诉他，小马儿病死了，他的车也卖掉了，现在就靠卖茶水等度日。他还建议祥子到"白房子"去找小福子。祥子找到"白房子"，得知小福子因为无法忍受屈辱已经上吊自杀，他的精神彻底崩溃了。他开始吃、喝、嫖、赌、讹诈，以干坏事为乐趣。
第二十四章	阮明想利用祥子，不料却被祥子以六十元出卖而丢了性命。祥子已经不能拉车，他靠给人送殡来度着残余的时日。"体面的，要强的，好梦想的，利己的，个人的，健壮的，伟大的祥子"堕落成为"自私的，不幸的，社会病胎里的产儿，个人主义的末路鬼"。

（设计意图）这一环节主要检验学生的阅读效果，让学生在圈画关键字词的基础上，对作品内容形成一个相对完整的了解和掌握。

二、自读重点章节，培养问题意识

在了解作品内容的基础上，教师引导学生多角度地深入问题。

任务：请同学们快速浏览第一、二、十、十一、十八、二十三章，找出对自然环境、社会环境中的风景、物体描写的相关句子，思考有何表达效果，并完成下列表格。

章节	景物描写的句子	表达效果
第一章		
第二章		
第十章		
第十一章		
第十八章		
第二十三章		

1. 那些灰冷的冰，微动的树影，惨白的高塔，都寂寞的似乎要忽然的狂喊一声，或狂走起来！就是脚下这座大白石桥，也显着异常的空寂，特别的白

net，连灯光都有点凄凉。他不愿再走，不愿再看，更不愿再陪着她；他真想一下子跳下去，头朝下，砸破了冰，沉下去，像个死鱼似的冻在冰里。

表达效果：通过这段景物的描写，突显了祥子的心理状态，即想摆脱虎妞的纠缠，但想逃避又逃不了，就连平日里喜欢的景色都变得十分凄凉，这烘托出祥子的无奈与悲苦的内心情感。

2. 春已有了消息，树枝上的鳞苞已显着红肥。但在这个大杂院里，春并不先到枝头上，这里没有一颗花木。在这里，春风先把院中那块冰吹得起了些小麻子坑儿，从秽土中吹出一些腥臊的气味，把鸡毛蒜皮与碎纸吹到墙角，打着小小的旋风。

表达效果：这句话是描写身处于大杂院的祥子眼里看到的早春的景象，在大杂院里，强迫性地与虎妞生活在一起，再加上左邻右舍都是穷人，祥子的心里一片灰暗，突出了祥子在外拉车的不易与艰辛。

3. 街上的柳树，像病了似的，叶子挂着层灰土在枝上打着卷；枝条一动也懒得动的，无精打采的低垂着。马路上一个水点也没有，干巴巴的发着些白光。便道上尘土飞起多高，与天上的灰气联接起来，结成一片毒恶的灰沙阵，烫着行人的脸。

表达效果："柳树像病了""叶子打着卷""枝条无精打采""马路干巴巴的"等众多景物及环境的描写，都充分写出当时那一副骄阳似火、烈日炎炎的景象，让我们仿佛看到了祥子在卖力拉车的时候，因劳累而全身大汗淋漓，因暴晒而晒得全身黝黑的样子，令人感同身受，如临其境。用周边的景物被太阳暴晒后的憔悴模样，烘托出祥子在拉车时的艰辛与悲惨。

…………

通过这几个示例，学生们可以发现，关注景物描写，可以从以下几个方面来进行分析：

①通过交待故事发生的时间、地点，揭示作品的时代背景。

②渲染气氛，烘托人物的情趣和心境，表现人物心理。

③展示人物性格。

④推动情节发展。

⑤借景抒情，情景交融。

思考：老舍给祥子安排的结局真的好吗？改成"祥子跟小福子过上了幸福的生活"好吗？

预设：细细想来，祥子必然要走向黑暗的。

①从情节发展来说，作者三起三落的设计模式，让祥子走向堕落的悲剧性结尾更让人警醒。

②从人物设定来说，"好的情节设计是把人物打出常规，让人物深层心理、

践篇·七年级下

85

非常规心态暴露出来"。祥子之前的淳朴善良变成了自私阴暗，更让人心痛。正如鲁迅说的"悲剧就是把美好的东西打碎给人看"，这也是小说的审美价值所在。

③从作者的想法来说，"这是我的十九年前的旧作。在书里，虽然我同情劳苦人民，敬爱他们的好品质，我可是没有给他们找到出路；他们痛苦地活着，委屈地死去。这是因为我只看见了当时社会的黑暗的一面，而没看到革命的光明，不认识革命的真理""哀其不幸，怒其不争"，应该是作者想传递给大家的一种心情。

④从读者角度来说，要认识到在那个年代，祥子是底层小人物的缩影、代表，他的命运是很多底层百姓的写照。岁月静好是当时人们对美好生活的臆想，真实世界常常是一地鸡毛。向善向美是人类最美好的品质，也是人们的期待，从这个角度来说，老舍的这个结尾让人心痛，也更让人反省。

祥子这样的一个悲剧人物到底给我们怎样的思考？罗曼·罗兰说："我们都是从书中读自己。"因而，堕落的祥子更让人心疼，也更让人清醒。

（设计意图）这一环节的主要内容是教学生利用不同的批注方法进行文章精读。

三、析质疑式批注，探究小说主题

师：上一环节，我们用多种批注方式阅读了《骆驼祥子》，深入认识到祥子这个旧社会人力车夫是如何经历了从个人积极奋斗到向命运妥协、再到自甘堕落的人生悲剧。

读书不仅仅在于了解作品的内容，体验情感，还应该积极思考，深入探究。现在利用之前所学习的质疑式批注方式，来对《骆驼祥子》这本书进行专题探究式阅读。

（屏显）

《骆驼祥子》专题探究阅读

专题一：给祥子写小传
专题二：探寻悲剧原因
专题三：话说"洋车夫"
专题四：品析"京味儿"

师：今天这节课，老师将带领同学们选择专题三进行探究阅读：话说"洋车夫"。

（一）速读文本，初识车夫

以"京城旧影"影片导入，让学生们对洋车夫这个行当有一个直观的了解和认识，以此展开深入阅读。

《骆驼祥子》中的车夫身上既具有劳动人民勤劳、善良、纯朴、有责任感、有同情心的优良品质，又具有当时国民固有的不敢创新、不敢突破、任劳任怨的封建固化思想的劣根性。

（二）精读文本，细说故事

让同学们深入文本，归纳洋车夫们各自的人生经历，以祥子、老马、小马、二强子以及书中描写的其他车夫为例，可以用图表的方式呈现出来。

（屏显）

社会地位

"等等走，你忙什么？告诉你：你来得正好。二十七是我的生日，我还要搭个棚呢，请请客。你帮几天忙好了，先不必去拉车。他们，"刘四爷向院中指了指，"都不可靠，我不愿意教他们吊儿啷当的瞎起哄。你帮帮好了。该干什么就干，甭等我说。先去扫扫雪，晌午我请你吃火锅。""是了，四爷！"祥子想开了，既然又回到这里，一切就都交给刘家父女吧；他们爱怎么调动他，都好，他认了命！"我说是不是？"虎姑娘拿着时候进来了，"还是祥子，别人都差点劲儿。"刘四爷笑了。祥子把头低得更往下了些。

小结：

从这里可以看出以前和现在的车夫是不一样的，他们的待遇不同：那时的洋车夫被人们歧视，社会地位特别低；现在的景区车夫只是社会分工不同，都是国家的劳动者。

（屏显）

形象鉴赏

"这些人生命最鲜壮的时期已经卖掉，现在再把窝窝头变成的血汗滴在马路上。没有力气，没有经验，没有朋友，就是在同行的当中也得不到好气儿。他们拉最破的车，皮带不定一天泄多少次气，一边拉着人，还得一边要求人家原谅，虽然十五个大铜子儿已经算是甜买卖。

预设：这一段是小说的开篇。作者介绍北平洋车夫这个群体时，并没有用太多充满感情色彩的话语，然而在这样波澜不惊的陈述中所揭示的沉重现实，更令人心惊。从而我们也可以知道，洋车夫在当时，社会地位低下，吃力却不讨好。

（三）精读文本，寻因探源

探究：为什么洋车夫们奋斗一生最终却落得个悲剧收场？

预设：跟当时黑暗、病态的社会有关。

教师引导：深入地剖析当时那个黑暗、病态的社会。

（四）拓读文本，寻找出路

思考：以祥子为代表的洋车夫们该如何寻找出路？

教师带领学生结合实际，联系文本思考、讨论，为祥子以及洋车夫们寻找出路，认识到当时社会劳苦大众凭借单打独斗是找不到出路的。

【作业布置】

请学生们阅读《骆驼祥子》，以小组的形式，在如下专题选择其一进行探究，可选择不同的形式来呈现小组成果。

1. 给祥子写小传。

本书以主人公祥子的奋斗和毁灭作为线索，可以说是祥子一生的记录。请根据作品的内容，写一篇祥子的小传，完整地勾勒出祥子的经历。写完后注意对照作品进一步修改，力求做到准确无误。

2. 探寻悲剧原因。

读完全书，祥子最终走向毁灭的命运悲剧无疑给读者一种强烈的震撼。到底是什么原因毁灭了这个曾经生气勃勃的人，悲剧的原因何在？带着思考精读一些章节，并查找资料，写下你的探究结果，师生就此做一次深入的讨论。

3. 话说"洋车夫"。

书中除了祥子外，还写了形形色色的洋车夫，留下了关于老北京洋车夫这一行当的珍贵历史记录。请根据书中内容进行梳理，从职业特点、人员构成、生活状况等方面介绍洋车夫这个行当的情况。

4. 品析"京味儿"。

作品对老北京的人情风俗、市井生活、北京人独特的语言习惯等作了细致入微的描绘，阅读中你一定感受到其中散发着的浓浓"京味儿"。请选择一个角度，摘抄一些片段，品析其中蕴含的"京味儿"。

立体生成创意展示 思维成果互评提升

——《骆驼祥子》整本书阅读展示课课例设计

【教学目标】

1. 建立阅读共同体，通过多样的语文实践活动，引导学生细心研读名著，交流读书心得，分享阅读经验。

2. 通过多种形式的展示活动，锻炼学生的团队协作能力、搜集整理资料的能力、语言表达能力、辩证思维和创造性思维能力。

3. 围绕展示课的主要环节编制评价量表，引导学生明确展示成果的长处与不足，并根据师生评价修改完善汇报成果。制作阅读反思单，引导学生从阅读方法、阅读习惯等方面进行自我反思、自我改进。

【教学重点】

通过不同小组的阅读成果展示，多角度了解《骆驼祥子》的主要人物、情节环境和语言特点。

【教学难点】

借助评价量表，引导学生明确展示效果的优劣，并能根据师生的评价进行修改完善，为今后开展其他专题探索活动做铺垫。制作阅读反思单，引导学生从阅读方法、阅读习惯等方面进行自我反思、自我改进。

【教学课时】

1课时。

【教学方法】

小组合作探究法、学生互助展示法、师生交流对话法。

【前期准备及分组情况】

前期准备：

《骆驼祥子》这部经典名著的阅读一共跨越了半个学期的时间，通过教师指导和学生自主阅读，以及每周一次固定的课堂阅读，学生已经通读全书至少两遍。最近两周，学生围绕课本中的四个专题以及一些自己感兴趣的专题进行了精读思考，自行撰写发言稿并在教师指导下反复修改，利用课余时间进行展示排练，班级的阅读分享氛围浓厚。教师鼓励学生创新汇报展示形式，培养学生评委及学生主持人来把控活动流程。

小组成果展示安排如下：

1."小人物"图鉴组：围绕《骆驼祥子》中的主要人物绘制人物图谱，把握人物形象。

2."名侦探柯南"组：全方位探究"祥子走向堕落的原因"。

3."车夫故事会"组：学生紧扣《骆驼祥子》一书，从职业特点、人员构成、生活状况等方面全面介绍"洋车夫"这个行当。

4."京味文化"寻味组：关注作品中老北京的风俗人情、市井生活、北京人独特的语言习惯。

5."祥子与烟酒"探究组：探究祥子命运的发展过程与"烟和酒"的关系。

6.《骆驼祥子》文化宣传组：选出《骆驼祥子》中你印象最深刻的小人物，做成书签。给《骆驼祥子》写一句话书评放在设计好的书籍封面中，向学弟学妹们推荐这本书。

【教学过程】

一、导入环节

师：《骆驼祥子》是一部深受大众喜爱的经典名著，这本书伴随着我们度过了两个月美妙的阅读时光，书中人物的悲欢喜乐左右着我们的阅读情绪，他们的命运起伏牵动着我们的情思。在两个月的阅读过程中，我们借助阅读任务单，概括出小说每个章节的主要内容，理清了故事情节；通过圈点批注阅读法，我们关注了小说的主要人物，环境和语言等。最近两周，同学们又围绕相关专题开展了小组合作探究，老师为你们的潜心钻研、团结协作点赞！今天这节展示课，期待同学们的精彩表现。下面掌声有请主持人。

二、展示环节

主持人：读经典名著，品百味人生。欢迎老师、同学们来到今天的《骆驼祥子》阅读成果汇报现场。有请各小组代表按顺序上台展示探究成果，你们的表现将由两位学生评委和一位教师评委共同打分。

（一）"小人物"图鉴组

老师们，同学们，大家好！今天由我来代表我们小组进行汇报。我们组聚焦的是《骆驼祥子》中的小人物。老舍在《骆驼祥子》中为我们展示了一幅20世纪20年代"小人物"的众生相：他们出生于社会的底层，善良又可悲。我们小组画了一些手抄报来展现人物。

1. 祥子。祥子是小说中的核心人物。前期的祥子不屈于生活的压迫，健壮，固执，有梦想，勤俭，老实，任劳任怨，真诚善良，有同情心。自从经历命运的"三起三落"，在虎妞难产而死，小福子不堪受辱上吊自杀后，他的命运慢慢走向黑暗，直到最后被黑暗所吞噬。祥子这样一个悲惨的"小人物"的命运揭露了旧中国的黑暗，描绘了在当时军阀混战的黑暗背景下，北京底层贫苦市民生活于痛苦深渊中的图景。

2. 小福子。书中对于小福子有很多优美的形容，她美丽、年轻、要强、勤俭善良、倔强、有同情心，满19岁，眉眼匀称，圆脸蛋，总是露出一口白牙。命运却是如此的不公，为了养家小福子被卖给军官，她的母亲被父亲打死。小福子被军官抛弃后，为了养家而卖身，受尽白眼和屈辱，以至于不堪重负而上吊自杀。

3. 虎妞。虎妞是一个大胆泼辣，敢爱敢恨，精明能干的女性，她是一个似乎背离中国古代传统女性形象的新型女性代表。她自幼丧母，帮父亲把车行的生意管理得井井有条，使得车行声名远播。她缺乏女性温柔，但对祥子又不乏细腻。她泼辣、干练，有一种男性的豪迈气魄。面对自己喜欢的人，她敢于争取，敢于付出。她深知父亲不会同意她和祥子的婚事便想对策去解决，在父亲坚决反对下仍然义无反顾地跟着祥子。成长的环境使虎妞的性格呈现出二重性：一方面，她沾染了剥削阶级家庭教给她的好逸恶劳，玩弄心计和市侩习气，她缺乏教养，粗俗刁泼；另一方她对爱情与幸福的追求愿望长期被压抑，深受封建剥削家庭的伤害，心理也因此变得扭曲。

（二）"名侦探柯南"组——祥子堕落的原因探究

祥子从一个年轻力壮、聪明努力、好强诚实的乡村汉子堕落成一具扭曲贪婪的行尸走肉，这样的转变和悲剧令人慨叹。我们小组认为祥子的堕落原因有两个：一是祥子自身的个人局限，二是黑暗的社会和各种人物逼迫所致。

个人局限：祥子出生在农村，思想有局限性。他一切的希望寄托于自己的身体，他在城市生存下来的唯一依靠是自己的身体和倔强的内心。他自尊心强，害怕被别人瞧不起，从始至终就是想买车证明自己。他认为钱存在银行不靠谱，从而导致被孙侦探骗去了所有的钱。祥子总是沉默寡言，不爱说话，甚至不会说话。在所有人面前，他都处于被动，任人摆布，任人欺凌！祥子缺少反抗精神，是一个"'个人主义'的末路鬼"。

社会环境压迫：祥子生活在军阀混战的年代，社会治安混乱，法制体系不健全。他地位很低下，对于政府、社会和时局，对于车行、主顾，他没有任何的话语权，也没有自主权。他为了多赚钱冒险把车拉去清华，结果连人带车被军阀的乱兵捉去。孙侦探把祥子努力了三年才买来的车夺走了，后来又把祥子准备买第二辆车的钱也敲诈了，却不会受到法律的制裁。杨太太的刻薄让祥子被迫回到人和车厂，虎妞的霸道和心计让祥子困在牢笼般的婚姻里，迫害革命者的社会氛围让祥子失去了曹先生家舒心的拉包月的生活；刘四爷的狠心、小福子的去世致使祥子一步一步走向堕落的深渊。

（三）"车夫故事会"组

各位听众朋友们，今天我们来讲一讲"洋车夫"的故事。20世纪20年代北京城大街小巷穿梭着这样一群人：他们靠着勤奋和体力吃饭，风里雨里不曾言苦，可他们却命如蝼蚁，卑如草芥，他们就是"洋车夫"。

如此卑微的行当，里面的"等级"却很鲜明。

私家洋车夫专给条件优越的人拉车，他们的车辆装饰得十分讲究，车身漆成黑色，满镶铜活，全车上下一身蓝布，车前两盏铜车灯，车踏脚下面安着铜铃，拉着的时候"当啷——当啷"响，十分气派。长途洋车和专拉洋买卖的车夫力气大、有耐力，他们不屑于三五个铜子的买卖，他们能听得懂英国人、法国人讲的外语，所以普通洋车夫都不会和他们抢生意，他们还有一种自己的步法，有着一种独特的神气，仿佛和其他车夫不是同行。

包月车夫有的拉主人家的车，有的自带车，这种车夫比拉散座的要好一些，有固定的主人，到月底有固定的工钱，有时主人大方，还会给一些其他的东西，而且包月车夫是包住的，有些还会包吃。

散座车夫是最下等的车夫（祥子就属于这类散座车夫），散座也分为两类，第一类是自己有车的，只要有钱够吃喝就行；第二类是没车的，但是他们交完份子钱后，车场管吃和住。

洋车夫长期从事高强度劳动工作，只有身强力壮的男子才能胜任，比如年轻时候的祥子。由于劳动强度高，洋车夫一般工作的黄金年限不是很长（到了后期，祥子也觉得体力一天不如一天）。上了年纪的车夫另谋出路难于登天，最终只能像老马那样，一无所有，饿晕在路边并最终饿死。

（四）"京味文化"寻味组

老舍的创作喜欢用北京的口语、俗语、儿化音，这些京韵京腔展现了北京风情，也使得全书语言呈现通俗、浅显易懂、明白晓畅的特点，《骆驼祥子》也不例外。

书中的京味儿主要体现在贯穿全文的北京方言中，例如"论秧子""抠搜"

"腻烦""闹慌""耍滑头"等。书中最具特色的北京方言是儿化音的使用，如"即使说得不圆满，利落好歹是那么股子劲儿。心理松懈，身态与神气便吊儿郎当""拉出车来，在固定的车口或宅门一放，专等坐快车的主儿"，这些都体现了京味语言的丰富性。

书中还展现了北京特有的风俗、民俗。老舍把人物都放在老北京这真实的地理环境与市井生活中，书中诸多场景，如车厂、大杂院、四合院、胡同、茶馆等都体现了京味。祥子与虎妞的婚礼及筹办，刘四爷的寿礼，天桥喝茶，在积水潭垂钓等都表现出北京人生活的场景。

选段示例：

地上的雪扫净，屋上的雪渐渐化完，棚匠"喊高儿"上房，支起棚架子。讲好的是可着院子的暖棚，三面挂檐，三面栏杆，三面玻璃窗户。棚里有玻璃隔扇，挂面屏，见木头就包红布。正门旁边一律挂彩子，厨房搭在后院。刘四爷，因为庆九，要热热闹闹的办回事，所以第一要搭个体面的棚。

书里还展现了不少令人垂涎的老北京美食，如卤煮、豆汁儿等。

选段示例：

来到这里做小买卖的，几乎都是卖那顶贱的东西，什么刮骨肉，冻白菜，生豆汁、驴马肉都来这里找主顾。自从虎妞搬来，什么卖羊头肉的，熏鱼的，硬面饽饽的，卤煮炸豆腐的，也在门前吆喝两声。

作为京味小说的代表，《骆驼祥子》给读者呈现的是一幅幅老北京的市民风俗画，可谓京味十足。

（五）"祥子与烟酒"探究组

前面几位同学的发言非常精彩，他们的专题大都来源于语文课本，接下来我要给大家分享一个书上没有却很有意思的专题——祥子与"烟酒"。

同学们可还记得，刚进城的祥子，"他不吃烟，不喝酒，不赌钱，没有任何嗜好"。为了实现买车的梦想，"从风里雨里的咬牙，从饭里茶里的自苦，才赚出那辆车"。可到了小说最后，祥子却变成烟鬼、酒鬼。梳理发现祥子抽烟喝酒的细节，也可反映他从一个要强的青年堕落成社会蛀虫的变化历程。

祥子第一次抽烟，是在曹宅拉包月时被孙侦探敲诈的那个晚上。"祥子本不吸烟，这次好似不能拒绝，拿了支烟在唇间吧唧着。"看起来祥子是因为深夜到老程处寄宿叨扰，受到了礼遇，盛情难却才抽烟，实际上是因为辛苦积攒的血汗钱被孙侦探敲诈走，曹先生一家连夜搬走，他最满意工作也丢了。再加上虎妞逼婚，要他腊月二十七去给刘四爷祝寿。凡此总总，祥子心烦意乱，借烟消愁。

祥子第二次抽烟是为虎妞出殡回来。他把苦闷寄托在烟上，"他狠狠的吸那支烟，越不爱吸，越偏要吸"。紧接着，祥子变卖家当，要离开大杂院。卖完之后，"他坐在了炕沿上，又掏出支'黄狮子'来"。三起三落，苦难生活的一次次打击，让祥子完全忘记了那个要强、自律的自我，彻底变成了另一个人，"烟卷可是已吸上了瘾"。

祥子第一次喝酒是被虎妞所诱惑，然后就酒后"失身"。第二次喝酒是祥子在曹宅拉包月时，被虎妞上门逼婚。难以入眠的祥子"决定去打些酒，喝个大醉"。于是端着小饭碗去打了酒，但回来后仍然没喝。可是虎妞的纠缠让他彻夜难眠，终于一直到凌晨的时候，"他猛的坐起来，摸住酒碗，吞了一大口！"第三次喝酒是刘四爷做寿的时候。车夫们把对刘四爷的气撒到了他的身上，喝酒之后的祥子面对车夫们的挑衅终于爆发了，叫嚣着要出去打一架。第四次喝酒是在虎妞死后，祥子又回到了车厂拉车，为了打发寂寞，他和车夫们交上了朋友，"他们喝酒，他也陪着；不多喝，可是自己出钱买些酒菜让大家吃。"这时，他已经早不是当初那个自尊、独立的祥子了，而是和一般的车夫一样了。

"他吃，他喝，他嫖，他赌，他懒，他狡猾，因为他没了心，他的心被人家摘了去。"抽烟解闷，喝酒消愁。祥子之所以由一个不嗜烟酒的上进青年，最终染上了抽烟喝酒的恶习，是生活的愁闷让他无法排解、无处寄托；是理想的一次次破灭，让他彻底失去了奋斗的希望；是那个残酷的社会现实，让他走向了自甘堕落的人生末路。

（六）《骆驼祥子》文化宣传组

我们小组主要聚焦于《骆驼祥子》一书的文化产品开发。章灵溢同学选择了《骆驼祥子》中她印象最深刻的四个小人物：祥子、虎妞、老马和小马，把他们做成书签，画面精美，人物传神（见下图）。占艺漫和熊艺源同学给《骆驼祥子》写的一句话书评放在设计好的书籍封面上，向学弟学妹们推荐这本书。

《骆驼祥子》创意书签

封面设计

（设计意图）本活动旨在引导学生采用不同的形式进行阅读成果展示，培养学生制作手抄报的能力、辩证思维能力、结合人物性格进行绘画的能力、利用网络搜集素材的能力、进入原著讲述故事的能力和现场语言表达能力。

三、师生共评促提升

1. 依据评价量表（见下表），师生互评打分。

《骆驼祥子》成果汇报评价表

七年级（　）班		第（　）汇报小组	等级（　）	
评价项目		评价等级 （优秀、良好、需加强）	总评价结果	评委建议
展示内容	紧扣文本，内容准确			
	典型完整，图文并茂			
现场表现 高质高效	语言简洁			
	形式创新			
	表达流畅			
	基本脱稿			
	控制时长（6分钟内）			

2. 师生点评促提升。

学生评委1点评："小人物"图鉴组给我们展示了《骆驼祥子》中的三位小人物，内容全面，紧扣原文，图文并茂。建议再多整理一些书中的"小人物"——刘四爷、高妈、杨太太、二强子等，建立小人物群像图。

学生评委2点评：我建议同学们更自信、更洒脱一些，可以结合一些手势语言增强气势。PPT可用来呈现一些重点，不要满屏都是文字或者图片而没有关键词。

教师点评：各位同学，大家好！首先，表扬咱们班的每一位同学！正是因为有了你们的积极参与、精心准备、认真阅读，才有了咱们班这一节精彩纷呈的汇报展示课。你们的汇报或紧扣文本，内容详实（"小人物"图鉴组、"名侦探柯南"组、"车夫故事会"组）；或干货满满，图文并茂（"京味文化"寻味组），或视角独特，新颖有趣（"祥子与烟酒"探究组），或画艺精湛，创意无限（《骆驼祥子》文化宣传组）！

建议："小人物"图鉴组注意到了"小人物"这样一个类别，他们虽然大多出入于大杂院、小胡同、街边巷口，但这样的人物在老舍笔下全有了魂灵。刘四爷的奸滑狠毒，虎妞的专横难缠，曹先生的思索斟酌，高妈的好出主意，杨太太的尖酸刻薄，二强子和小福子的潦倒不堪，他们都和祥子的性格相映成趣。期待同学们挖掘书中更多小人物，也期待同学们将《骆驼祥子》中的"小人物"同课本中杨绛笔下的"老王"，《我的伯父鲁迅先生》中的"车夫"对比起来阅读。

"名侦探柯南"组从个人局限和社会原因两方面分析了祥子堕落的原因，这样的思考非常好，但是还可以多参考一些书籍或论文资料，加深自己的理解。比如可以去图书馆借阅钱理群先生的《中国现代文学三十年》，阅读其中关于老舍和《骆驼祥子》的相关章节。可以借助"中国知网"查找（或者让老师帮忙推荐）一些有价值、适合初中生阅读的论文篇目，让思想走向深刻。

"车夫故事会"组对各种类别的洋车夫归纳细致，但缺乏对这一行业的思考和总结。我们在《骆驼祥子》中的车夫身上看到了劳动人民勤劳、善良、纯朴，有责任感、有同情心的优良品质，又看到了当时国民固有的不敢创新、不敢突破、任劳任怨的封建固化思想的劣根性。"洋车夫"这一行当揭露了当时社会的黑暗和不公平，以及普通人对于很难改变自己命运的无奈。

师：为期两个月的《骆驼祥子》阅读之旅接近尾声，相信同学们一定有很多的收获，请大家在课后填写下面的阅读反思单，认真总结你在阅读过程中学到的阅读方法、积累方法、批注方法、专题研究的方法和其他心得体会。阅读过程中的不足，也可以如实写下，以便在下次进行名著阅读时做得更好。同学们，经典文学作品是常读常新的，期待同学们在闲暇之余，再次捧起《骆驼祥子》。

阅读反思单

班级：	姓名：
阅读收获（阅读方法，积累方法，批注方法，专题研究的方法和其他心得体会）	
1. 阅读方法：	
2. 积累方法：	
3. 批注方法：	
4. 专题研究的方法：	
5. 其他心得体会：	
不足之处：	

走进海底世界 领略名著魅力

——《海底两万里》整本书阅读导读课课例设计

【名著解读】

《海底两万里》是一部经典科幻小说，集中体现了凡尔纳科幻小说的特点。作者将曲折紧张、扑朔迷离的故事情节，瞬息万变的人物命运，丰富详尽的科学知识和情节逼真的美妙幻想层层铺展开，为读者展示了一个奇妙的世界。

本书的精妙之处还在于它引人入胜的情节，丰富的人物形象，激发了读者对科学的热情，对人生的追求和对社会的理解，更激发了青少年热爱科学、向往探险的热情。

【教学目标】

1. 通过对《海底两万里》的奇幻之旅的探索，进一步激发学生课外阅读的兴趣。

2. 学习并训练"快速阅读"这一基本的阅读技巧，领略海底旅行的奇妙。

3. 学会制定阅读计划，按计划完成整本书的阅读并开展专题探究活动。

【教学重点】

领略海底旅行的奇妙。

【教学难点】

运用"快速阅读"的方法，理清故事情节。

【教学课时】

2课时。

【教学方法】

阅读法、对话启发法、自主合作探究法。

【教学过程】

一、创设情境，导入新课

曾经有这样一个人：在人类还没发明电视的时候，他小说中的人物已经在观看影像化的新闻；在人类还没制造出飞机的时候，他小说中的人物已经驾驶直升机来往；在人类还没有着手登月工程的时候，他小说中的人物已经坐在一颗大炮弹里，飞到了月球上。

这个人就是儒勒·凡尔纳。他是法国著名的科幻和探险小说家，创作了许多科幻小说，其中的科学幻想如今大部分已变成现实，因此被人们誉为"科学时代的预言家"和"现代科学幻想小说之父"（见下图）。

【儒勒·凡尔纳】

儒勒·凡尔纳（1828—1905），法国科幻和探险小说家，一生创作了六十多部长篇科幻小说，其中的科学幻想如今大部分已变成现实，因此被人们誉为"科学时代的预言家"和"现代科学幻想小说之父"。凡尔纳的故事生动幽默，能激发青少年热爱科学、向往探险的热情，所以一百多年来，一直受到世界各地读者的欢迎。据联合国教科文组织的资料表明，凡尔纳是世界上被翻译的作品最多的十大名家之一。代表作有《海底两万里》《地心游记》《气球上的五星期》《环游世界八十天》等。

《海底两万里》作家简介

徐知免教授说过："凡尔纳预言的实现似乎还远远没有到头，但我们面对这一切，都已经惊讶不已，难怪乎有人断言，二十世纪的努力都不过是把凡尔纳的预言变为现实的过程而已。"

《海底两万里》是凡尔纳的"海洋三部曲"之一，也是他的代表作。小说讲述了一个神奇的故事：一位叫内莫的艇长驾驶自己设计制造的潜水艇"鹦鹉螺"号，在大海中自由航行。而事实上当时人类还没有发明如此先进的潜艇，更没有人潜入过深海底部，这不过是凡尔纳的幻想。小说设想了潜水艇的强大功能，描绘了绮丽美妙的海底世界，体现了人类自古以来渴望上天下海、自由翱翔的梦想，也显示了作者非凡的想象力。

（设计意图）课堂开始介绍儒勒·凡尔纳的特别之处，激发学生了解人物的兴趣，为下一环节感悟作者笔下的奇幻海底世界做铺垫。

二、漫游海底世界，寻找奇幻之旅

内容梗概：

《海底两万里》是凡尔纳"海洋三部曲"中的第二部，叙述了法国生物学家阿罗纳克斯在海洋深处旅行的故事。故事发生在1866年，法国生物学家阿罗纳克斯应邀赴美参加一项科学考察活动时，海上出了个怪物，这件事在全世界闹得沸沸扬扬。科考活动结束之后，阿罗纳克斯正准备束装就道，返回法国，却接到由美国海军部发出的邀请，于是改弦更张，登上了一艘驱逐舰，参与"把那个怪物从海洋中清除出去"的活动。经过千辛万苦，"怪物"还是未被清除，驱逐舰反受"怪物"的重创，生物学家和他的仆人孔塞伊以及为清除"怪物"被特意请到驱逐舰上来的一名捕鲸手内德·兰德都成了"怪物"的俘虏。结果发现，"怪物"原来是一位叫内莫的艇长自己设计制造的潜水艇"鹦鹉螺"号。内莫艇长邀请阿罗纳克斯作海底旅行，为了保守自己的秘密，潜艇艇长内莫永远不许他们离开。阿罗纳克斯一行别无选择，只能跟着潜水艇周游各大洋。他们从太平洋出发，经过珊瑚岛、印度洋、红海、地中海，进入大西洋，还到达了南极，一路饱览了许多罕见的海生动植物和海底的奇异景象，又经历了搁浅、土著人围攻、同鲨鱼搏斗、冰山封路、章鱼袭击等险情。历经十个月，当潜水艇到达挪威海岸时，三人终于在极其险恶的情况下逃脱，生物学家才得以把这个海底秘密公之于世。

埃泽尔曾经给凡尔纳作品作序说："其实，他的目的在于概括现代科学积累的有关地理、地质、物理、天文的全部知识，以他特有的迷人方式，重新讲述世界历史。"凡尔纳时而借助阿罗纳克斯教授、内莫艇长，特别是孔塞伊口述；时而透过舷窗向外张望，或者走出潜艇实地观察。有蒙太奇镜头式的片段（例如从艇窗观看神奇的海底、悲惨的海难），更多的是先描写后解释（例如涉及珊瑚、海绵纲、珍珠、海藻的段落），这种写法营造出令人信赖的科学感。对海底世界不厌其详地描写，不仅表现出作者的严谨态度，而且给人身临其境的真实感，营造出了一个神秘奇幻的世界。

1. 请各小组学生结合自己对整本书的阅读，探寻作品中的神奇之处。

师：走进《海底两万里》，漫步于神奇世界，经历一场险象环生的奇异之旅……让我们开启这次寻"奇"之旅，写出你寻到的"奇"点。

（1）"鹦鹉螺"号最"奇妙"的装置。

①交流预设。

"鹦鹉螺"号潜水艇坚固、宽敞、舒适，动力十足，战斗力强，可以不依赖于大陆而独立生存，还可以在海里"上下求索，任意西东"，代表着当时航海家们的最高梦想。

（屏显）

"鹦鹉螺"号有两个艇壳，一为内层艇壳，另一为外层艇壳，两者用T形铁相连，无比坚固。由于这种蜂窝状的布局，它能抵御撞击。

"鹦鹉螺"号长70米，宽8米，细长纺锤型，能从海水中提取钠，用钠制造电，给"鹦鹉螺"号带来强大的续航力，航行性能极好，最高航速可达每小时50海里。

舵手笼舱的后方安了一面功率强大的电子反射镜，能照亮半海里远的距离。

我紧盯着水压表，看着"鹦鹉螺"号从6000米降到1万米，再从1万米降到1.6万米，真是不可想象。

②让学生尝试画出"鹦鹉螺"号复原图，感受潜艇制造的精妙。

明确：作者写作的年代还没有出现潜艇，而作者却能把潜艇的外形和内部构造写得惟妙惟肖，这样的想象力令人叹为观止。书中的"鹦鹉螺"号解决了压力、重力、海水冲击、氧气和动能供给等多重难题，不仅可以承载上百人，而且最大下潜深度竟逾万米。一百多年前的人就能预料到现在的科技，真的很神奇！

（2）最"惊险"的奇遇历程。

①快读章节目录，了解海底环球旅行路线。

（屏显）

章节目录

第一部分

②在地球仪上划出路线，感受海底两万里环球旅行的神奇。

③惊险历程（视频播放片段）。

预设：

"鹦鹉螺"号在珊瑚礁上搁浅，全船人员受到巴布亚土著的袭击（搁浅、土著人围攻）。化解：几天后潮水上涨才得以离开；没有还击，在扶手上通电把土著人逼退。

他们在印度洋的珠场和鲨鱼展开过搏斗，捕鲸手内德·兰德手刃了一条凶恶的巨鲨（同鲨鱼搏斗）。

他们在红海里追捕过一条濒临绝种的儒艮，儒艮肉当晚就被端上了餐桌（捕捉儒艮）。

他们在大西洋里和章鱼进行血战，一名船员惨死（章鱼袭击）。化解：勇敢下船与章鱼搏斗。

在南极，"鹦鹉螺"号被厚厚的冰层困住，艇内缺氧，艇上的人几乎不能生还（冰山封路）。化解：内莫艇长决定用艇撞开冰墙。

小说最后，"鹦鹉螺"号陷入迈尔海峡的漩涡，阿罗纳克斯和捕鲸手、仆人坐小艇成功逃生，内莫艇长和他的成员生死未卜（陷入海峡漩涡）。

明确：科幻小说是在尊重科学的基础上进行的合理想象。在小说中，他们一起周游了太平洋、印度洋、红海、地中海、大西洋以及南极和北冰洋，遇见了罕见海底动植物和海底洞穴、暗道和遗址，其中包括著名的沉没城市亚特兰蒂斯，一个拥有与希腊相当的文明古国。科学与幻想的巧妙结合令读者称奇！

2. 最"奇丽"的海底风光。

（1）《海底两万里》对海底世界的描写细腻逼真，展现了作者超凡的想象力。以当时的条件，凡尔纳不可能去过海底世界，更不可能在海底漫步，他却能将海底世界描摹得栩栩如生。

（2）体会作者的想象力。教师可以选择小说中的部分重要情节或几段优美段落让学生进行精读，并在学生精读的过程中进行适当讲解。速读《漫步海底平原》一章，找出至少两处体现作者超凡想象力的细节，并做简要赏析。（播放海底视频片段）

①当时是上午十点。太阳光还是斜的，照射着波浪起伏的海面。水中的花、岩石、胚芽、贝壳和珊瑚虫，一接触因折射而变了形的七彩阳光，就像通过棱镜似的，颜色都有些轻微变化。总而言之，绿的，黄的，橙色的，紫的，靛青的，蓝的等等各种色调的糅合，构成一个真正的万花筒，变成一个善于使用颜色的疯狂画家的调色板；这是一种奇景，令人大饱眼福！

学生朗读后，师提问：作者并没有去过海底世界，那他是如何通过想象描绘海底景物的？引导学生了解作者通过描写"光"来引出整个海底世界的美景。首先通过描写"光"的映照路线（太阳光—海面折射—海底景物的折射）来构建整个场景，然后用众海底事物在光的映衬下所呈现的色彩来渲染整个画面，最后用一个比喻句收尾，达到情感升华的效果。整个段落一气呵成，读起来让人觉得真实可信。

②一路上，成群的僧帽水母在我们头上漂浮，它们那些天青石色的触角就那样拖在后面；还有伞膜呈乳白色或淡红色、生着天蓝色花边的水母，把阳光都遮住了。暗处的浮游生物，在我们经过的路上洒满磷光！

明确：作品中的幻想大胆新奇，并以其逼真、生动、美丽如画的特点令人读来趣味盎然，这些生活在深海、平时难得一见的僧帽水母仿佛触手可及。借助作者的文字，我们甚至能够清晰地看到它们的触须和伞膜颜色的变化。这样一座海底大花园出现在眼前怎能不让读者称奇呢！

师：以上只是作品中一个章节的神奇海底景象的描绘，书中还有很多章节描绘了雄伟壮观的海底平原和森林、形态各异的海洋生物、色彩斑斓的海底红珊瑚等。我们这节课所展示的海洋奇观相较于凡尔纳的描述仅仅是沧海一粟，更多更美的大海奇景还需要同学们自己去品读。

（设计意图）学生细读文本，体会作者对海底奇幻美妙的世界的描绘，体会作者超凡的想象力。

三、漫游海底世界，掌握读书方法

1. 明确方法。

像《海底两万里》这样的科幻小说，有跌宕起伏的故事情节，有扣人心弦的悬念，读者很急切地想知道故事或者人物的结局，这时不妨采取快速阅读的方式，先把小说读完再说。

快速阅读的能力不是一朝一夕练就的，需要在平时的阅读中加以训练。可以从以下几方面入手：

（1）集中精力，专心致志。要全神贯注地读，尽快弄清作品中发生了哪些故事，有哪些人物等，对小说有个大致的了解。

（2）以默读为主。要培养默读的习惯，并达到一定的速度。初一阶段，阅读一般的现代文每分钟应不少于400字。可以取《海底两万里》中的某一章做一个试验，测测自己的阅读速度。

（3）眼睛的视域要宽。读的时候尽量不回视，尽量扩大扫描的范围，在短时间内把尽可能多的内容收揽眼底。可以从少到多进行扩大视域的训练，如从一眼扫几个字过渡到扫一行字，再从一行字扩大到多行或全段，这样速度就能不断提高。

（4）善于抓住书中的关键信息和主要线索，有所取舍。

2. 方法指导。

（1）浏览法。浏览法是指从总体上粗略掌握书中大概内容的一种阅读方法。它可以在有限的时间内尽可能广泛地了解信息，比如浏览"目录"。

师：请大家一起来看目录，在目录中圈出和人物有关的篇章。

预设：第四章，内德·兰德。第九章，内德·兰德发火。第十章，海洋人。第二十二章，内莫艇长的闪电。第二部分第二章，内莫船长的新建议。第二部分二十二章，内莫艇长的最后一句话。

师：我们继续在目录中浏览，用波浪线勾画出目录中出现的地名。

预设：太平洋，瓦尼可罗群岛，托雷斯海峡，印度洋，红海，阿拉伯隧道，希腊群岛，地中海，维哥湾，马尾藻海，南极，合恩角，亚马孙河，大西洋。

（2）扫读法。扫读法是指对文章内容一目数行地获取信息的一种快速阅读方法。

（3）跳读法。跳读法是指跳过一些无关紧要的部分而直接读取关键性内容的一种快速阅读方法。

（4）寻读法。寻读法是指为得到急需的有关资料，在众多相关书籍资料中搜寻、查找的一种快速阅读方法。

比如介绍"鹦鹉螺"号内部构造章节，阅读时抓住"我们先进入一个房间，这是一间小型图书馆""从图书室出来，我们进入宽敞华丽的客厅"，他来到我的房间……而船长的房间就在我的隔壁""厨房""舱房"等，可以采用扫读、跳读、寻读等方法迅速把握其主要信息。

3. 布置阅读任务。

全书可以分为四个部分。根据每一部分的阅读任务，完成下列表格中的内容。

邀请信 漫步海底平原 海底森林 太平洋下四千里 瓦尼可罗群岛 托雷斯海峡 在陆地上的几天 内莫艇长的闪电 强制睡眠 珊瑚王国	1. 勾画明确探险之旅的起点，圈画探险航行所经历的地点及其特点。 2. 通读、细读，勾画标注海底生物知识、科学知识，勾画摘抄海底风光描写的语句。 3. 探险旅行中给你印象最深的是哪次遭遇？
印度洋 内莫艇长的新建议 一颗价值千万的珍珠 红海 阿拉伯隧道 希腊群岛 四十八小时穿越地中海	1. 勾画了解印度洋、红海、地中海的相关知识，了解珍珠的分布和采集。 2. 勾画标注探险航行所经历的地点及其特点。 3. 通读、细读，勾画标注海底生物知识、科学知识，勾画摘抄海底风光描写的语句。 4. 你对内莫艇长有没有全新的认识？
维哥湾 消失了的大陆 海底煤矿 马尾藻海 抹香鲸和长须鲸 大浮冰 南极 大事故还是小插曲？ 缺氧	1. 勾画了解大西洋、南极的相关知识。 2. 勾画批注探险航行所经历的地点及其特点。 3. 通读、细读，勾画标注海底生物知识、科学知识，勾画摘抄海底风光描写的语句。 4. 复述"南极遭遇"。

	1. 勾画批注探险航行所经历的地点及其特点。
从合恩角到亚马孙河 章鱼 墨西哥湾暖流 北纬47度24分、西经17度28分 大屠杀 内莫艇长的最后一句话 尾声	2. 了解"复仇者号"沉船事件概况。 3. 你对内莫艇长又有怎样的认识和了解? 4. 评价一下阿罗纳克斯这个人物。 5. 对于作者凡尔纳,你想对他说什么?

师:这次海底两万里的旅行真是险象环生,幸好有内莫艇长才化险为夷。内莫艇长还带领大家去了很多地方,这其间发生了很多惊心动魄的故事。如果想要了解更多的故事,不妨用以上方法阅读《海底两万里》这部名著。当然还有一种很好的读书方法:思维导图法。它可以帮助我们在阅读过程中梳理复杂的人物与情节,让我们在阅读中找到一个中心点,通过这个点扩展分支,形成一个知识网,这个方法我们将会在推进课进一步展开。

(设计意图)部编本七下语文书第六单元强调浏览的方法。浏览时可以一目十行地扫视文段,迅速提取字里行间的主要信息。这节课师生共同了解了作者及作品的主要情节,激发了学生的阅读兴趣,进入了小说情境;通过读书方法的指导,让学生掌握了提高阅读速度的方法,有效提高了阅读速度。

四、自主合作,专题探究

全班共同阅读《海底两万里》,然后根据各自的兴趣选择自己的专题,也可以另外设置专题,分小组进行探究。

专题1:写航海日记。

指导学生根据作品内容绘制简单的航行路线图,标明时间、地点。再选择其中几个关键的时间点,结合小说内容,写一两则航海日记。

专题2:介绍内莫艇长。

根据作品内容,以阿罗纳克斯的身份给朋友写一封信,介绍内莫艇长。

专题3:绘制潜水艇简易图。

绘制一份"鹦鹉螺"号潜水艇的简易图，标明其各部位的名称和功能，并简单介绍。

（设计意图）绘制航海路线图，讲述海底航行的精彩故事，可以帮助学生梳理全书的故事情节；写航海日记让学生深入到作品的情节中，对主人公内莫艇长的形象有更深入的了解，激发学生热爱科学、向往探险的热情。

活用思维导图　梳理名著内容

——《海底两万里》整本书阅读推进课课例设计

【教学目标】

1. 了解思维导图及其作用。
2. 学会使用思维导图梳理《海底两万里》的"奇妙"旅程。

【教学重难点】

1. 思维导图的绘制。
2. 结合文本学会使用思维导图。

【教学安排】

1 课时。

【教学方法】

讲授法、读书指导法。

【教学过程】

一、导入

师：同学们，请大家看老师 PPT 上展示的图片，大家知道这是什么图片吗？
生：思维导图！
师：大家对思维导图了解多少呢？通过思维导图我们可以收获到什么呢？请大家结合下面内容谈一谈。
生：枯藤老树昏鸦，小桥流水人家，古道西风瘦马，夕阳西下，断肠人在天涯。
师：是的！你是怎么看出来的？
生：首先是背过这首元曲，其次是中间提示了曲牌名和作者，然后还有这首元曲内容的图案。

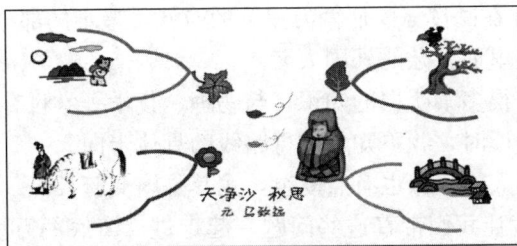

《天净沙·秋思》思维导图

师：思维导图的作用已经了解了。今天就让我们走进思维导图与《海底两万里》，来一次思维的航行。

（设计意图）本环节是为了让学生了解思维导图的作用，让学生感受到思维导图其实就在身边。

二、介绍思维导图

我们可以根据刚才的这幅图来概括思维导图的一些特点，请同学们说一说。

生1：它有一个中心图！

生2：它有很多的线条！

生3：里面的字大小不一样！

师：同学们说得很对，大家观察得很细致，中心图比较明显；它不仅有很多线条，这些线条也和字体一样，有粗细的区别。

师：思维导图就是一种表达发散性思维的有效图形工具，在阅读文本时通过思维导图的帮助，可以让我们快速地记住并梳理情节内容。

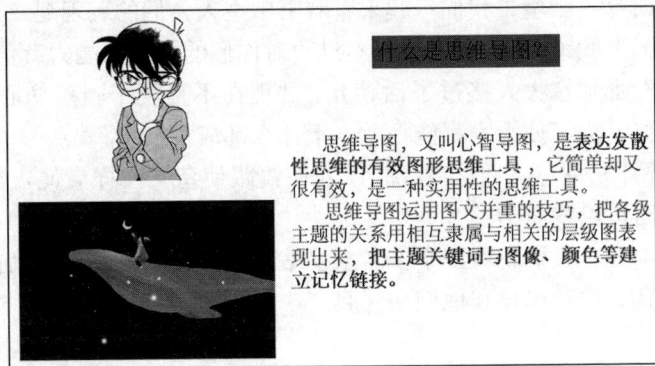

什么是思维导图？

思维导图，又叫心智导图，是表达发散性思维的有效图形思维工具，它简单却又很有效，是一种实用性的思维工具。

思维导图运用图文并重的技巧，把各级主题的关系用相互隶属与相关的层级图表现出来，把主题关键词与图像、颜色等建立记忆链接。

思维导图的定义

师：今天老师就以《海底两万里》为例，来教大家如何使用思维导图。

请你说一说你在阅读《海底两万里》的时候，最难的部分是什么？

生1：记不住里面复杂的外国人名。

生2：里面有很多不明白的知识，与物理、化学等学科有关系。

生3：开始阅读时，我不知道航行路线的具体走向。

生4：里面的人物好像也有点复杂，尤其是内莫艇长。

师：好的，就让我们带着这些问题一起走进《海底两万里》，看最后我们是否可以运用思维导图去解决这些问题！

（设计意图）让学生说出自己的问题并想办法引导他们用思维导图去解决问题，相当于设计悬念引起学生的学习兴趣。

三、思维导图与"奇妙"的《海底两万里》

师：下面老师以本书第二部分的第15～16章为例分析人物，来绘制思维导图。

在这两章，内莫艇长一行遇到了他们航程中最大的危机，他们被困在了南极的冰墙中。

（屏显）

"是一大块冰造成的，一座冰山调了个个儿。"他答道，"冰山底部被温度更高的水泡过，或是被反复撞击过，重心就会上移。重心上移之后，冰山就会整个转过来，会翻跟头。现在发生的就是这种情况。一大块冰倒下来的时候砸在了正在水下航行的'鹦鹉螺'号身上。接着，冰滑到了潜艇下面，以无法抗拒的力量把潜艇托上来，带到密度较小的水层里，潜艇就侧卧在那里了。"

师：面对这一困境，我们一起来看看书中主人公们的表现吧。

"朋友们，"我说，"形势严峻，不过我对你们的勇气和能力有信心。"

"先生，"那加拿大人接过了话茬儿，"现在不是发牢骚惹您心烦的时候，我已经准备好，为了使大家都能得救，干什么都成。"

"我还要补充一句，"他接着说，"我使镐跟使鱼叉一样灵便，如果艇长觉得我有用，可以给我派活。"

过了一会儿，我们就看到十多名水手站在冰上，内德·兰德也在里面，他个子高，好认。内莫艇长和他们在一起。

……

加拿大人准备为大家的安全牺牲一切，并且抛弃成见加入到挖凿冰墙的行列，我，也就是阿罗纳克斯教授和孔塞伊也加入其中，而我们的内莫艇长，是不停地在思考，在最后我差点死去的时候，内德·兰德和孔塞伊将仅有的生命之氧送给我。

师：在这里，书中的主角都表现出了临危时的凛然之气。四位人物皆有表现并前后无序出现，那我们如何去整理文本呢？在绘制思维导图之前大家先准备好工具：彩色笔，白纸，中性笔等。

第一步要确认主题。根据本章节的标题以及主要内容，我们可以确定本章节的主题是"南极被困，冲破冰墙"，因此我们在纸张居中位置先绘制一个简易的中心图，可以不用太注重它的美观性；当然并不是所有思维导图的中心图都在中间，也可以在左边或右边，可以依据创作者的需求和习惯来进行选择。

确认主题

第二步是建立分支。一线一词，将关键词呈现。根据做思维导图的初衷进行分支的确立，需求不一样分支也不一样。比如说做思维导图的目的是为了梳理航行路线，那分支就应该是各个地点。本章节学习目标是分析人物形象，所涉及的主要人物是四位主人公，那么确定本次思维导图的分支为四位主人公。

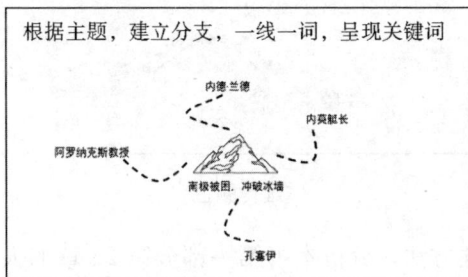

建立分支

第三要注意的是线条的绘制。线条要自然舒畅，注意粗细，学生也可以根据自己的爱好等，对线条进行加工整理。在本章节，可以看到内莫艇长的镇定睿智，内德·兰德的自我牺牲、正义正直，"我"的温和善良，孔塞伊的自我牺牲和忠实善良。形象的确定来源于章节中的情节，因此，可以将情节文字标记在相应的人物形象旁。

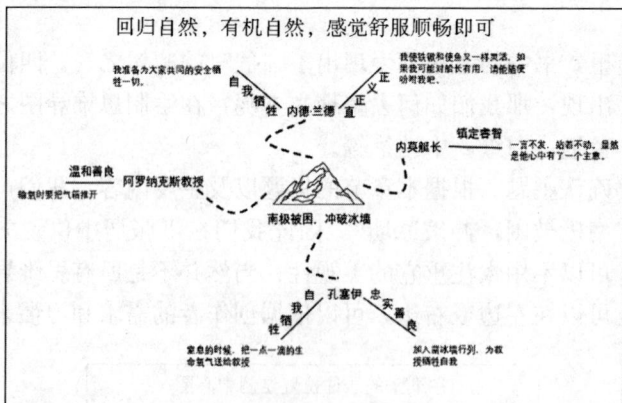

绘制线条

最后是选择颜色。选用多种颜色，文字建议用全黑。颜色的选择根据学生的爱好展开，但建议以浅色为主，配以深色强调。这样，一幅思维导图就完成了。

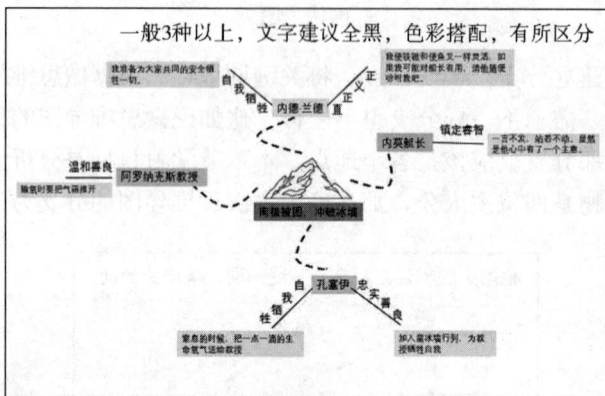

选择颜色

明确：按照上述方法，分析本书第一部分第 22 章的人物。回顾思维导图的制作步骤。

第一步：确定主题，绘制中心图；

第二步：建立分支；

第三步：绘制线条；

第四步：选择颜色。

（设计意图）在这一环节中，教师可以掌控整个思维导图的制作流程，在一个步骤完成以后进行正确的示范展示，让学生明确掌握了方法，增强自信。

另外也可以展示一些错误的示范，让学生避免犯错。

明确：总结方法优点，回顾课前问题。

师：我们今天做的是图画式思维导图，是思维导图中比较简单的一种。其实思维导图不仅对我们阅读名著有作用，对我们其他学科的学习也有巨大作用。

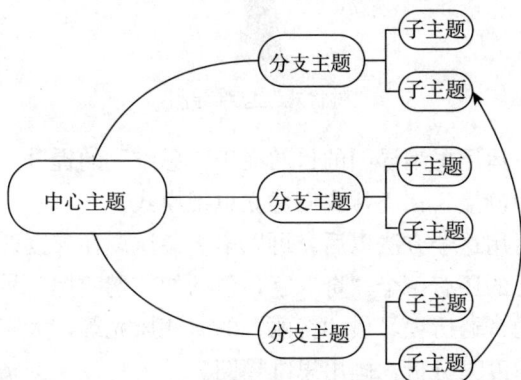

"发散型"思维导图

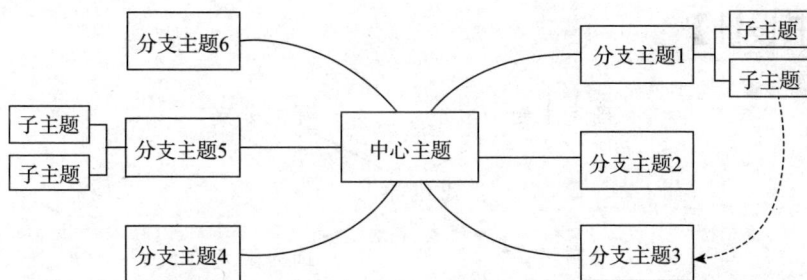

"双线型"思维导图

思维导图也有很多图式，如发散式、辐射式、鱼骨式、树状式等。

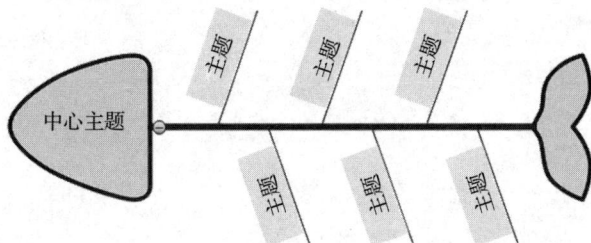

"鱼骨式"思维导图

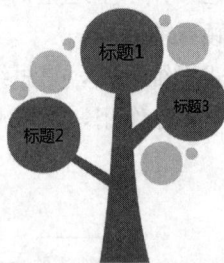

"树状式"思维导图

师：同学们，运用思维导图的目的在于"思维"的提升，在于知识的系统整理，在于记忆的链接，在于帮我们建立思维模式。

大家在学会运用这个方法以后，可以多去尝试。在导读课中我们已经提到了，这本书最重要的还有一个"奇"字，包括如"鹦鹉螺"号最"奇妙"的装置，最"惊险"的奇遇历程，最"奇丽"的海底风光等，大家可以按照老师教的方法从不同的角度去分析，画出思维导图。

希望在展示课上，可以看到同学们对这本书各种思维导图的展示，如人物形象、"鹦鹉螺"号的内部构造、航行路线等。

【板书设计】

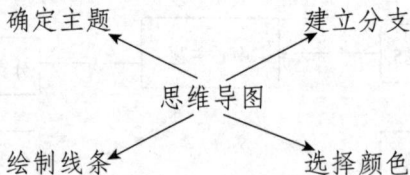

```
确定主题              建立分支


        思维导图


绘制线条              选择颜色
```

多措并举巧展示　善借评价促提升

——《海底两万里》整本书阅读展示课课例设计

【教学目标】

1. 创设真实的语言运用情境，以六"奇"宝典评选会的形式，让学生在具体语言情境中进行交流、展示、互评、提升。

2. 通过故事分享，再现《海底两万里》中的精彩故事情节；借助争辩，多维品读人物，让学生理性、辩证地分析、理解内莫艇长的神秘性格。

3. 通过引导学生写航海日记，让学生运用语言文字表现美、创造美，并引发学生关于科学、幻想以及人性的深层思考。

【教学重点】

通过分小组进行展示、评价，多角度了解海底旅行之奇妙。

【教学难点】

借助评价量表，引导学生明确展示的效果，并能根据师生的评价进行修改完善。

【教学课时】

1 课时。

【教学方法】

小组合作探究法、学生互助展示法、师生交流对话法。

预习要求：

1. 奇地分享组：绘制航海线路图。

2. 奇艇分享组：介绍"鹦鹉螺"号潜艇的外形特征、设计原理并分析奇在何处。

3. 奇人分享组：深入文本，采用相声或小型辩论的形式，让学生分析内莫艇长究竟是"魔鬼"还是"天使"。

4. 奇事分享组：选择自己喜欢的故事情节，学生自愿组成表演小组，促使学生更自觉地深入阅读小说，理解情节与主题。

5. 奇珍分享组：搜集素材、分享海底的各种生物及珍奇。

6. 奇文分享组：任选书中一位人物，以其口吻撰写航海日记或故事新编，并进行分享。

师：各位同学大家好！检验同学们是否真正读懂了书本内容、帮助大家巩固理解的最好办法，就是让同学们进行交流。只有读懂了书本内容，才能在交流中有效地输出与书本相关的信息。在两个多月的阅读过程中，我们边读边批注，边概括主要内容，理清行文思路，都有很多收获。下面请大家畅所欲言，谈谈自己的阅读感受。

接下来到了大家展示成果的时候了，我们把舞台交给主持人。

【教学过程】

一、展示环节

（一）奇地分享组展示

生：老师们，同学们，大家好！今天我给大家分享"六奇"之奇地线路图的制作过程。首先，我们需要准备一张白纸、三支不同颜色的签字笔以及一盒彩铅笔。

第一步，在白纸上画出世界地图的轮廓并填颜色。若绘画技术有特提高的同学，可以借助网络打印一张世界地图。

第二步，画出他们环球旅行的大致路线，重要地点着重标记。

第三步，写出重要地点和事件，时间可写可不写，记得用不同颜色的笔。

第四步，在空白处写上内莫艇长的性格，以填补图中空白处。

最后一步，在顶部写上标题。航海路线图完成（见下图）。

（二）奇艇分享组展示

生：老师们，同学们，大家好！

今天，我给大家讲述神奇的"鹦鹉螺"号的那些事。首先我们看到这张图，它是"鹦鹉螺"号的外形图，我们可以看到"鹦鹉螺"号有内外两层。在两层艇壳之间，有数十根坚固的工字钢，把这两个壳连接在一起，从而不畏任何攻击。

咱们再看到这"鹦鹉螺"号的发动机，我们都知道"鹦鹉螺"号采用电力驱动，能源是从哪里来呢？答案就来自于"鹦鹉螺"号周围的海水中，因为海水中所含的氯化钠的比重很大，可以从海水中提取大量的氯化钠，用它来制造

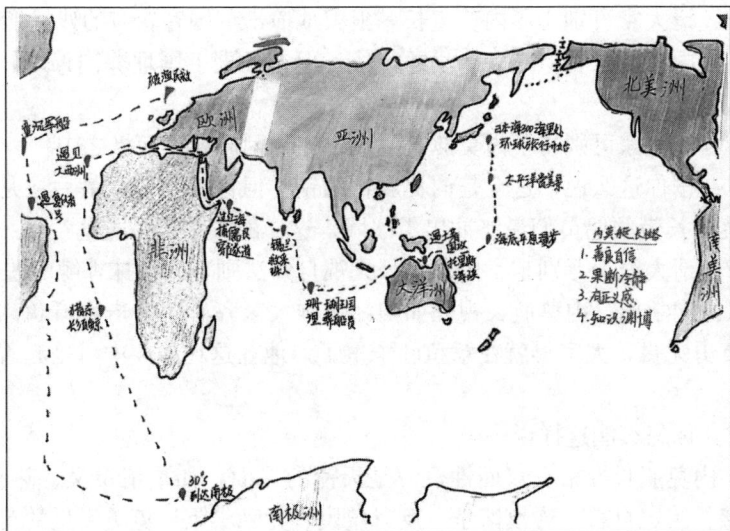
航海线路图

所需要的物质。当然也可以利用海底的煤的热能来提取钠。同时，电还可以启动大功率的泵，把空气储存在一些特制的储气舱里，必要时可延长在海洋深处停留的时间。它的武器——钢铁冲角，非常厉害，简直无坚不摧！两扇巨大的玻璃窗，它们由一种水晶玻璃（中心部分的厚度至少有 21 厘米）制成，也就是说，它是当时所使用的水晶玻璃厚度的 30 倍，十分耐压。

（三）奇人分享组展示

内莫艇长形象之争

生 1：亲爱的老师们、同学们，大家好！

今天咱们一起来探讨内莫艇长这个人物形象。

生 2：嗯。

生 1：我认为内莫艇长是一位天使！因为他重情重义、热爱祖国、善良仁慈……

生 2：内莫艇长是天使？你是怎么想的啊，他明明就是恶魔！

生 1：同学们，你们认为内莫艇长究竟是天使还是恶魔？

生 2：同学们，你们可要认清事实啊！内莫艇长分明就是一位仇恨英国的复仇者！

生 1：你可不能这样说！在印度洋时，有一个采珠人遇到了鲨鱼的袭击，内莫艇长看到后奋不顾身地冲向前去与鲨鱼搏斗，简直是奋不顾身啊！在杀死章鱼后，他还赠送了一小袋珍珠给采珠人，请大家来评一评他是魔鬼还是天使呀？

生2：请大家可别忘了内莫艇长恶狠狠地撞击英国客轮时的残暴形象！

生1：内莫艇长看似是个冷漠的家伙，但在珊瑚王国埋葬同伴时，他可是一直含着热泪呀！

生2：请大家可别忘了内莫艇长生性冒进，困同伴于南极之中！

生1：按你这么说，这全是内莫艇长的错？但你要知道，最后还是沉着冷静的内莫艇长带领船员们最终冲出了冰墙，这样的人难道是魔鬼？

生2：请大家千万别忘了内莫艇长无视自然法则，残杀抹香鲸的恶行！

生1：同学们，内莫艇长视死如归，带领大家齐心协力击败章鱼。如果没有他的英勇无畏，大家早就在章鱼肚子里了，他在这场战斗中可是起着领导作用呢！

生2：你怎么能这样说……

师：内莫艇长性格有双面性，一是天使的一面，如重情重义、热爱祖国、善良仁慈、镇定自若、谨慎博学、反对殖民、无私奉献、英勇无畏的英雄形象等。二是魔鬼的一面，如蛮横冷酷、独裁残忍、不近人情的复仇者形象等。

（四）奇事分享组展示

生：亲爱的老师们、同学们，大家好！

今天，我们奇事分享组向大家讲述《海底两万里》中四个小故事：

第一部分第二十一章，在陆地上的几天。阿罗纳克斯教授和他的两位伙伴一起来到一座小岛，过上了荒岛求生的生活，因为有同伴的缘故，看起来并没有那么乏味。阿罗纳克斯教授和两位伙伴采摘面包果烤着吃，还找到了香蕉，射死了鸟和野猪，还有袋鼠，总之狩猎成果颇丰，午餐和晚餐也十分美味。更可喜的是，他们还捉到一只珍稀的被豆蔻汁给迷醉的极乐鸟。

第一部分第二十二章，内莫艇长的闪电。土著巴布亚人发现了阿罗纳克斯教授和他的两位伙伴，他们追赶到沙滩，后来还用独木舟围住了"鹦鹉螺"号，企图向阿罗纳克斯教授和两位伙伴发起进攻。内莫艇长将电通到艇外壳，土著人触电后吓得魂飞魄散，撤退了。最后，"鹦鹉螺"号被涨起来的海潮托起，离开了珊瑚石床，时间正如内莫艇长所预料的那样分毫不差。

第一部分第二十三章，强制睡眠。潜水艇在印度洋上行驶。内莫艇长对不同深度的海水温度进行测量，发现水面一千米以下的海水是恒温的。阿罗纳克斯教授和两位伙伴目睹了有趣的一幕：海面上磷光闪烁，把大海照得如同白昼，原来是一些小水母球发光造成的。有一天，内莫艇长突然下令将阿罗纳克斯教授和他的两位伙伴关起来，并强制阿罗纳克斯教授和两位伙伴睡眠。

第一部分第二十四章，珊瑚王国。一天，内莫艇长为一位重伤垂危的艇员治病，可惜已是无力回天。第二天内莫艇长带着阿罗纳克斯教授和他的两位伙伴来到五彩缤纷的珊瑚王国，把那位因伤而死的艇员安葬在珊瑚墓园里。

（五）奇珍分享组展示

生：各位同学，大家好！在《海底两万里》这本书中，有许许多多奇特的海洋生物，比如火鲛、点滴微虫、粟粒夜光虫、鲫鱼、海甲鱼……今天，就让我来为大家介绍《海底两万里》中的常见海洋生物吧！

第一种：海蜘蛛，也叫皆足虫，形似蜘蛛，故名海蜘蛛。栖于海滨，常匍匐于海藻上或岩石下，几乎各大洋中都有它们的存在。

第二种：水獭，躯体长，嘴短，眼睛稍突而圆，耳朵小，四肢短，体背部为咖啡色，腹面呈灰褐色。水獭主要栖息于河流和湖泊一带，尤其喜欢生活在两岸林木繁茂的溪河地带，分布范围极广，亚洲、欧洲、非洲都有其踪迹。

第三种：鲨鱼，属于脊椎动物门软骨纲板鳃亚纲，海生，少数种类进入淡水，为一群游速快的大中型海洋鱼类。

第四种：儒艮，是一种海洋草食性哺乳动物，在我国主要分布于广东、广西、海南和台湾南部沿海。因为它需要定期浮出水面呼吸，所以常被认作"美人鱼"。

第五种：长须鲸又名长箦鲸、鳍鲸、长绩鲸，是须鲸属中的一种水生哺乳动物，是全球第二大的板须鲸属，在板须鲸属仅次于蓝鲸。长须鲸体型呈纺锤形，长约25米，最大体重约110吨，主要分布在南极海域。

今天，我的海底生物介绍到此为止，但是大家对《海底两万里》的探索肯定还在继续，希望能通过这个视频激发大家的探索热情。（播放海底生物视频1分钟）

（六）奇文分享组展示

生：各位同学，大家好！今天，我想把自制的三个书签分享给大家！分别是抹香鲸和长须鲸；漫步海底平原；一颗价值千万的珍珠。

现在分享我原创的一篇航海日记，都是以阿罗纳克斯教授的身份进行创作的。

航海日记一：1868年1月28日　北纬9.4度　晴

太可怕了！内莫艇长究竟是个怎样的人呢？

我真是看不透他，他神秘、沉着，厌恶地面上的世界却又深爱着所有受到压迫的人民，奋不顾身救下采珠人，多么英武！

今天我们四人一起去了锡兰岛的采珠场，时候还早，采珠母的人大多在一、二个月后才会来，我们一路观赏着珍贵的珠母，还见到了内莫艇长精心培育的一颗价值千万的珍珠！

可就在回程的路上，我们看见了一幕险情——一位采珠人马上就要被鲨鱼咬死了！我当时吓坏了，想上去帮忙可是双腿根本不听使唤，就在采珠人快撑不住的时候，内德·兰德一个箭步冲了上去，刺中了鲨鱼的心脏。采珠人得救了，而且内莫艇长给了他一袋珍珠。我惊叹不已，内莫艇长明明深爱着那些苦难的人民，为何要执着于留在海底呢？我真是越发看不透他啦！

二、展示评价

1. 依据评分标准（见下表），学生进行打分评选，并请三位学生评委发言。

《海底两万里》成果展示评价表

班级：七年级（　　）班　第（　　）展示小组　　　时间：

评价项目		评价等级 （优、良、中、差）	总评价结果	评委建议
展示内容	内容准确			
	典型完整			
	图文并茂			
展示表现	语言简洁			
	讲演生动			
	精神饱满			
	脱稿流畅			
	控制时长			

　　生1：奇地组同学介绍了环游地球一周的奇妙之旅，内容全面。建议语言要更简洁一些。奇艇组同学介绍了天才的造物——"鹦鹉螺"号潜水艇，它具有坚硬无比的外壳，无尽的能源动力，无坚不摧的冲角。建议展示的同学要面向观众进行介绍。

　　生2：我想说的是奇人组的争辩虽然很精彩，但是缺乏最后的总结，建议单独用一张PPT完整呈现出内莫艇长的全部性格特征。

　　生3：我建议奇艇组的同学要在图片上加上一些关键字词，便于听众能快速进入状态，听得更加明白。

　　2. 教师点评促提升。

　　首先，非常感谢各位同学的鼎力支持！正是因为有主持人的精心组织，有展示者的精彩演绎，有各位学生评委的精彩点评，才为我们呈现出这样一堂比较完美的《海底两万里》六奇宝典评选展示课例，极大地激发了同学们继续深人研读名著的热情。下面，我想用"四有"和"三优"来点评这节课。

四有：一是有主线（以奇为主线，一线贯穿！由奇地——>奇艇——>奇文——>奇事——>奇珍——>奇文）

二是有创新（展示形式非常多样：有奇地组绘制航海线路图的指导；有奇艇组结合电影中的视频图片进行解说；有奇人组结合文本，对内莫艇长进行的深入探究及有理有据地争辩；有奇事组根据人物形象特点进行的生动表演；有奇珍组精选的各种神奇海底生物介绍；也有奇文组的深情朗诵航海日记）。

三是有激情（尤其是奇人组和奇事组的同学们，能富有激情地进行展示，有各种符合人物性格的肢体动作，有模仿人物形象进行的精彩演绎）。

四是有方法（特别是奇地组同学的"大家一起画"活动，思路清晰、环环相扣、操作性强！奇文组同学的分享不仅有原创作品展示，还有航海日记写作思路分享，非常实用）。

三优：一要优化内容选择（奇艇组内容丰富，介绍了"鹦鹉螺"号潜水艇的样子、科学原理、内部构造、功能，若能根据原著第一部分第十一章至十三章的内容，把书中反复出现的地点标注出来会帮助我们更好地理解原著）。

二要优化语言表达（奇地组的发言口语有点多，我们可以精简语言，更集中地介绍有价值的内容）。

三要优化专题研讨形式（可以找出《海底两万里》的电影来看，比较影视文学和原著的优劣；再读凡尔纳的其他科幻小说，看看其中还预言了 20 世纪哪些科技成就，哪些已经实现，哪些至今还没有实现；也可以和刘慈欣的科幻小说进行对比阅读等）。

【板书设计】

六奇宝典		四有	三优化
奇地	奇事	有主线	内容选择
奇艇	奇珍	有创新	语言表达
奇人	奇事	有激情	专题探究
		有方法	

走进红色经典　感悟革命精神

——《红星照耀中国》整本书阅读导读课课例设计

【名著解读】

　　《红星照耀中国》原中译名《西行漫记》，作为部编本八年级上册推荐的一部红色经典作品，是西方记者对中国共产党和红军的第一部采访记录，同时也是一部文笔优美且纪实性很强的报道性作品。

　　埃德加·斯诺作为第一个只身冒险前往陕北苏区的美国著名记者，采用实地考察、个人讲述、访谈记录等形式，真实记录了 1936 年 6 月至 10 月在我国西北革命根据地采访的所见所闻，首次向世界讲述了中国红军和苏区的真实情况。斯诺的报道打破了新闻封锁，一定程度上改变了当时国际上对"共产党"与"红军"的偏见，影响巨大而又深远。

　　《义务教育语文课程标准（2022 年版）》明确指出了整本书阅读的总体目标："整本书阅读旨在引导学生在语文实践活动中，根据阅读目的和兴趣选择合适的图书，制订阅读计划，综合运用多种方法阅读整本书；借助多种方式分享阅读心得，交流研讨阅读中的问题，积累整本书阅读经验，养成良好阅读习惯，提高整体认知能力，丰富精神世界。"而其中最重要的目标之一，就是要让学生在具体情境中学习运用语言，培养思维能力与审美创造能力的同时，树立学生的文化自信。"通过语文学习，热爱国家通用语言文字，热爱中华文化，继承和弘扬中华传统优秀文化、革命文化、社会主义先进文化，关注和参与当代文化生活，初步了解和借鉴人类文明优秀成果，具有比较开阔的文化视野和一定的文化底蕴。"第 4 学段（7～9 年级）的整本书阅读内容之一，就是"阅读革命文学作品，如《革命烈士诗抄》《红岩》《红星照耀中国》等，体会、评析革命领袖、革命英雄的爱国精神和人格魅力。

【教学目标】

1. 通过有系统地阅读目录、序言，跳读与朗读相结合，了解整本书的架构和大致内容，确定整本书的阅读重点。

2. 阅读纪实作品时做到关注事实，感受革命先辈为国家和民族的命运浴血奋战的革命精神。

3. 制定整本书的阅读计划。

【教学重点】

确定整本书的阅读重点，制定整本书的阅读计划，激发学生的阅读兴趣。

【教学难点】

阅读纪实作品时做到关注事实，感受革命先辈为国家和民族的命运浴血奋战的革命精神。

【教学课时】

1 课时。

【教学方法】

情境法、速读法、圈点批注法、讨论法。

【教学过程】

一、赏读名家评价，激趣解题

1. 请学生齐读下面两位名人对《红星照耀中国》的评价，并谈谈自己对作品的看法。

（屏显）

《红星照耀中国》始终是许多国家的畅销书。直到作者去世以后，它仍然是国外研究中国问题的首要的通俗读物。它在全世界有亿万的读者，这是并不奇怪的。它是忠实描绘中国红色区域的第一本著作。

——胡愈之

斯诺对中国共产党的发现和描述，与哥伦布对新大陆的发现一样，是震撼世界的成就。

——白修德

2. 题解。

（屏显）

拥有坚忍不拔、英勇卓绝的伟大精神的中国共产党及其领导的红色革命，犹如一颗闪亮的红星，不仅照耀着中国的西北，而且必将照耀全中国。

（设计意图）学生齐读名家对《红星照耀中国》的评价，并谈谈自己对作品的看法，然后教师引导学生顺势解题，如此可以激发学生对本书的阅读兴趣，同时引出下一个环节。

二、走进作家作品，感受情怀

1. 了解创作背景。

2. 初识本书作者。

3. 教师设问：通过了解以上内容，请问你感受到了本书作者的哪些情怀？

预设：

生1：我感受到了斯诺作为新闻记者的敬业精神和探求真相的可贵勇气。

生2：我感受到了作者斯诺这样的情怀：以真实的红军故事，讲述中国革命对于人类历史发展的重要贡献，并讲给世界听。

生3：我感受到了埃德加·斯诺与中国人民的深情厚谊，他是中国人民永远的朋友，他对中国革命、对世界革命做出了重要贡献，展现了追求正义、热爱和平的国际主义情怀。

（设计意图）了解作品的创作背景与作者生平，可以让学生们具体了解到作者斯诺作为新闻记者，承担使命，冒着生命危险，突破封锁，深入"红色中国"实地考察、访谈，追求真相，并向中国与全世界真实、客观报道了中国工农红军以及许多红军领袖、红军将领的情况，从多方面展示了中国共产党为民族解放而艰苦奋斗和牺牲奉献的精神。斯诺用这本书，影响、改变了全世界的人们。他不仅是一位新闻记者，也是历史的书写者，中美友谊桥梁的搭建者，中国人民永远的朋友。

三、利用目录序言，感知内容

1. 请学生浏览目录后回答，作品是按照什么顺序来记录"红色中国"的见闻。

预设：

作品是按照探寻"红色中国"的时间顺序来记录见闻的。作者通过耳闻目睹中国共产党人及红军、苏区的真实情况，搜集了大量苏区的资料完成创作。

（屏显）

2. 请学生再读目录后回答，这本书主要写了哪几方面的内容。

（屏显）

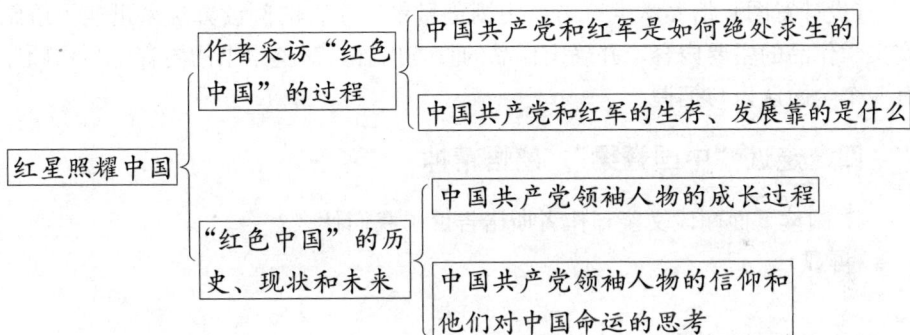

3. 阅读作品的序言，圈画关键信息，进行小组合作探究，确定需要重点阅读的内容，梳理斯诺赴陕甘宁苏区的采访路线。

预设1：

需要重点阅读的内容

关于红军：

造反者

贺龙二三事

红色旅伴

苏维埃掌权人物

一个共产党员的由来

彭德怀印象

为什么当红军

红色窑工徐海东

"红小鬼"

关于朱德

预设2：

需要重点阅读的内容

关于长征：

大渡河英雄

过大草地

（屏显）

北平→郑州→西安→洛川→安塞白家坪→保安→吴起镇→河连弯→预旺堡及周边

（设计意图）培养学生恰当运用浏览目录、序言的阅读方法来迅速了解纪实文学作品的主要内容，并确定作品的重点内容，对整本书的内容、写作顺序有一个全面认识与把握。

四、走近"中国脊梁"，感悟精神

1. 阅读下面两段文字，作者斯诺告诉了我们什么？

（屏显）

"从字面上讲起来，这一本书是我写的，这是真的。可是从最实际主义的意义来讲，这些故事却是中国革命青年们所创造，所写下的……"

……此外还有毛泽东、彭德怀等人所作的长篇谈话，用春水一般清澈的言辞，解释中国革命的原因和目的。"

预设：

作者埃德加·斯诺告诉我们这些可歌可泣、感人至深却鲜为人知的故事，从真正意义来讲，是中国革命领袖、将士、青年们所创造、所写下的，他们是中国革命与民族解放的"脊梁"。我们阅读的过程中，情不自禁地被他们的革命精神深深打动。

2. 师：请同学们把自己感兴趣的内容用笔圈画出来，有感情地读一读，想一想，你们从中感悟到了哪些在西北革命根据地坚持抗日的革命军民怎样的精神品质？然后按小组进行交流，最后请小组代表在全班进行分享。

预设：

生1：我们小组感兴趣的内容是关于周恩来的描写。

（屏显）

但是这时突然出现了一个清瘦的青年军官，他长着一脸黑色大胡子。他走上前来，用温和文雅的口气向我招呼："哈啰，你想找什么人吗？"

他个子清瘦，中等身体，骨骼小而结实，尽管胡子又长又黑，外表上仍不脱孩子气，又大又深的眼睛富于热情。

从这段斯诺对周恩来的描写来看，可以说是形神兼备，既强化了领袖周恩来外表的清瘦、不失孩子气，又鲜明地呈现出他的热情、羞赧与坚决相整合而成的独特气质，特别有吸引力。

生2：我们小组感兴趣的是那些与我们同龄的所谓"红小鬼"。

（屏显）

他们穿着大了好几号的制服，戴着红军八角帽，帽舌很长，不断掉下来遮住他们的眼睛。……我就招呼他："喂，给我们拿点冷水来。"

……

那个少年先锋队员大胆地看着我。"不要紧，"他说，"你不用为了这样一件事情感谢一个同志！"

从上面对"红小鬼"的描写，可以看出他们虽然年纪小，但是已经有了革命的觉悟和强烈的自尊。他们是未来的红色战士，他们赢得了斯诺的敬意。

斯诺还写到他所喜欢的孩子们中最好的一个，是李克农的传令兵。

（屏显）

他不知从哪里弄到一条军官皮带，穿着一套整洁合身的小军服，帽檐什么时候发软了，总是衬上新的硬板纸。在他的洗得很干净的上衣领口里面，总是衬着一条白布，露出一点。他无疑是全城最漂亮整齐的士兵。毛泽东在他旁边也显得像一个江湖流浪汉。

一个爱干净、军容整齐的红军小战士的形象，宛在眼前。

生3：我们小组最感兴趣的是关于陕北根据地的环境描写。

（屏显）

陕北是我在中国见到的最贫困的地区之一，即使包括云南西部在内也是如

127

此。那里并不真正缺少土地，而是在许多地方严重缺少真正的土地——至少缺少真正的耕地……

陕西的农田可以说是倾斜的，有许多也可以说是滑溜溜的，因为经常发生山崩……深色的天鹅绒般的褶层从上而下，好像满族的百褶裙，一直到看去似乎深不及底的沟壑中。

斯诺以一个西方新闻记者的视角，来观察被外界隔绝的陕北根据地，那里土地贫瘠。我们的红色军民就是在这样的环境中坚持抗日，展现出来的是一种顽强、乐观、团结一切力量的抗日精神，极为可贵。

（设计意图）斯诺的文字，引领我们走近为中华民族的解放而浴血奋战的"中国脊梁"。本环节引领学生通过跳读、朗读自己感兴趣的人物故事，开展有猜测、有期待的阅读，然后进行分享交流，初步感受到"中国脊梁"身上那些高贵的品质，以及作为人民群众平凡朴实的一面。在阅读与分享中，感受作者的细致观察、深入思考与客观生动的描述、评价，增进我们对中国共产党及红军的了解，还有对作者的由衷敬意。

五、明确阅读计划，深入阅读

1. 师生共同确定阅读时间段以及阅读进程，学生写出自己的阅读安排计划表并在班内交流。

（屏显）

全书共 12 章，计划用 8 周时间完成整本书的阅读与成果展示。

第 1～3 周　通读全书：每周完成 4 章的阅读，对全书有整体了解；同时做好圈点勾画与批注。

第 4 周　精读局部：学生根据前 3 周的阅读经验，回忆每一章的内容，围绕自己感兴趣的内容，选择部分章节进行精读。

第 5～6 周　专题推进：围绕感兴趣的专题，分小组进行阅读、交流，将阅读引向深入。为呈现阅读成果，安排不同形式的展示活动。

第 7 周　准备展示：围绕要展示的成果，可以找一些相关的文章或材料来读一读，加深理解和认识。

第 8 周　成果展示：开展读书报告会，小组最佳专题展示，邀请专业教师作评委，制作成果展示的演示文档，专人拍照摄像并制作成视频。

2. 通读时，建议完成以下三件事。

（屏显）

①随手做一些圈点勾画。可依自己的习惯在重点或关键语句、精彩语句、有疑问处、深有体会处等，做出不同的标记。

②每读完一章，停下来思索一下，简要概括内容并写下自己的感悟。

③按照阅读进度完成相应的思考题，测评自己的阅读效果。

（设计意图）整本书阅读时间紧、跨度长，只有明确要求，做好规划，才可以让整本书阅读保持连续性与完整性，更好地培养学生的阅读习惯，让阅读得到落实，并收获成效，达到预期的目的。

六、作业布置

1. 观看根据作品《红星照耀中国》改编的电影《红星照耀中国》，与原著进行对照，注意电影与原著之间的联系与差异，进一步感受红军领袖与将士们的革命精神与斯诺的敬业精神、追求事实真相的可贵勇气。

2. 阅读整本书，根据自己的兴趣，从书中选择一个人物，制作"人物名片"。

人物名片	
姓名	
外貌	
主要经历	
性格特点	

【板书设计】

走近红色经典感悟革命精神

共产党领袖

红星照耀中国

红色中国　　　　红军将士

埃德加·斯诺　　苏区百姓

探寻纪实作品特点　学习讲述中国故事

——《红星照耀中国》整本书阅读推进课课例设计

【教学目标】

1. 通过合作探究学习，把握纪实作品真实性的特点。
2. 通过细读文本，学习斯诺讲述中国故事的方法。
3. 感受作者伟大的人格魅力。

【教学重点】

学习纪实作品真实性的特点。

【教学难点】

学习讲述中国故事的方法。

【教学课时】

2 课时。

【教学方法】

圈点批注法、对话启发法、合作探究法等。

【预习作业】

阅读整本书，根据自己的兴趣，从书中选择一个人物，制作"人物名片"
（见下表）。

人物名片	
姓名	
外貌	
主要经历	
性格特点	

【教学过程】

第一课时

一、分享人物名片，初步感知

斯诺笔下的人物：领袖人物、红军战士、工人农民等，不论着墨多少，个个生动鲜活，饱满自然，我们都能从中感受到他们都是真实存在的人。

学生活动：

1. 请各小组在组内交流各自制作的人物名片。

2. 各小组派一位同学参与"我读你猜"的游戏，通过朗读任意一个书中人物的外貌、经历、性格的片段，让其他小组的人来猜一猜这个人物是谁。

（设计意图）

本书的人物繁杂，而且散落于书中的各个部分。学生阅读之后仍然无法清晰记住每个人物的特征。这个环节可以很好地唤醒学生对书中人物的认识，进一步加强对书中人物的理解。

二、探寻作品特点，体会真实

《红星照耀中国》是一部纪实作品，即记录人与事真实情况的作品。由"纪实"二字我们可以得知纪实作品最大的特点是真实性。

（一）小组合作讨论：作品的真实性是从哪些方面体现出来的？

学生回答，教师适时引导，做好小结。

1. 材料来源于第一手资料。

《红星照耀中国》中文重译本序中胡愈之提到："初版《西行漫记》除了有关"西安事变"和《关于朱德》部分引用了尼姆·韦尔斯的笔记材料以外，都是斯诺采访的第一手资料。"由此可见斯诺写作的资料基本上是他本人采访所得，而不是道听途说。

2. 事件和人物真实。

斯诺根据采访的路线进程，所到达的地域，将采访过程中所有进入他的视界的地点、事件及人物都写入书中。斯诺在途中发生的事、所遇到的人都是客观存在的，不是主观臆想的。

3. 客观的立场。

一九三八年中译本作者序中写道："我和共产党并无关系，而且在事实上，我从没有加入过任何政党，我所要做的，只是把我和共产党员在一起的这些日子所看到、所听到而且所学习的一切，作一番公平的、客观的无党派之争的报告。这样就是了。"斯诺作为一个无党派人士，他的观点不代表任何党派的利益，客观公正的立场使斯诺的言论更有信服力。

4. 预言成真。

斯诺在书中结尾预言道："中国社会革命运动可能遭受挫折，可能暂时退却，可能有一个时候看来好像奄奄一息，可能为了适应当前的需要和目标在策略上作重大的修改，可能甚至有一个时期隐没无闻，被迫转入地下，但它不仅一定会继续成长，而且在一起一伏之中，最后终于会获得胜利。"斯诺并不会神机妙算，他成功的预言来源于对红区的实地考察，这使得这部作品的真实性大大加强。

（二）斯诺成为了进入红区考察的第一人，并获得第一手资料，让世人了解红军发展的历程。那么为何我们能够看到这部纪实作品呢？想必和斯诺本人有着密不可分的关系吧。接下来我们继续探究：真实性的背后是什么？你看到了一个怎样的斯诺？

预设：

1. 真实源于敢于冒险。

"一九二七年十一月中国的第一个苏维埃在湖南省东南部茶陵成立以来，还没有一个人自告奋勇，穿过那道长城，再回来报道他的经历。"

"这要经过怎样的冒险呢？我不知道。但是，在这些年的国共内战中，已经有千千万万的人牺牲了生命。为了要探明事情的真相，难道不值得拿一个外国人的脑袋去冒一下险吗？我发现我同这个脑袋正好有些联系，但是我的结论是，这个代价不算太高。"

——《红星照耀中国》

以上可以看出没有人能够做到的事，愿意冒险的事，斯诺却做到了。而他对生命可能受到的威胁却淡然处之。正是斯诺对死亡的无所畏惧，对真理的执着追求，才使得他成为进入红区的"第一人"。

2. 真实源于理性思考。

"尽管红军否认，但我怀疑对农民想必进行了相当程度的剥削。但是同时必须记住，红军的战士大多数都是新分了土地和获得选举权的农民。中国的农民仅仅为了土地，大多数也是愿意拼死作战的。"

——《红星照耀中国》

从这里可以看出斯诺并没有完全轻信红军的说法，而是有自己的思考和判断。在理性分析的基础下，作品的真实性增强了。

3. 真实源于善于提问。

"当我开始搜集传记材料的时候，我一再发现，共产党是能够说出青少年时代所发生的一切事情的，但是他参加红军以后，他就把自己给忘掉在什么地方了；如果你不是一再地问他，就不会听到更多关于他自己的事情，你所听到的只是关于红军、苏维埃或党的故事。"

"但我力争说，在一定程度上，这比其他问题上所提供的情况更为重要。"

"我提请他注意关于他死亡的各种传说……他同意应该纠正这类传说。于是他再一次审阅我写下的那些问题。"

——《红星照耀中国》

从以上选段可以看出，斯诺尝试从不同层面去了解一个人，挖掘人物的全方面素材，这就需要高超的提问技巧。在他一环扣一环的语言攻势下，毛泽东终于说出了自己的成长故事，这才有了《一个共产党员的由来》这一章节。

（设计意图）《红星照耀中国》作为一部纪实文学作品，学生需要了解其特点。纪实文学最大的特点就是真实性，关于这一点，学生在导读课的基础上，应该能很快脱口答出。但是真实性到底体现在哪些方面呢？这需要学生进一步合作探究才能找到答案。真实性的背后又是什么呢？这需要引导学生进一步去感受斯诺的精神品质，受到其精神的感染。

三、再读文本，形成感悟

师：请同学们选择自己感兴趣的章节再次阅读，对于纪实作品的真实性你是否有新的感悟呢？在你有感悟的地方写下批注。

（设计意图）初读只是了解主要的故事情节。这堂课教师讲解了纪实作品的特点，学生可以感受到斯诺的可贵品质。通过这堂课，相信学生也会有所启发，因此，教师可以引导学生回到书本再次阅读，深入感悟。课堂只是一个引子，学生素养的真正提高，还在于在阅读实践活动中不断内化知识，形成自己独特的阅读心得。

【板书设计】

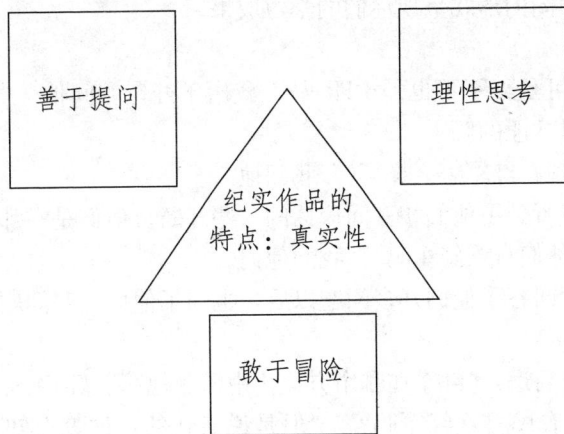

善于提问　　　理性思考

纪实作品的特点：真实性

敢于冒险

第二课时

一、情境导入

温儒敏曾说："记得初读《西行漫记》，大约在 50 多年前，那时我颇有些惊讶，原来我们崇拜的伟人和英雄，都有着可亲的、生活化的一面，他们的理想信念相同，可是性格禀赋各异，言行举止透露各自的人格魅力。伟人和英雄离我们并不遥远，他们的精神气质一直在感染我们。它问世了那么多年，读来仍然不觉枯燥，写得真实而纯粹……"《红星照耀中国》无疑是讲述故事的范本。

师：课前同学们写下了从《红星照耀中国》这本书中所学到的写作手法，同学们的答案各不一样，有的写的是"细节描写"，有的写的是"运用多种表达方式"，那么今天我们再一次走进《红星照耀中国》这本书，跟着斯诺学习讲述中国故事的方法。

二、谁来讲：聚焦纪实作品的讲述者

"从严格的字面上的意义来讲，这一本书的一大部分也不是我写的，而是毛泽东、彭德怀、周恩来、林伯渠、徐海东、徐特立、林彪这些人——他们的斗争生活就是本书描写的对象——所口述的。此外还有毛泽东、彭德怀等人所作的长篇谈话，用春水一般清澈的言辞，解释中国革命的原因和目的。还有几十篇和无名的红色战士、农民、工人、知识分子所作的对话。"

——《红星照耀中国》中译本作者序

小组合作探究：文中除了斯诺这个讲述者之外，还有哪些讲述者，请找出来，并用思维导图的形式呈现你们的学习成果。

参考片段：

片段一："可是红军不也是土匪吗？"我出于好奇心问他，"报纸上总是把他们称为赤匪或共匪的"。

片段二："现在红军怎么样了？"我问他。

片段三：我听到了他们相互间谈话的一些片断。他们是在那里谈论红军。

片段四："你们喜欢红军吗？"我问他们。

片段五：我回答了他们好多问题以后，也问了他们一些问题，如他们对红军怎么看。

片段六：我问道："红军在哪个方面比中国其他军队好？"

片段七："农民喜欢红军吗？""但是说实在的，你怎么知道他们喜欢红

军呢?"

以上片段都是斯诺围绕着红军向不同身份的人询问。片段一是向旅途中的青年询问红军的事;片段二是斯诺问邵力子关于红军的情况;片段三是斯诺听到东北军在谈论红军;片段四是斯诺询问红小鬼喜不喜欢红军,片段五是斯诺向农民询问对红军的看法;片段六是斯诺询问红军战士们对红军的看法;片段七是斯诺反问红小鬼"农民喜不喜欢红军"。由此可以看出,斯诺为了更全面地了解红军的情况,选择了不同的群体进行调查,而这些不同身份、地位的人构成了这本书除斯诺之外的讲述者(见下图)。

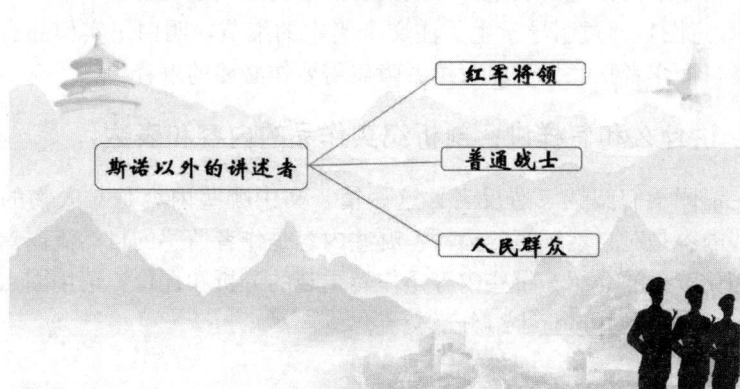

斯诺以外的讲述者

(设计意图)通过引导学生思考除斯诺之外的讲述者,了解纪实作品的讲述者是多元的。

三、对谁讲:关注纪实作品的阅读者

事实是在世界各国中,恐怕没有比红色中国的情况是更大的谜,更混乱的传说了。

——《红星照耀中国》

师:作者斯诺为这部作品所设想的读者会是哪些呢?请根据下面句子找出关键词,谈谈你的理解。

这次远征号称要对日作战,收复失地,但未免有些堂·吉诃德味道。

这里需要向读者作一些解释。白匪,用国民党的名词来说就是民团,正如赤匪用苏维埃的名词来说就是游击队一样。

我到后不久,就见到了毛泽东,他是个面容瘦削,看上去很像林肯的人物。

长征的路线共达一万八千零八十八里，折合英里为六千英里，大约为横贯美洲大陆的距离的两倍。

"无法忍受！"一个普通美国工人或英国工人会这样说。但是对这些人来说并不是如此。

预设：

通过"堂·吉诃德、林肯、美洲大陆、美国工人或英国工人"等词可以知道斯诺写这本书原本是供欧美国家的读者阅读的，以便他们了解红色中国是怎么回事。因此斯诺在行文的过程中，为了减轻文化差异造成的理解误差，斯诺对一些事物用了西方化的表述，以便读者能够更准确地理解。

（设计意图）通过引导学生关注文字当中的细节，明白纪实作品有一定的预期读者，而作者正是为了减少读者障碍需要作必要的解释。

四、讲什么和怎样讲：剖析纪实作品的内容和表达

师：请同学们阅读《造反者》这一篇，文中哪些内容是对人物的细致刻画？哪些内容是对自然环境的描写？哪些内容是作者情感的自然流露？哪些内容是对相关背景的介绍？哪些内容是作者主观的分析和评价？请用圈点勾画法在文中圈画出来，并进行小组分享交流。

参考：

人物的细致刻画：他个子清瘦，中等身材，骨骼小而结实，尽管胡子又长又黑，外表上仍不脱孩子气，又大又深的眼睛富于热情。

自然环境的描摹：当他陪着我走过宁静的乡间田埂，穿过芝麻田、成熟的小麦田、沉甸甸地垂着穗的玉米田，回到白家坪时……

感情的自然流露：但需要九十二天！而且几乎一半的日子要花在路上。那里究竟有什么可以看呢？难道红区有这样辽阔吗？

相关背景的介绍：共产党同中国的所有重要城市，包括上海、汉口、南京、天津等处，都有无线电的交通。他们在白区城市内的无线电台虽然经常被破获，国民党要想长期切断他们与红区的通信联系，却从来没有成功过。

主观分析与评价：背弃古代中国的基本哲学，中庸和面子哲学；无可比拟的吃苦耐劳的能力；无私地忠于一种思想和从不承认失败的不屈不挠精神——这一切似乎都包含在这个红军的故事和参加创建红军的一个人的故事中。我暗自想，周恩来一定是个狂热分子，因此我想寻找这必有的神色。

《红星照耀中国》自出版以来，深受世界各地读者的喜爱，直至今日，仍有广大的读者群，原因就在于作者所写的内容、所运用的表达方式能深入读者内心深处。人物、环境的描写，感情的自然流露，能让读者获得感性的认识，使其更有兴趣读下去。而相关背景介绍和作者的分析评述又增添了理性色彩，

能让读者对这段历史获得真实的、客观的认识。

（设计意图）了解文本内容和语言表达是揭开纪实作品面纱的关键，学生通过圈点勾画出其内容和表达，明白纪实作品最吸引读者的地方就在于其感性与理性互见的表达方式。

五、中国故事，我来抒写

为帮助同学们养成良好的行为习惯，学校将开展"学习身边的榜样"活动。根据你的观察和访问，运用《红星照耀中国》所学习的讲述故事的方法，写一篇纪实性的故事。

（设计意图）紧密联系时事，学以致用，是巩固强化知识的方法之一。学生了解纪实作品的特点，还需要对知识进行运用。通过写作实践，学生能够加深对纪实作品的理解。

【板书设计】

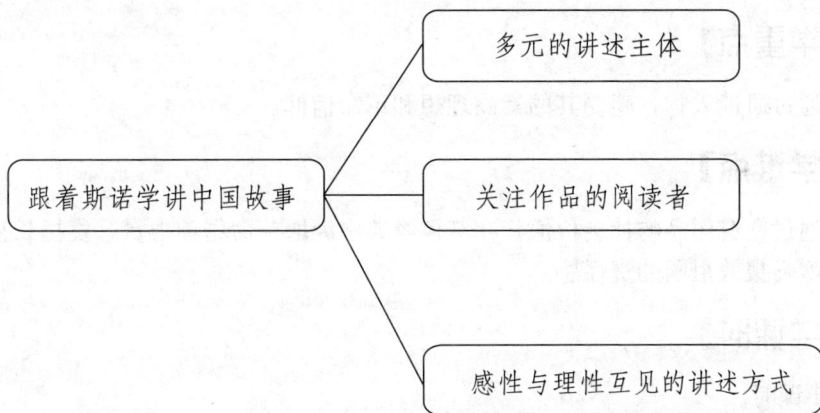

品读经典结硕果　不忘初心逐梦行

——《红星照耀中国》整本书阅读展示课课例设计

【教学目标】

1. 通过研读人物，感受其崇高理想和革命信仰。

2. 通过探究作品的社会价值，在红色经典中汲取革命精神力量，发扬长征精神，增强报效祖国的责任感。

3. 通过写作实践，学习书中人物的爱国精神和人格魅力。

【教学重点】

通过研读人物，感受其的崇高理想和革命信仰。

【教学难点】

通过探究作品的社会价值，在红色经典中汲取革命精神力量，发扬长征精神，增强报效祖国的责任感。

【教学课时】

1课时。

【教学方法】

任务驱动法、小组合作法、课堂演练法。

【教学过程】

一、导入新课

《红星照耀中国》记录的宝贵而又真实的历史，远远胜过任何一本情节跌宕起伏的小说。斯诺曾自谦地说道："凡是这些，断不是一个作家所能创造出来的。这些是人类历史本身的丰富而灿烂的精华。"

师：同学们，我们进行了一场长达30天的阅读"长征之旅"，在《红星照耀中国》中"走了几个来回",把厚厚的纪实文学读"薄",把鲜活的人物读透。今天,我们邀请各组成员代表依次来分享你们的"战果"。

二、展示环节

(一)人物梳理组

1. 组员代表讲解本组阅读情况。

生:精读《红星照耀中国》中的人物章节,拉近了我们与《红星照耀中国》的情感距离,书中不仅有生动活泼的小人物、还有有血有肉的大人物和"红小鬼"这一类的群体人物。通过梳理他们的经历及成长变化的原因,剖析这些人物特点,我们领会到了他们的精神品质,感受到了那段峥嵘岁月中中国共产党人的理想信念与胸怀气度。在精读人物章节时,我们组主要采用的方法有:速读、梳理人物主要经历;批注印象深刻的故事细节;摘录作者评论人物的关键语句。接下来,由小组成员进行展示。

2. 展示环节。

生1:我批注的是对大人物的描写。原文中讲到:"我到后不久,就见到了毛泽东,他是个面容瘦削、看上去很像林肯的人物,个子高出一般的中国人,背有些驼,一头浓密的黑发留得很长,双眼炯炯有神,鼻梁很高,颧骨突出。"这句话采用外貌描写,写出了毛泽东瘦削、高个子、驼背却精神饱满的特点。

我的启发:在摘录批注时,重点留意人物的细节描写(外貌、动作、语言等),同时也要留意侧面描写,即他人的转述和补充,便于我们全面了解人物。

生2:我摘抄批注的是群体人物,文中是这样问的:

"农民喜欢红军吗?"

"喜欢红军?他们当然喜欢。红军分地给他们,赶走了地主、收税的和剥削者。"

"但是说实在的,你怎么知道他们喜欢红军呢?"

"他们亲手替我们做了一千双、一万双鞋子。妇女给我们做军服,男子侦察敌人。每户人家都送子弟参加我们红军。老百姓就是这样待我们的。"

"不用问他是不是喜欢自己的同志,十三岁的孩子是不会跟着他所痛恨的军队走上六千英里的。"

我的批注:这是斯诺与其中一个"红小鬼"的对话,孩子铿锵有力、坚定的话语反映出人民对共产党、对红军的爱戴,也表现出这一"红小鬼"对共产党的爱戴和坚定的信念。

我的收获:在摘录批注时,关注采访者与被采访者之间的对话,既可以了解人物的个性,也可以帮助我们寻找问题的答案。

生3：在书本上，我对斯诺的评价性语言进行了圈点勾画式批注。例如书中写道："总的说来，红色中国有一件事情，是很难找出有什么不对的，那就是"小鬼"。他们精神极好。我觉得，大人看到了他们，就往往会忘掉自己的悲观情绪，想到自己正是为这些少年的将来而战斗就会感到鼓舞。他们总是愉快而乐观，不管整天行军的疲乏，一碰到人问他们好不好就回答"好"。他们耐心、勤劳、聪明、努力学习，因此看到他们，你就会看到只要有了青少年，国家就会有希望。

我的领悟是：在摘录批注时，关注作者的评价性语言，有助于把握作者斯诺对人物和事件的态度和看法，这是阅读纪实类文学作品的方法之一。

师：你们看得真细致！这是一部纪实作品，正是因为这一群群鲜活、有血有肉的生命，才让这部纪实作品变得饱满而有人情味、有温情。

（设计意图）《义务教育语文课程标准（2022年版）》指出："阅读教学应引导学生钻研文本，在主动积极的思维和情感活动中，加深理解和体验，有所感悟和思考，受到情感熏陶，获得思想启迪，享受审美乐趣。"学生在阅读过程中，自主选择角度进行批注，这尊重了学生的最初阅读体验，体现了学生主体性。

师总结：只有严谨地组织阅读成果展示活动并进行评价，我们才能在扎扎实实的阅读过程中获得实效。组员可对照评价量表，进行评分。

评价内容	评价要求			评分	
	A	B	C	自评	互评
梳理情况	梳理细致	梳理完整	梳理较完整		
细节勾画情况	细节勾画全面	有较多细节勾画	有较少细节勾画		
批注情况	多角度旁批，有自己的思考	旁批角度较多，有思考	旁批角度单一，缺乏自己的思考		

（设计意图）新课标强调评价的重要性，课堂教学评价是过程性评价的主渠道。教师应树立"教—学—评"一体化的意识，科学选择评价方式，合理使用评价工具，妥善运用评价语言，注重鼓励学生，激发其学习积极性。

（二）事件梳理组

叶嘉莹先生读完《红星照耀中国》后感叹道："我很感动，没想到共产党这么了不起，共产党人为了理想艰苦奋斗真是不容易，他们爬雪山、过草地真是不简单，共产党的成功不是偶然的，我真的很佩服。"《红星照耀中国》展示共产党员的"那种精神，那种力量，那种欲望，那种热情"，他们创造了自己的历史，也创造了中国的历史。下面请组员走进那些事，展示本组成果。

1. 梳理六位主要人物和红军队伍相关的章节。

与六位人物相关的主要章节：

周恩来——第二篇《去红都的道路》"造反者"

贺　龙——第二篇《去红都的道路》"贺龙二三事"

毛泽东——第三篇《在保安》"苏维埃掌权人物""共产党的基本政策""论抗日战争"/第四篇《一个共产党员的由来》全篇

彭德怀——第八篇《同红军在一起》"彭德怀印象""为什么当红军?""游击战术"

徐海东——第八篇《同红军在一起》"红色窑工徐海东""中国的阶级战争"

朱　德——第九篇《战争与和平》"关于朱德"

他们加入共产党的共性因素：反对军阀、反对帝国主义、使广大的劳苦大众摆脱受剥削、受压迫的境况，过上自由、平等、有尊严的生活……

与红军队伍相关的主要章节：

第二篇《去红都的道路》"红军旅伴"

第三篇《在保安》"红军剧社"

第四篇《一个共产党员的由来》"红军的成长"

第五篇《长征》全篇

第六篇《红星在西北》全篇

第七篇《去前线的路上》全篇

第八篇《同红军在一起》"'真正的'红军""红军战士的生活""政治课"

第九篇《战争与和平》"红小鬼"

2. 绘制长征路线图。

（1）以红军长征的路线为纲领，绘制路线图。

（2）梳理内容：地点、时间、起因、经过和结果。最后评选出绘制小能手。

（3）展现形式：图片＋音频讲解。

生：大家好，我是事件梳理组的汇报人。在《红星照耀中国》中，斯诺搜集了大量有关长征的第一手资料，并在作品中描述了长征的经过，首次向全世界报道了这一举世无双的"军事壮举"。斯诺在书中这样评价长征："把原来可能是军心涣散的大溃退变成了精神抖擞的胜利进军。"我们小组整理书中的长征片段，并通过观看长征纪录片、查找历史书等相关资料、阅读王树增先生的《长征》一书，补充了中央红军长征的详细经过。

红军长征，1934 年从江西瑞金出发，1936 年在甘肃结束。下面我选择长征中的几个典型事件与大家分享。飞夺泸定桥，此时是 1935 年，国民党军队追杀红军直到泸定桥旁。红军面临的困难是无船渡河。于是便有了"飞夺泸定桥"这一事件。为何叫"飞夺"？这要从当时国民党的一句话说起，他们嚣张放言："有本事你们就飞过来呀。"要知道，当时的泸定桥非常惊险，桥板全被敌人拆掉，从桥头到河对岸只有铁索。但杨成武将军决定带领红军拼一把，22名红军战士不顾性命，上前与敌人抗争，有 4 名战士英勇牺牲，但他们成功牵制了敌人。其余士兵则抓紧铁索，并为后面的战士铺下木板，让红军战士有路可走，最后红军顺利渡过了泸定桥，浩浩荡荡继续向前行进。

同年，红军到达四川毛儿盖，面临巨大的考验。天下着大雨，食物少之又少，还缺水。张思德同志冒着生命危险尝百草，敢为人先，实在令人动容！历经七天七夜的跋涉，红军饿死的人数多达 800 人，还有许多人失足陷入沼泽却无法上前伸出援手，总死伤合计上万人，这就是令人揪心的红军过草地。阅读这一章节时，我的心一直是揪着的，我在思考是什么精神支持他们，我想正是他们的军心士气和他们坚强的意志。

长征思维导图

（设计意图）把人物放在具体的事件中进行描绘，使人物形象更立体、更丰满。在具体的事件中，学生仿佛亲眼目睹生动活泼的小人物、有血有肉的大人物，还有如"红小鬼"一类的群体人物，感受到他们崇高理想和革命信仰。

（三）价值探究组

温儒敏先生在《〈红星照耀中国〉魅力何在》一文中说到："《红星照耀中国》的魅力当然来自边区革命者的奋斗生活，也来自斯诺真实而细致的笔触。他写的是重大的历史，是堪称民族脊梁的伟大人物，大气而有味，如同《史记》。"下面请价值探究组来分享成果。

生 1：《红星照耀中国》的魅力来自：真实。斯诺作为一位非共产党人、对红军的真实情况进行了客观公正的报道，为人们描绘了陕北苏区的真实图景。因此，真实是它的底色，也是它魅力的源泉。正如斯诺在 1938 年的中译本序言中说道："从字面上讲起来，这一本书是我写的，这是真的。可是从最实际主义的意义来讲，这些故事却是中国革命青年们所创造，所写下的。这些革命青年们使这本书所描写的故事活着。所以这一本书如果是一种正确的记录和解释，那就因为这是他们的书。"

生 2：《红星照耀中国》让全世界第一次真实、全面了解中国共产党和红军。在斯诺到达陕北苏区之前，国民党封锁了红军与外界媒体的接触，并对苏区和红军大肆污蔑。《红星照耀中国》还原了真实的苏区和红军形象，《红星照耀中国》为共产党打开了通向世界的一扇窗户。犹如白求恩在给朋友的信里面写道，"要问我为什么去中国，请读埃德加·斯诺的《西行漫记》和史沫特莱的《中国红军在前进》，读后你们必将与我同感。"

生 3：《红星照耀中国》真正解释了"红星"的深刻内涵，"红星"不仅包括红军战士、红军将领、帮助过红军的千千万万的百姓，还包括这些人身上的精神，他们的坚持、理想、信仰、努力，不可征服的勇气和意志，他们点亮了"红星"，照耀了中国。正是这些优秀的红色精神，构成了"红星"的深刻内涵。

（四）写作实践组

要求：1. 从原著中选一位你印象最深刻的人物，并讲讲和他相关的故事。

2. 为你选择的人物撰写颁奖词。

预设：

生 1：我选择毛泽东。他具有反抗精神，童年时跟父亲进行"斗争"，上学时因不满国文教员的粗暴而罢课；他爱读书，自律意识和求知欲很强，退学后到省立图书馆坚持执行"自修计划"，研读群书，长见识，开眼界。毛泽东组织了秋收起义，创立了首个革命根据地；后来成立了政府，担任主席；在第五次反围剿失败之后，他领导全军进行两万五千里的长征；最后渡过一切难关，建立了中华人民共和国，担任主席。这本书让我们感受到了一个有血有肉，有人间情味的毛泽东，而不是天安门城楼上高不可攀的领袖画像。

我的颁奖词是：你把人生故事谱写在祖国大地上。两万五千里长征路，你信步迈越；八千里山河金戈铁马，你谈笑风生。你点燃了中国工农革命的星星之火，开启了中华民族伟大复兴的序幕。路途中的每个脚印，新中国的每道光芒，都是你不平凡的见证！

生 2：我选择红小鬼。他们是红军中的孩子，是未来的红军战士。他们都是十二岁至十七岁之间的少年。在红色中国，很难给"红小鬼"这个群体挑出什么毛病来。他们热爱红军，忠贞不二、坚定如一；他们刚毅坚忍，令人叹服；他们聪明、勤劳、耐心。"山西娃娃"为了参加红军而翻墙出逃，斯诺问他为什么参加红军，他回答说："红军替穷人打仗，红军是抗日的，为什么不要当红军呢？"斯诺采访爱干净、自尊性很强的向季邦，他特意叮嘱斯诺，不能写错他的名字，因为不能给红军丢脸，这一细节可见他对红军这一身份的喜爱和重视。这一群群的"红小鬼"，无论整天的行军有多累，每次别人问他们怎么样，他们都会答"好"。

我的颁奖词是：同龄的你们，历尽千辛万苦参加红军，用生命解答疑惑。你们忠贞不二、坚定如一；你们刚毅坚忍，令人叹服。你们是最有希望的青少年，是新时代的楷模，是中国的未来。

生3：我选择斯诺。1936年6月，埃德加·斯诺穿过国民党的防线，冒着生命危险进入华北地区的红色区域。他带着对红军和革命政权的许多疑问，想要"揭秘"所谓的"赤匪"的真相。他通过采访红军将领、深入红军生活、对话农民、拍摄照片等方式，搜集掌握了许多关于红色中国的真实材料。他打破了新闻封锁，让西方人看到贫瘠的中国西北土地上，中国共产党在为争取民主独立进行艰苦的斗争。斯诺的报道相当程度上改变了国际对"红区"的偏见，这是非常了不起的新闻伟力。《红星照耀中国》是一部纪实性文学的经典之作。

我的颁奖词是：斯诺的作品《红星照耀中国》真实而又纯粹。您写工农红军，写中国共产党的领袖，写延安红色政权。您的纪实写作质朴真诚，毫不做作；富有文学性，可读性强。您的职业素养和人文情怀值得我们学习！

（设计意图）阅读纪实作品，最终是要从中获得启迪，用来指导自己的学习与生活。因此，我们要从《红星照耀中国》中汲取营养，善于进行联系、比较、分析、批判，并学习作者的职业素养和人文情怀。

虫子们的秘密

——《昆虫记》整本书阅读导读课课例设计

【名著解读】

　　《昆虫记》是部编本八年级上册名著阅读书目，由法国昆虫学家法布尔花了足足用了三十年时间写就的。书中，法布尔根据观察和实验获得的第一手材料，将昆虫鲜为人知的生活习性生动地描写出来，解开昆虫世界的一个又一个奥秘。它行文活泼，语言诙谐，善用拟人手法，读来兴趣盎然。法布尔关注的是昆虫活生生的生命过程，书中涉及昆虫上百种，详细介绍昆虫近 40 种，对昆虫的形态、习性、劳动、繁衍和死亡的描述，处处洋溢着对生命的尊重，对自然万物的赞美。此书不仅详尽记录了法布尔的研究成果，还记载了法布尔痴迷昆虫研究的动因、生平抱负、知识背景和生活状况等。现代作家巴金先生曾如此评价："《昆虫记》融作者毕生的研究成果和人生感悟于一炉，以人性观察虫性，将昆虫世界化作供人类获取知识、趣味、美感和思想的美文。"独特的研究方法、执著的探究精神、高超的语言技巧、质疑思辨又真诚诗意的情怀，使《昆虫记》成为读者获真知、受熏陶、得裨益的不朽经典。

　　科普作品最显著的特点是科学性和文学性。科学性即普及科学知识，增进大众对科学的了解。此书深入浅出，用通俗的语言说明复杂、抽象的事理，以利于科学知识的传播。文学性是指或多或少运用文学手段来介绍科学知识，一般体现为结构严谨、逻辑严密、语言幽默、兼有理趣和情趣。《昆虫记》堪称科学性与文学性完美结合的典范。法布尔用野外观察和实验的方法研究昆虫的本能和习性。修辞手法的灵活运用，准确精炼的动词使用，使《昆虫记》语言生动有趣、画面感强，字里行间蕴含着作者深厚的文学底蕴和人文情怀。阅读本书，不仅可以了解各类昆虫的科学知识，还能感受法布尔严谨求真的科学精神。

　　不同类型的名著有不同的阅读方法。阅读科普作品往往采取以下几种：一是"知人论世"，了解作者及其生活环境、时代背景，提高阅读期待，做好充分准备；二是查找资料，拓展延伸，增加对科学知识、概念术语的理解；三是注意体会科学思维和精神；四是关注艺术趣味，得到真善美的熏陶；五是学以致用，学观察、学探究、学写作。

【教学目标】

1. 了解法布尔生平和《昆虫记》主要内容，激发阅读兴趣。

2. 品读精彩选段，初步感受《昆虫记》文理兼美的特点，体悟法布尔追求真理、尊重生命的情怀。

【教学重点】

了解法布尔生平和《昆虫记》主要内容，激发阅读兴趣。

【教学难点】

品读精彩选段，初步感受《昆虫记》文理兼美的特点，体悟法布尔追求真理、尊重生命的情怀。

【教学课时】

1课时。

【教学方法】

谈话法、提问点拨法、小组合作探究法。

【教学过程】

一、虫子的秘密，谈话导入

师：年幼时，住在穷乡僻壤的我几乎没有玩具却快乐无比，因为可以到大自然中看蚂蚁、捉萤火虫，有时还会碰到蝎子，昆虫的世界真可谓多姿多彩。不过，那时的我并不知晓虫子们的秘密，比如蚂蚱使用腹部呼吸，如果把它的腹部浸在水里，几分钟后它就会窒息；狠毒的蝎类竟有着近乎人类的母爱；蚂蚁居然是恩将仇报的"小人""残暴的掠夺者"。

除此之外，我还知道很多以前不知道的昆虫的秘密呢！如蜻蜓的眼睛是复眼，柔弱的萤火虫是最小的食肉动物，蝉在地下"潜伏"四年才钻出地面，却只能在阳光下活五个多星期……

我知道的如此多，那给我"揭密"的人是谁呢？

二、揭密者和证据，整体感知

他就是"荒石园"的主人，独具一格的昆虫学家——法布尔，把虫子们的秘密藏在《昆虫记》这部科普巨著里。

拿到这样一部科普作品，你会怎么读它呢？先读哪里？预估自己多久能读完？（屏显书本目录）

预设：

生1：我会先读《荒石园》，从第一篇开始读，因为我读书的习惯是从前往后慢慢读下去。由于课余时间要先写作业，写完作业，才有空读书，所以我可能要花整个学期才读得完。

生2：我会先读《圣甲虫的造型术》，因为我很想了解圣甲虫有哪些造型。

生3：我应该会先读《昆虫的装死》，我想知道，难道虫子们也和我们人类一样，知道"装"？如果有趣的话，我估计一个月就能读完这本书，因为我现在的默读速度挺快的。只要把看手机、刷视频、聊天的时间用来读书就没问题。

师：书到用时方恨少，我赞同这位同学刚刚说的话，兴趣是最好的老师，有兴趣就有时间读书，有兴趣就读得快。

三、反常的手段，体悟情怀

在法布尔那个年代，一般的研究方法是把昆虫装在木盒里，浸在酒精里，睁大眼睛观察昆虫的触角、上颚、翅膀、足等，极少去思考这些器官的功能。阅读下面的文本资料，思考问题。

（屏显）

他几乎是在忘却一切。不吃饭，不睡觉，不消遣，不出门；不知时间，不知疲倦，不知艰苦，不知享乐；甚至分不出自己的"荒石园"是人宅还是虫居，仿佛昆虫就是"虫人"，自己就是"人虫"；后半生五十年，心中似乎只记着一件事：观察实验——写《昆虫记》。

——王光《法布尔精神（再版序）》

你们是把昆虫开膛破肚，而我是在它们活蹦乱跳的情况下进行研究；你们把昆虫变成一堆既可怖又可怜的东西，而我则使得人们喜欢它们；你们在酷刑室和碎尸场里工作，而我是在蔚蓝的天空下，在鸣蝉的歌声中观察；你们用试剂测试蜂房和原生质，而我却研究本能的最高表现；你们探究死亡，而我却探究生命。"

——法布尔《荒石园》

师：1. 法布尔的研究方法、环境、态度和一般的科学家有什么不一样？

2. 你从中感受到法布尔有着怎样的品质或情怀？

预设：

生1：法布尔的研究方法是在野外观察、聆听、记录。一般科学家常用的方法是在实验室解剖昆虫。

生2：法布尔关注的是昆虫活生生的生命过程，我看出他很尊重自己的研究对象——昆虫。

生3：法布尔为了研究昆虫，废寝忘食，我从中看出他有执著认真、吃苦耐劳、勇于克服困难的品质。

师总结：借助前言、目录、后记或附录，我们往往能快速了解作家的生平事迹、科学成就和全书的大致内容，为阅读整本书做些准备。"知人论世"探究作者，了解其生活环境和时代背景，有助于我们读出作品的深度和广度。译者王光在《法布尔精神（再版序）》中介绍了法布尔的生平经历、取得的成就、法布尔精神等。在阅读过程中，我们可以围绕这几个问题进行思考：

①法布尔是个怎样的人？

②法布尔为什么选择研究昆虫？他为什么要坚持实地观察和反复试验？

③法布尔精神是什么？

④《昆虫记》是一部怎样的书？

通过对译序的阅读，我们对《昆虫记》有了初步的印象和阅读期待，再决定如何去读、重点读哪些部分。

（设计意图）探寻法布尔的研究方法、环境、态度的独特性，体悟法布尔精神，认识到法布尔将一切品质和才华汇集在这种精神之下。

四、见微知著，感受文风

师：不一样的人，有不一样的语言表达，罗曼·罗兰称赞法布尔是"掌握田野无数小虫子秘密的语言大师"。下面我们分小组来品读精彩选段，感受法布尔独特的文风。

示例：教师朗读、品赏。

它甚至不乏典雅优美，因为它体形矫健，上衣雅致，体色淡绿，薄翼修长。

——《螳螂捕食》

师：这个排比短句，灵动活泼，用拟人的修辞手法生动地描写螳螂的外形，真是优美的螳螂、优美的语言啊！

请各小组从教师提供的三个片段中任选一个，合作探究，品读赏析。参照示例分别选出代表来朗读、赏析发言。

选段一：圣甲虫前头不停地吃，后头则不断地排泄。那已不再含营养成分的排泄物连成一条黑色的细线，如同鞋匠的细蜡绳……圣甲虫一次连续十二小时的进食竟消化掉几乎与自己的体积相等的食物。多么好的胃呀，而且消化能力是这么强，消化速度又这么快。

——《圣甲虫》

选段二：于是，我翻动花盆的土。卵呈淡黄色，两端圆圆的，长约三毫米。卵一个一个地垂直排列于土里。……蟋蟀便像小魔鬼似的从这个魔盒中钻出来了。

——《田野地头的蟋蟀》

选段三：世界的结算中什么也不会丢失的，清单的总数是永恒的。粪金龟埋起来的小块软粪便将会使周围的一簇禾本植物枝繁叶茂。一只绵羊路过这儿，把这丛青草吃掉。羊长肥，人也就有了美味羊腿可以享受了，粪金龟的辛勤劳动给我们带来了一块美味肉块。

——《粪金龟与公共卫生》

预设：

生1：我们小组选择的是第一段，文字很幽默，将圣甲虫拟人化了，写出它们急切的心情。最后一句写出了圣甲虫边进食边排泄且消化力强的特点，表达了法布尔的惊讶和赞美之情。

生2：我们选的是第三段，这段文字温暖流畅、逻辑性强，在描述和议论中，还蕴含着深刻的哲理。人类只是生态链上的一环，我们并不比粪金龟更重要、更高贵。我们读出了能量守恒、大自然中万物平等的思想和智慧。

师总结：在阅读科普文时，我们不要忘记欣赏它的艺术趣味。《昆虫记》行文活泼，语言诙谐，常用拟人、比喻等修辞手法，文理兼美，读来兴趣盎然，确是"一部很有趣，也有益的书（鲁迅语）。"法布尔以"昆虫界的荷马""讲昆虫生活的楷模"享誉于世。

（设计意图）语言既是载体，也是客体，通过朗读、赏读精彩选段，学生初步感知《昆虫记》的文美、理趣与情真的特点。既启发学生关注科普作品的艺术性，又以丰富的语料激发学生们发现更多昆虫秘密的兴趣。

五、课堂总结

（屏显）

无与伦比的观察家。——达尔文

《昆虫记》让我感到一个人跟一只小虫子一样，他看不见自己的命运，但他能看见早晨和夜晚，春天和秋天。——顾城

像哲学家一般地想，美术家一般地看，文学家一般地感受而且书写。——罗斯丹

六、作业布置

师：同学们，或许你也和老师一样在忙碌的学习中感到些许迷茫，对童年时光充满留恋。今天，我们认识了一位昆虫秘密的"揭密者"——法布尔，发现他是个个性鲜明、追求真理的科学家，更是"掌握田野无数小虫子秘密的语言大师"。

《昆虫记》里藏着昆虫们有趣的秘密故事，让我们捧起它，慢读细品，获取"虫性"真知，触发"人性"感悟。完成以下作业。

为你最喜爱的昆虫制作一张"昆虫档案"（示例见下表）。

昆虫档案	
学名	螳螂
绰号	预言家、苦修女、美丽的"杀手"
外形	体形矫健、体色淡绿、薄翼修长、腰肢长而有力……
特点	专吃活食；善于利用"心理战术"制服敌人；性格残暴好斗。
神奇之处	卵内有几百只小螳螂，雌性螳螂交配后会吞噬雄性螳螂。
精彩摘抄	双翼整个儿展开来，似两张平行的船帆立着，宛如脊背上竖起阔大的鸡冠。

【板书设计】

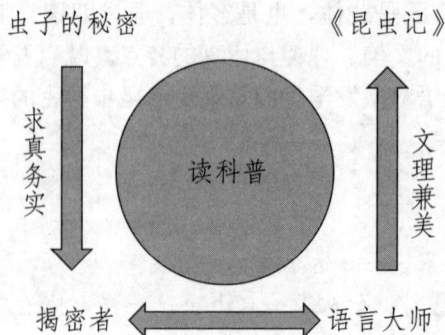

虫子的秘密　　　　　《昆虫记》

求真务实　　读科普　　文理兼美

揭密者　　　　语言大师

漫游昆虫世界　感悟情之所钟

——《昆虫记》整本书阅读推进课课例设计

【教学目标】

1. 了解本书主要内容，感悟作者品质。
2. 学会选择并运用恰当的抒情方式表达自己的真情实感。
3. 培养感悟身边的美好事物的习惯，丰富自己的情感，提高情感表达的能力。

【教学重点】

学会选择并运用恰当的抒情方式表达自己的真情实感。

【教学难点】

培养感悟身边的美好事物的习惯，丰富自己的情感，提高情感表达的能力。

【教学课时】

2 课时。

【教学方法】

朗读法、对话启发法、合作探究法。

【教学过程】

一、漫游昆虫世界，感知内容

《昆虫记》是法布尔的代表作，有人这样评价《昆虫记》："它不仅仅是一本论文，更像是一本日记，简单干净的文字，记录着一段段奇异的探险；它不仅仅是一部科学著作，更像是一部童话，用惊叹的口吻，讲述着一个个生命的奇迹。"

1. 请小组学生结合自己对整本书的阅读，每个小组派一位同学分享自己做好的昆虫卡片，说说最钟爱的"生命奇迹"。

2. 教师引导，学生讨论：读者能看到的不仅仅是奇异的昆虫世界，还有一个科学家闪光的人格。你读到了一位怎样的科学家？

预设：

（1）安贫乐道。法布尔想喝口酒，因为贫困，只能自制苹果汁喝；想买本书，必须节衣缩食才能如愿。

（2）实事求是，热爱真理。《昆虫记》中准确记述了作者观察得到的事实，"既不添加什么，也不忽略什么"，科学研究最可贵的精神便是实事求是。

（3）痴迷大自然，细心观察，坚持不懈。作者为了观察昆虫的行为习惯、生理结构，可以在地上一蹲就是几个小时；他耗费一生光阴观察、研究虫子，为虫子们写传记。

（4）平等博爱。整本《昆虫记》，字里行间充满了作者对生命的关爱之情和对自然万物的赞美之情。

（屏显）

法布尔曾经提出一个问题："只为活命，吃苦是否值得？"为何吃苦的问题，他已经用自己的九十二个春秋做出了回答：迎着"偏见"，伴着"贫穷"，不怕"牺牲""冒犯"和"忘却"，这一切，就是为了那个"真"字。追求真理、探求真相，可谓"求真"。这就是"法布尔精神"。

——百度百科

（设计意图）新课标中提到："教师是学习活动的引导者和组织者。"要凸显学生的主体地位，教师要引导学生通过深入了解法布尔描写的昆虫，自然感知法布尔求真的科学精神。

二、感悟情之所钟，对比感悟

鲁迅把《昆虫记》奉为"讲昆虫生活的楷模"。请对比以下两段文字，思考其中的差别：

（屏显）

学名螳螂，亦称刀螂，无脊椎动物，属肉食性昆虫。在古希腊，人们将螳螂视为先知，因螳螂前臂举起的样子像祈祷的少女，所以又称祷告虫。除极地外，广布世界各地，尤以热带地区种类最为丰富。世界已知 2000 多种左右。中国已知约 147 种。包括中华大刀螳、狭翅大刀螳、广斧螳、棕静螳、薄翅螳螂、绿静螳等，螳螂是农业害虫的重要天敌。

——百度百科

螳螂是一种美丽的昆虫，它像一位身材修长的少女。在烈日的草丛中它仪态端庄，严肃半立前爪像人的手臂一样伸向天空，活脱脱一副很诚心诚意的祷告姿势。

——《昆虫记》

学生回答，师小结：

百度百科是理性说明，《昆虫记》是感性描写。法布尔在写作时，带着强烈的好奇心和对昆虫的无比热爱，因而笔下是活脱脱的生命，百度百科里的介绍只是单纯的生物知识。

一个人耗费一生的光阴来观察、研究"虫子"已经难能可贵；一个人一生专为"虫子"写出十卷大部头的书，不能不说是奇迹。更重要的是，字里行间洋溢着作者对生命的尊重与热爱。诗人白居易说："感人心者，莫先乎情。"法国文学家狄德罗说："没有感情这个品质，任何笔调都不可能打动人心。"情感是作品的生命。那么怎样才能将喜爱之情灌注在文字中呢？

（设计意图）通过对比活动，引导学生自主思考不同表达方式带来的效果差异，加深对抒情表达效果的认识。

三、倾听生命欢歌，品味语言

1. 列举直接抒情的句子，感受法布尔对昆虫的情之所钟。

师：我们继续漫游昆虫世界，倾听生命欢歌，跟着法布尔学抒情。

《昆虫记》开篇就直抒胸臆，直接表达自己对荒石园的喜爱之情："那儿是我情有独钟的地方。"

直接表达自己对某事、某物、某人、某地的喜爱之情，称之为直接抒情，我们的课文中已经学习过很多，比如冰心的《荷叶母亲》："我心中深深地受了感动——母亲啊！你是荷叶，我是红莲，心中的雨点来了，除了你，谁是我在无遮拦天空下的荫蔽？"

除了直抒胸臆，文中还有很多间接抒情的内容，作者可谓将自己对昆虫浓浓的爱熔铸在字里行间。

（屏显）

直接抒情：作者或作品中将人物心中的感情直接倾吐出来，而不寄寓于景、物、事等；一般不讲究含蓄委婉，多为毫无遮掩的倾诉。

间接抒情：间接抒发感情，包括缘事抒情、借景抒情、咏物抒情等方式；

《昆虫记》中有叙事抒情、描写抒情、对比抒情、修辞抒情。

2. 学生小组思考讨论间接抒情的方法，感受字里行间的生命欢歌。

学生举手回答，教师适时引导学生朗读相关语句。

预设：

（1）通过叙事抒发情感。

蟋蟀妈妈在地下很高兴地看到子女们长大了，这在昆虫世界是极少有的天伦之乐。

师：这一段文字只是记叙蟋蟀的习性特点，但是，在记叙中，我们也分明感受到了作者对蟋蟀的喜爱和敬佩之情。记叙的虽然是蟋蟀养育子女的故事，但是"很高兴""极少有"这些充满感情的词，让记叙也满含深情。

（2）通过描写抒发情感。

蓑蛾的外表都不华丽，灰灰白白，翅膀非常之小，甚至还没有苍蝇的大。不过小巧归小巧，小蓑蛾的羽翼也不乏优雅。其翅膀的边缘是丝状流苏穗子，触角是非常美丽的羽毛饰。

师：王国维说，"一切景语皆情语。"这段描写也注入了作者内心的情感。在小蓑蛾不美的外表下，作者却发现了它的优雅，就像家长、老师看自己的孩子、学生一样，每个人都是美丽的、帅气的。请你们微笑地看着自己爱的事物，发现它的美，描写它的美，情感自然就注入在描写中了。

（3）通过对比抒发情感。

你们是把昆虫开膛破肚，而我是在它们活蹦乱跳的情况下进行研究；你们把昆虫变成一堆既可怖又可怜的东西，而我则使得人们喜欢它们；你们在酷刑室和碎尸场里工作，而我是在蔚蓝的天空下，在鸣蝉的歌声中观察；你们用试剂测试蜂房和原生质，而我却研究本能的最高表现；你们探究死亡，而我却探究生命。

在法布尔的眼里，这些微小的生物都是鲜活的，他们有伦理、有情感、有婚姻、有自我生存的状态；他们不给人添麻烦，做好事也不是刻意的。法布尔眼中微小的鲜活生命不是那些研究者手术台上的冰冷尸体，他从来都是悉心观察生命，而不是关注死亡。在对比中，我们感受到了作者浓浓的爱。

（4）通过修辞抒发情感。

它描眉画眼，以取悦女友，它把一根触角拉到大颚下，卷曲起来，涂上唾液作为美容剂。

写雄蟋蟀求偶，用拟人的修辞手法，写出了雄蟋蟀求偶时的绞尽脑汁，让人看来不禁莞尔一笑，爱上这可爱的蟋蟀。

在池塘的深处，水甲虫在活泼地跳跃着，它的前翅的尖端带着一个气泡，这个气泡是帮助它呼吸用的。它的胸下有一片胸翼，在阳光下闪闪发光，像佩戴在一个威武的大将军胸前的一块闪着银光的胸甲。

介绍水甲虫，把它的胸翼比作银色的胸甲，于是这样一只小小的虫子，在我们心中的形象瞬间高大威武起来，不禁升起一种敬畏之情。

（屏显）

著名诗人顾城在《顾城哲思录》中这样说："《昆虫记》让我感到一个人跟一只小虫子一样，他看不见自己的命运，但他能看见早晨和夜晚，春天和秋天。"

师：一部《昆虫记》，让我们看到了精彩纷呈的昆虫世界，倾听到了字里行间的生命欢歌，感受到了作者那浓浓的欢喜之情。

（设计意图）在"合作探究"环节，教师给予学生大量的思考和讨论时间。在学生充分合作讨论后，再请学生展示探究成果。温儒敏先生多次强调，语文教学一定要重视朗读和感悟。在个人朗读、全班诵读的活动中，教师引导学生切实感受抒情描写的动人之处，增强了学生对运用多种情感表达方式的理解和感悟。

四、用情感歌唱生命，布置作业

每一次写作，都是一次生命的歌唱、成长的抒写，请将你最动人、最可贵的情感，注入你笔下的每一个文字中吧。

请用所学的抒情手法，介绍一种你最喜欢的动物或植物。介绍方式：手抄报、作文、短视频等。

（设计意图）《义务教育语文课程标准（2022年版）》对初中生表达与交流的要求是："学习跨媒介阅读与运用，体会不同媒介的表达特点，根据需要选用合适的媒介呈现探究结果。"因此，在作业布置中，教师为学生提供了手抄报、作文和短视频等多种展示方式的选择，帮助其实现语文跨学科的学习，提高其表达能力，推动其进行创造性表达。

品科学诗篇　悟生命真谛

——《昆虫记》整本书阅读展示课课例设计

【教学目标】

1. 通过小组专题展示，汇报前期阅读所获得的知识。
2. 通过评价量表总结阅读活动的得与失。
3. 通过活动反思引发学生关于科学和生命的思考。

【教学重点】

通过活动展示，总结阅读活动的经验。

【教学难点】

通过活动反思引发学生关于科学和生命的思考。

【教学课时】

1课时。

【教学方法】

谈话法、小组合作探究法。

【预习作业】

分组安排作业：

1. 观察组：完成昆虫观察表。
2. 专题研究组：将《昆虫记》中的昆虫分成几个主题进行阅读。
3. 主题剧本杀组：仔细阅读"大孔雀蝶"章节，在阅读过程中，沉浸式体验小说故事内容。
4. 故事分享组：选择自己喜欢的故事情节，进行脱稿分享。

【教学过程】

一、导入新课

师：科学性和人文性是打开《昆虫记》大门的两把钥匙。从科学性的角度阅读《昆虫记》，我们可以跟着法布尔去探索，发现昆虫世界的奥秘，去领略一个科学家的细致、严谨、锲而不舍……从人文性的角度阅读《昆虫记》，我们能感受到昆虫世界有美好的情感，也可以体会到法布尔行文间史诗般丰富的语言，以及对人类生存危机的反思和认识。经历一个多月的阅读，我们边读边做任务，仿佛也都成了一个个小科学家、小昆虫学家，现在到了大家展示成果的时候了，下面我们有请各组成员上台展示。

二、展示环节

（一）观察小组展示

1. 首先由小组长根据实践部分个人评价量表（见下表）总体汇报小组成员的参与情况，然后由小组成员对自己的观察成果进行汇报展示。

评价指标	评价要求			评分	
	优秀 （10~9）	良好 （8~7）	需努力 （<7）	组员评分	组长评分
资料的收集	研究对象明确，广泛收集相关资料，资料来源明确	研究对象较明确，能从两到三个方面收集相关资料，资料来源较明确	研究对象不明确，收集相关资料单一，资料来源不明确		
资料的加工	能对资料做出正确的分析，有自己的分析意见	能借鉴资料中的部分内容，提出自己的理解，有自己的分析意见	收集了材料却没有分析，照搬别人的意见，没有自己的分析理解		
自己的见解	有自己独特的理解，逻辑性强，推断合理	有自己的理解，逻辑性较强，语言表达流利	没有自己的理解，逻辑性较弱，语言表达比较混乱		

2. 展示环节。

生 1：我展示的是蚂蚱观察笔记（见下图）。我接到观察任务后，马上想到这个季节里总是会和小伙伴一起在草丛里抓蚂蚱，学校这么多草地，一定也有许多蚂蚱。果然不出我所料，学校草丛里有很多的蚂蚱，我看到了有些蚂蚱叠在一起，书上说它们是在交配，它们交配的时候即便是有人经过它们都还是保持交配的姿势一起跳开的。我还发现学校草丛里的蚂蚱和学校操场上的蚂蚱颜色不一样，草丛里的是绿色的，操场上的是灰褐色的。

蚂蚱观察笔记

生 2：我展示的是蚂蚁观察笔记（见下图）。我从小就喜欢观察蚂蚁，看它们整天都忙忙碌碌的。在很多的文学作品当中，蚂蚁也是这样一种形象，因此在我的印象中蚂蚁是一种非常勤劳、可爱的小昆虫。可当我看到《昆虫记》

中"蝉和蚂蚁的寓言"这个章节时，我被法布尔对蚂蚁的评价惊呆了，蚂蚁居然是"专捡便宜的家伙"，是"可恶的抢劫者"。我开始明白，看书不能一味地去接受书本中作者的观点，需要有自己的思考，有很多的真相是需要通过长期观察才能得到的，做科学研究更是如此。我们作为新时代的中学生要学会存疑，权威不一定都是对的，这就需要我们用更多的知识来武装自己的头脑，这样才不容易被伪科学、伪真理蒙蔽。

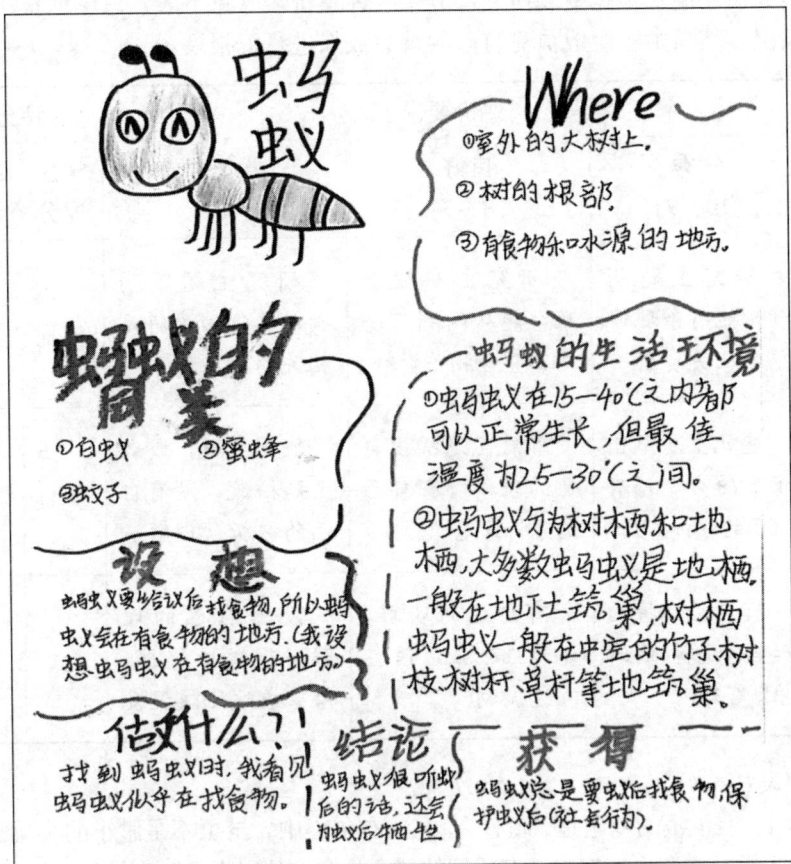

蚂蚁观察笔记

3. 请其他学生点评同学的汇报情况，建议从观察方法、汇报语言的组织、探究结果的呈现方式等方面展开。

预设：我觉得某同学汇报得很全面，他不仅向我们介绍了他的观察方法，语言还生动形象且幽默风趣，让大家仿佛和他一起经历了一场昆虫探索。不过，他的观察卡制作得比较粗糙，我建议可以……

（设计意图）学生是学习的主体，此环节侧重于让学生通过图文相结合的汇报形式，展示他们自己在实际探究过程中的发现及独特感受，巩固实践探究成果。通过同学间的互评，提高了学生分享活动的参与度，不仅能更好地帮助他们进一步巩固所学，也培养了其口头表达能力及逻辑思维能力。

（二）专题研究小组展示

专题研究小组主要是将《昆虫记》中相似习性的昆虫进行归类对比，专题有母性、歌唱家、勤劳者等。

首先由小组长根据专题研究部分个人评量价表（见下表）总体汇报小组成员的情况，然后由小组成员对自己的观察成果进行汇报展示。

评价指标	评价要求			评分	
	优秀 （10~9）	良好 （8~7）	需努力 （<7）	学生评分	组长评分
资料的收集	研究主题明确，能有条理地整合相关资料	研究主题较明确，能从两到三个方面整合相关资料	研究主题不明确，收集的资料无相关的内在联系		
资料的加工	能就主题做出正确的分析，有自己的分析意见	能就主题提出自己的理解，有自己的分析意见	缺少主题，或者主题松散，没有自己的分析、理解		
自己的见解	有自己独特的理解，逻辑性强，推断合理	有自己的理解，逻辑性较强，语言表达流利	没有自己的理解，逻辑性较弱，语言表达比较混乱		

预设：

生1：我汇报的专题是"母性"。在法布尔心中，昆虫不是渺小的小玩意儿，而是和人类一样有血、有肉、有感情的鲜活生命。他以人性写虫性，又以虫性反观人类社会，昆虫世界显得更加妙趣横生、充满温情。我看到被管虫在产卵后舍弃自己的衣服以保幼子安然生活，即使死了还会将身体当屏障保护幼子。母松毛虫会把自己身上的毛给它的卵（孩子）做一件温暖的外套。条纹蜘蛛在替它的卵（孩子）做巢时可以耗尽自己所有的丝，乃至死去。蜣螂把自己的卵包裹在精心准备的最适宜的食物里，使得幼儿刚出生时就能大吃起来，不至于挨饿。

生2：我汇报的专题是"歌唱家"。在法布尔的笔下，这些可爱的生灵会用独特的方式歌唱，比如蝉是用生命在歌唱生活；蟋蟀小心翼翼地唱着歌；蝗虫是追逐阳光的歌者；绿蝈蝈则似乎敲着小小三角铁；拨动小提琴 E 弦的是意大利蟋蟀。这些昆虫让这个世界变得更加美好。

生 3：我汇报的专题是"勤劳者"。舍腰蜂在筑巢时可以坚持不懈、不辞劳苦地工作下去；被管虫幼虫从出生后就开始为自己做衣服，即使面对美食也不改变目标；蜣螂不停地从土面收集污物，搓卷成圆球，然后滚到它希望到达的地方。

（设计意图）兴趣是最好的老师。让学生在兴趣的驱动下去探究书本内容更有利于促进阅读整本书的效果。展示课展示的是学生对于书本的独特阅读体验，主题的设定可以帮助学生更系统地进行展示，体现学生阅读的自主探究性。

（三）主题剧本杀小组展示

剧本杀小组合作阅读"大孔雀蝶"章书内容，通过游戏方式，展示学生合作探究成果（见下表）。

主题剧本杀小组总结与反思表

最满意的阅读任务	内容概况（50字左右）	完成方法	可借鉴之处	优秀	合格	有待提高
自己的				内容概括要点齐全，表述清晰，分析角度明确，对以后的阅读有借鉴意义	内容概括不完整，但不影响理解。分析角度不够明确，对以后的阅读有一定帮助	内容概括要点残缺。分析角度不明确，对以后的阅读无借鉴意义
同学的				内容概括要点齐全，表述清晰，分析角度明确，对以后的阅读有借鉴意义	内容概括不完整，但不影响理解。分析角度不够明确，对以后的阅读有一定帮助	内容概括要点残缺。分析角度不明确，对以后的阅读无借鉴意义

注："完成方法"可从阅读技巧、思考方式、呈现方法、语言表达等角度分析。"可借鉴之处"，可对同类书进行类比阅读，阐述阅读方法、阅读规划、阅读注意点等相关内容。

组长介绍《难忘的晚会》剧本杀故事缘起梗概：法布尔，是法国著名的昆虫学家、作家。他常常深入昆虫世界，真实地记录昆虫的本能与习性。一天，他惊喜地发现实验桌上的一只雌性大孔雀蝶破茧而出了，他用钟形罩罩住了这只雌性大孔雀蝶。不久之后的一天晚上，像鸟儿一样大的雄性大孔雀蝶便飞满了整个房间。这真是一场盛大且难忘的晚会。之后 8 天内，来访者的数量高达 150 只！简直是太不可思议了！因为这种大孔雀蝶在法布尔的昆虫研究基地——荒石园附近是非常罕见的，那么这场难忘的晚会是怎么发生的？

请组员 1 说一说［公聊阶段］的内容：向其他玩家布置剧情任务，包括姓名、年龄、喜好等内容——一只雌性大孔雀蝶能在短时间内吸引来满屋子的雄性大孔雀蝶，一如 C 位出道的众星拱月般的女王。请大家从《昆虫记》这本书中找到最具说服力的语言说明大孔雀蝶能 C 位出道的原因，并用第一人称来介绍大孔雀蝶。

请组员 2 说一说［搜证阶段］大家做了哪些事情。

为了弄清楚这数量众多的雄性大孔雀蝶是如何找到这一只雌孔雀蝶的，法布尔也做了多次猜想与验证，我们一起跟着作者去搜证吧。

［第一轮搜证过程］

问题：雄性大孔雀蝶是靠什么样的信息器官寻找到雌孔雀蝶的呢？猜想：利用触角。

实验 1：用小剪刀剪掉大孔雀蝶的触角，但并未触及它们身体的其他部位。

结果：减去触角的大孔雀蝶很少会飞回来，并且有一部分在剪去触角后奄奄一息。

［第二轮搜证过程］

问题：蝴蝶们会不会是因为失去了美丽的装饰而不敢在情敌们面前向雌性示爱呢？

实验 2：把雄性孔雀蝶胸前的毛拔掉少许。

结果：只有两只飞回来。

［第三轮搜证过程］

问题：既然荒石园附近的大孔雀蝶非常罕见，那么它们是如何获知实验室里的情况而纷纷前来的呢？

猜想：排除光线和声音的因素，很大程度上是气味吸引来的。

实验 1：在雌孔雀蝶生活的屋子里放了很多樟脑丸。

结果 1：雄性孔雀蝶依然能找到雌孔雀蝶。

实验 2：将雌孔雀蝶放在密封盒内，使得气味无法散发出去。

结果 2：一只雄性孔雀蝶也没有飞来。

请组员 3 说一说分析结果，并做一个小结。根据第一轮和第二轮搜证可得出结论，孔雀蝶一生中唯一的目的是寻找配偶。为了这一目标，它们继承了一种很特别的天赋：不管路途多么遥远，路上怎样黑暗，途中有多少障碍，它总能找到它的对象。在它们的一生中大概有两三个晚上可以每晚花费几个小时去找它们的对象。如果在这期间它们找不到对象，那么它的一生也将结束了。因此，大孔雀蝶不再回来或者奄奄一息，是因为它们的生命周期已经结束了。根据第三轮搜证可得出结论：雄性孔雀蝶对气味有非常强的辨识能力，并靠着气味找到雌孔雀蝶。

请组员 4 复盘故事。经过层层搜证分析发现，法布尔所居住的荒石园附近，虽然鲜有大孔雀蝶，但是在雌性大孔雀蝶的气味的诱惑下，大量雄性大孔雀蝶不远万里，排除障碍，追寻而来，因此才会有一开始出现的"像鸟儿一样大的雄性大孔雀蝶飞满整个房间"的壮观景象。

收获：法布尔用语典雅，描写生动细致，擅长运用拟人、比喻等修辞手法将昆虫写得活灵活现。法布尔的科学研究方法闪耀着智慧之光，遵循了"先假设后求证"的规律。

（设计意图）这个主题的产生源于小时候看动画片《黑猫警长》中的《螳螂杀夫》这一集，希望借助活动带领学生进行一次沉浸式体验，将阅读成果进行展示。

（四）故事汇小组展示

故事汇小组通过故事汇集的方式，由小组成员各自介绍自己在阅读过程中印象最深刻的一个故事，展示阅读过程的个性化思考（见下表）。

故事汇小组总结与反思表

最满意的阅读任务	内容概况（50字左右）	完成方法	可借鉴之处	优秀	合格	有待提高
自己的				故事趣味性强，故事要点齐全，表述清晰，能与现实生活相关联	故事趣味性较强，故事要点较齐全，表述较清晰，能与现实生活相关联	故事趣味性不强，故事基本没有进行概括，表述含糊不清，与现实生活无关联

(续)

最满意的阅读任务	内容概况 (50字左右)	完成方法	可借鉴之处	优秀	合格	有待提高
同学的				内容概括要点齐全，表述清晰，分析角度明确，对以后的阅读有借鉴意义	内容概括不完整，但不影响理解。分析角度不明确，对以后的阅读借鉴性不强。	内容概括要点残缺。分析角度不明确，对以后的阅读无借鉴性。

注："完成方法"可从故事要点提炼方法、故事讲述方法、语言表达技巧等角度分析。"可借鉴之处"可对同类书进行类比阅读，阐述阅读方法、阅读规划、阅读注意点等相关内容。

主持人：在许多人的眼里，昆虫是不起眼的生物，其实历经几百万年的进化，小小的昆虫已成为高度发展而又复杂的生命群体。它们在湖畔和花丛中相亲相爱，在森林和草地上繁衍栖息，为了生存，它们善于分工合作；不管环境多么恶劣，自有生存的策略；即使面对强大的敌人，也有出奇制胜的法宝。在昆虫世界里，有着和人类社会一样的秩序与美好，也有着同样的激烈与残酷。今天就让我们小组成员讲述自己最感兴趣的故事，跟大家分享自己的阅读体验。

生1：我要分享的是一段"圣甲虫抢掠粪球"的小故事。在这段选文中，我们可以看到弱肉强食在昆虫世界中的明显体现。"它们双方身体对身体，胸部对胸部，你顶我撞。它们的爪子绞在一起，节肢缠绕，角盔相撞，发出金属锉磨的尖厉之声。然后，把对手掀翻，挣脱开来的那一位便慌忙爬上粪球顶端，抢占有利地形。围困又开始了，忽而抢掠者被包围，忽而被抢者受包围，这全由肉搏时的胜败来决定。抢劫者无疑贼胆包天且敢于冒险，往往总是占据上风。因此，被抢掠者经过两次失败之后，便失去了斗志，明智地回到粪堆去重新制作一个粪球。"

"物竞天择，适者生存"，应该是昆虫界的生态平衡原则。但凡事都有两面性，有好也一定有坏。我们还可以去想、去思考，它到底是为什么要去抢这个粪球呢。我读《昆虫记》后了解到，圣甲虫抢劫粪球可能是为了它的宝宝们，它会把宝宝放在粪球中最柔软的地方，就像小时候的我们被妈妈放在温柔的婴儿床上，这也体现了圣甲虫的母爱，昆虫世界中的爱。在这个世界里，除了残酷的互相杀掠，同时也有着浓浓的温情。

生2：我要分享的是一段"螳螂捕食蝗虫"的故事。"但那个可怜的蝗虫移动到螳螂刚好可以碰到它的时候，螳螂就毫不客气，一点儿也不留情地立刻动用它的武器，用它那有力的"掌"重重地击打那个可怜虫，再用那两条锯子用力地把它压紧。于是，那个小俘虏无论怎样顽强抵抗，也无济于事了。接下来，这个残暴的恶魔胜利者便开始咀嚼它的战利品了。它肯定是会感到十分得意的。就这样，像秋风扫落叶一样地对待敌人，是螳螂永不改变的信条。"

在这个片段中，作者着重于对螳螂的动作描写，生动形象地为读者展现了微小的昆虫世界中的一幕，不仅体现了螳螂的英勇凶猛，表达了作者对螳螂的赞美和对生命的热爱，还巧妙地借用昆虫折射出人类的一些特性。

生3：我要分享的是一段萤火虫的故事。如果你仅看萤火虫小巧柔弱的外表，一定会觉得它们非常善良，或者觉得它们应该是吃素的，不是那种凶残的食肉类。可事实是，你们的想法大错特错！它们可不吃素，而是彻头彻尾的肉食性昆虫，并且有着相当凶残的捕食手段。下面我们就来说说萤火虫的捕食吧。萤火虫的食谱里有许多小昆虫，可对它们来说，最美味的珍馐则是那些背着房子到处溜达的小蜗牛。夏天的时候，路旁的枯草或是麦秸上常常聚集着成群的小蜗牛，而萤火虫也经常光顾这里，把这儿当成它们的餐厅。这些小蜗牛虽然有硬硬的壳保护自己，可只要它们稍微露出一点软软的肉，就很可能被等候在一旁的萤火虫捕食。萤火虫的身上有两片颚，它们弯曲起来并合拢到一起，形成了一把尖利的钩子，而在这个钩子上有一条沟槽，萤火虫就是通过这条沟槽把麻醉药注入蜗牛体内的。通常，它们只需要用这个钩子对蜗牛刺上五六下，就能让对方失去知觉，没有任何抵抗能力。等蜗牛彻底瘫痪之后，萤火虫就可以享用美味佳肴了。

在故事当中我重新认识了萤火虫，看上去小巧柔弱的外表下居然有着这么凶残的捕食手段，俗语说"人不可貌相"，看来"虫也不可貌相"，我们看待事物还真是不能带着自己的主观偏见呢。

主持人：综上所述，我认为法布尔把自己的视角带入昆虫的生活中，是用昆虫的世界来反观我们人类的社会。人类就和昆虫一样，同样存在着食物链中弱肉强食的现象，只不过在昆虫社会中更加明显罢了。同时，在我们生活中也处处充满了爱，不只是母爱，还有同学与同学间的关照。由此可见，作者是用"以虫性观照人性"的方法，从虫性中折射出人性的种种，从而让人类知道，我们并不是独一无二的，大千世界有许多的精彩，我们对大自然要敬畏与尊重。

（设计意图）帮助学生再一次走进文本，体会法布尔的哲思。

三、课堂总结，主题延伸

《法布尔传》写道："在行人如织的小道上偶然发现的最细微的事实，也许会打开与整个星空一样浩瀚无边的景象。"这就是法布尔的追求，将宏观世界和微观世界结合在一起！"他就是这样在最微小的生命身上隐约看到了最宏伟的景象，最低级昆虫的躯体突然间变成了某种深奥的秘密，照亮人类灵魂的深渊，或是向人类星空发射出一缕光芒。"昆虫身上不仅有与我们不一样、甚至超越人类的精神，而且还拥有一些人类不曾拥有的东西，人类应该对大自然保持一颗敬畏之心。

遥遥两地书　拳拳父子情

——《傅雷家书》整本书阅读导读课课例设计

【名著解读】

《傅雷家书》是一本两代人的家书集，没有华丽的词藻，没有装腔作势的威严，没有虚伪的客套，有的是无拘无束的家常话，浓浓的父子情。这是苦心孤诣的家庭教育宝典，也是一部博大精深的艺术大片，更是一本蕴含生活智慧的佳作。

在《傅雷家书》当中，我们可以看到傅雷拳拳的爱子之心。傅聪刚出国时傅雷的道歉，让我们看到他深埋在心底的歉意；傅雷对傅聪在读书求学时的严格要求，让我们看到一位老父亲的谆谆教诲；傅雷对傅聪生活上的千叮万嘱，让我们看到了父亲对儿子的无限牵挂；傅雷与傅聪在讨论问题时产生的共鸣，让我们为之动容。学生在阅读文本时可以感受到这种父爱的不同表达方式。自古以来，父爱的表达一直是含蓄而深沉的，正是这样一种内敛的情绪，可以让很多学生、很多家庭产生共情，因此，《傅雷家书》也是一本适合全家共读的书。《傅雷家书》的大部分书信，是傅雷基于与傅聪探讨问题的需要而写的。傅雷给傅聪的回信，具有一定的实用性；傅雷在阐述自己观点时也用了不少例子。学生在阅读这些信件时，可以学习其中思维与表达的条理性与丰富性。《傅雷家书》影响深远，话题广泛，思想深刻，父爱深厚令人动容。

【教学目标】

1. 从前十封信中找出自己感兴趣的话题，梳理相关话题的内容。

2. 阅读序言，感受傅雷对傅聪的谆谆教诲，揣摩其中蕴含的深深父爱。

3. 提炼关键词，绘制思维导图，培养逻辑思维能力。从书信中学习生活礼仪、人际交往、读书求学和感情处理等方面的道理，提升自我修养。

【教学重点】

阅读序言，感受傅雷对傅聪的谆谆教诲，揣摩其中蕴含的深深父爱。

【教学难点】

提炼关键词，绘制思维导图，培养逻辑思维能力。从书信中学习生活礼仪、人际交往、读书求学和感情处理等方面的道理，提升自我修养。

【教学课时】

2课时。

【教学方法】

朗读法、自主探究法。

【预习作业】

1. 阅读序言《傅聪的成长》。

2. 浏览《傅雷家书》目录，统计每年的家书数量，并在下图中绘制出折线。

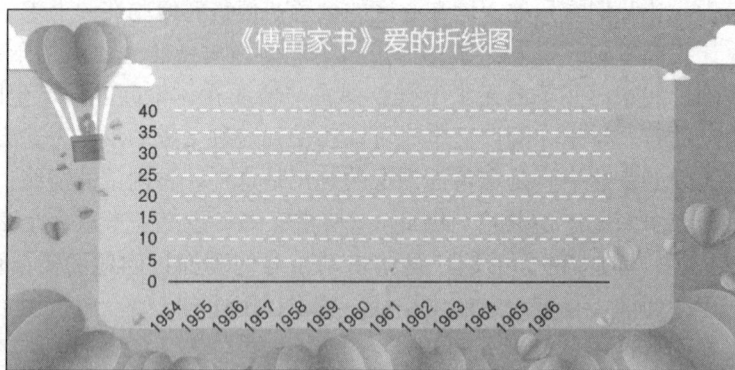

《傅雷家书》信件折线统计图

【教学过程】

一、创设情景，导入新课

见字如面，一词一句绘流年。一封封家书，一段段真情，承载了岁月的温暖与厚重。

（屏显）

著名诗人周国平曾这样评价："当年我读这本书的时候比较年轻，今天自己已经是两个孩子的父亲。因而，现在读这本书的时候，我还会有别样的感触，和当年不一样。我现在更加能体会到傅雷的父爱，他真是一位痴情的父亲。"

到底是一位怎样的父亲能被称为"痴情"？今天让我们走进"遥遥两地书，拳拳父子情——《傅雷家书》分享交流会"。

（屏显）

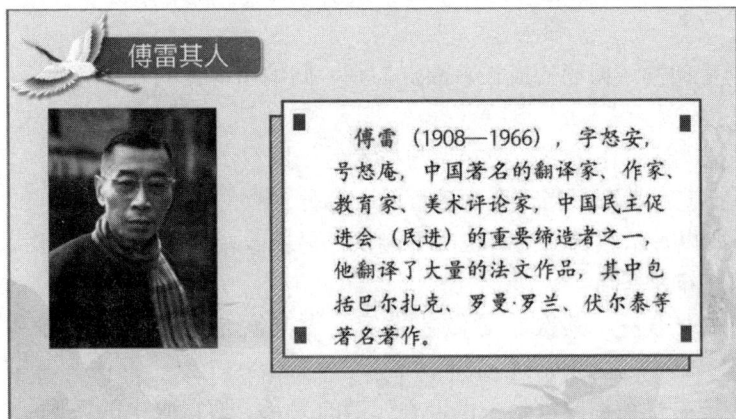

傅雷其人

傅雷（1908—1966），字怒安，号怒庵，中国著名的翻译家、作家、教育家、美术评论家，中国民主促进会（民进）的重要缔造者之一，他翻译了大量的法文作品，其中包括巴尔扎克、罗曼·罗兰、伏尔泰等著名著作。

作者介绍

（设计意图）知人论世是帮助学生快速了解人物的重要方法，通过引用他人对傅雷的评价以及对作者生平的介绍，激发学生对傅雷的兴趣，帮助学生更快进入文本。

二、以序品读，感傅雷其人

序言是一把钥匙、一座桥梁、一条捷径，是读者理解书本的重要凭证。读书一定要读序言，它可以帮助我们对书本以及人物有整体印象。

1. 带领学生了解序言相关知识。

（屏显）

序言是放在著作正文之前的文章，也是一部作品重要组成部分，按作者分为自序和他序。自序是由作者本人撰写，内容多说明本书写作缘由、经过、内容、旨趣和特点；他序是由他人撰写，内容一般是推荐作品，对作品进行实事求是的评价，介绍作者或者书中内容涉及的人物和事情。除此之外，还有把与本书相关文章放在书前来代替序言的叫代序。

2. 背景介绍。
（屏显）

《傅聪的成长》是傅雷为《新观察》杂志写的一篇文章，主要写的是傅聪成长的经过。当时，傅聪已经获得第五届肖邦国际钢琴大赛第三名以及"玛祖卡"最佳演奏奖，享誉盛名，被称为"钢琴诗人"。

3. 学生阅读《傅聪的成长》圈点勾画，归纳出傅雷的教育理念。
预设：
（1）把人格看作主要，把知识与技术的传授看作次要。
（2）把艺术教育只当作全面教育的一部分。
（3）既以音乐教育而论，也决不能仅仅只培养音乐一门……需要以全面的文学艺术修养为基础。
（4）做人第一，其次才是做艺术家，再其次是音乐家，最后才是做钢琴家。
4. 楼适夷曾经称傅雷是一位苦心孤诣的父亲。傅雷眼中的傅聪是怎样的？傅聪眼里的父亲又是怎样的？找出文中的相关语句。
预设：
傅雷眼中的傅聪：
（1）有天赋，喜爱音乐。
（2）刻苦钻研，勤奋。
（3）能够独立思考，注重逻辑习惯。
（4）音乐视野宽广，对美好的事物有强烈的感受。
傅聪眼中的父亲：教育方式过于严厉，过于偏激。
5. 这是一个慈爱又不失严厉的父亲，面对傅雷的教育，你有何想法？你赞同吗？请在小组里进行讨论。
预设：赞同。这是一位父亲爱的剖白书。我们可以看到傅雷的教子情深，对傅聪的学艺要求，对儿子成人成才的殷切希望，这是父亲对儿子的希冀。尤其是面对自己的教育方式也会时刻反省，这是父亲对儿子深埋于心的爱意。

不赞同。傅聪的成功离不开傅雷的谆谆教诲和正确引导。但是在教育过程中要注意方式方法，孩子的内心是幼小稚嫩的，过于偏激的方式对孩子心灵会造成无法挽回的伤害。

师总结：同学们精彩的发言让我们看到了父爱的多面性。傅聪对于父亲的教诲始终铭记于心，虽然这是一个严厉的父亲，但父亲对于他人生的引导和教育足以让他铭记终生。

（设计意图）傅雷的形象是立体的，既有其深情又有严肃的一面。序言是沟通文本的桥梁，学会读序言和浏览标题，可以初步感知傅雷的教育观念，探寻傅聪的成长。

三、以数探读，品傅雷情深

任务一：呈现课前准备好的折线统计图，查找一下哪几年的信件数量最多。

明确：分别是 1954 年，1955 年，1961 年。

师：请同学们思考，为什么这几年的信件数量最多呢？

预设：

1954 年傅聪刚到波兰，人生地不熟，父亲担心他的日常生活，所以写信较多。1955 年傅聪比赛成功，获得第五届肖邦国际钢琴大赛第三名以及"玛祖卡"最佳演奏奖。傅雷感叹儿子的成功，给他写信叮嘱他做人的道理。1961 年傅聪结婚，开始了自己的婚姻生活的经营。傅雷传授婚姻之道，帮助孩子走好情感之路。

任务二：从前十封信中，找出带有数字的句子。

（屏显）

1. 收到九月二十二日晚发出的第六信，很高兴。

2. 你的第八信和第七信相隔整整一个月零三天。

3. 从十月二十一日接到你波兰的第七信到现在，已有二十七天，算是隔得最长久的一次得不到你的消息。

4. 二月二十八日来信直花了十七天才到，真奇怪……

从以上的数字来看，你能读出这是一位怎样的父亲？

预设：关心孩子、慈爱的父亲；苦心孤诣的父亲；担心、关爱孩子的父亲。

从以上的数字中不难看出"儿行千里父担忧"，傅雷没有一天不担心自己的孩子，没有一天不在关注着孩子的信息，没有一天不在牵挂儿子的身体。这真是一位"痴情"的父亲。

（设计意图）新课标指出，在整本书阅读中要注重学生的感受，培养学生自主阅读习惯，同时要调动学生阅读的兴趣和求知欲。通过找数字、以任务驱动为方式，激发学生的阅读兴趣，感知傅雷的爱子情深。

四、以心换情，悟家书之道

师：《傅雷家书》中不仅有真实、真挚、真切的父子之情，它也是一本家庭教育宝典，一部博大精深的艺术大片，不仅能帮助我们领会人生智慧，还能解答我们学习生活中的困惑。请同学们阅读以下情境，小组合作交流。

（屏显）

情境一：

我为苦恼的家长出谋划策

下周家长会。因有些初二学生的家长苦于亲子沟通低效或者无效，请你结合《傅雷家书》的阅读为全班家长做主题为"如何有效进行亲子沟通"的演讲。

情境二：

"阴历今年是甲辰，辰年出生的人肖龙，龙从云，凤从虎，我们提议女孩子叫'凌云'（Lin Yun），男孩子叫'凌霄'（Lin Sio）。你看如何？"（选自1964年4月12日）

请同学们为傅氏后代取一个雅名，要能体现傅雷在生活细节、人际交往、品质培养上对后代子女的希冀，并结合书信内容进行阐述。

预设：

情境一：各位家长，大家好。在阅读完《傅雷家书》后我收获颇丰，现将我的心得体会分享给各位家长。首先，傅雷是一位严肃而又不失慈爱的父亲。他会因与傅聪发生剧烈的冲突而懊悔不已，并勇于承认自己的过失。其次，面对家庭琐事争论时，傅雷告诉傅聪并教会我们，遇事先彼此谈谈，让双方有个思想准备，避免事情向不可控的方向发展。再次，傅雷用于表达自己对儿子的爱，与中国传统家庭不同，他直截了当表达自己的爱，告诉傅聪"我们是爱你的，爱得深切"，父爱之深展露无疑。家是爱的港湾，是前进的动力，是坚强的后盾。家长们，让我们与孩子进行直接的交流吧！爱要大声说出来！

情境二：我所取的名字是傅静心，因为傅雷强调不管是在学习还是生活中，都要学会静心。

我取的名字是傅谨谦，在傅聪荣获第五届肖邦国际钢琴大赛第三名时，傅雷告诫自己的儿子，无论在何时都要保持谨慎和谦卑，有自知之明。

我取的名字是傅强，傅雷在家书中劝慰自己的儿子，不管遇到什么困难，多少迂回、多少挫折、多少失意，都要坚强、打起精神，勇往直前。遇到苦难勇于克服，人生本是没有穷尽、没有终点的马拉松跑。

（设计意图）《傅雷家书》中那些谆谆劝子之言，加上时间跨度大，结合了当时的时代背景，容易让初中生望而生畏。《义务教育语文课程（2022 年版）》要求，倡导从实际生活出发，创设丰富多样的学习情境，设计富有挑战性的学习任务，激发学生的好奇心、求知欲。两个贴切生活实际的情境化任务设计，可以改变过去生硬布置任务阅读。通过演讲、取名等活动，促使学生与那些有距离感的教子之言产生关联，引导他们阅读和思考。

五、作业布置

阅读《傅雷家书》，大致了解书中内容，选择自己感兴趣的话题，制定阅读计划，以浏览、跳读、精读等方式阅读《傅雷家书》，小组合作并完成思维导图（见下图）。

选择性阅读是一种理性的、目的性很强的读书方式，它往往和读者的兴趣、思考、关注密不可分。可以根据兴趣选择、问题选择、目的选择、方法选择等进行阅读。《傅雷家书》涵盖了生活礼仪、人际交往、读书求学、感情处理、文学艺术、人生哲理等内容，在阅读过程中选择自己喜欢并能引发思考的内容进行精读，可以适当圈点批注。

示例：

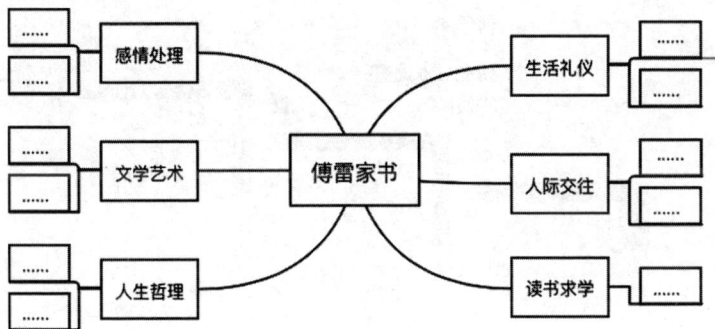

《傅雷家书》导读课思维导图

（设计意图）《义务教育语文课程标准（2022 年版）》指出：关注个体差异和不同学习需求，鼓励自主阅读、自由表达，注重阅读引导。通过思维导图的方式整合书本相关内容，学生选择自己感兴趣的主题进行阅读，提升阅读效率。

六、学习评价

教师根据学生阅读情况做出评价（见下表）。

《傅雷家书》阅读评价表

评价维度	评价内容
读序言	读序言《傅聪的成长》，圈出相关信息并对书本内容有大致的把握。（15分） 了解傅聪的成长经历以及傅雷的人物形象。（10分）
理内容	利用查找目录或者浏览全书的方法，统计每年的信件数量，完成折线图。（15分） 找出前十封信里蕴含的数字，体会父子情深。（15分）
巧运用	通过两个情境任务，灵活运用傅雷的教子之道。（25分）
诉所思	依据选择的话题进行整理，完成思维导图。（10分） 结合感兴趣的话题说出自己独特的感受。（10分）

【板书设计】

傅雷教子之路
傅聪成长之路

1954年
关心

1955年
担忧

1961年
苦心孤诣

品父爱智慧　感家书真情

——《傅雷家书》整本书阅读推进课课例设计

【教学目标】

1. 寻家书之"智"，品味家书的思想美。
2. 感家书之"真"，感受家书的情感美。
3. 品赤子之心，体会傅雷的赤子之心。

【教学重点】

学习并运用选择性阅读方法进行有兴趣、有目的、有方法、有专题的阅读，感知书中傅雷教子的主要内容。

【教学难点】

立足文本内容，品析、体会书中字里行间浓浓的父爱，感悟傅雷的赤子之心。

【教学课时】

2 课时。

【教学方法】

朗读法，小组合作探究法，对话启发法，读书指导法。

【预习作业】

阅读整本书，小组合作，制作并填写读书卡和问题卡。

《傅雷家书》读书卡

制作人：

关注的话题	读书求学（　） 艺术追求（　） 感情处理（　）	生活细节（　） 人际交往（　） 其他方面（　）
选择的信件		
内容概括		
佳句摘抄		
我的批注		

学则须疑——问题卡

制作人：

我提出的问题	
我对这个问题的看法	

【教学过程】

一、创设情境，故事导入

　　傅雷幼年丧父，弟弟妹妹也先后夭折，只剩他与母亲两人相依为命。母亲强忍痛苦，一人担起"慈母严父"的重任，把所有的希望都寄托在傅雷身上，用苛刻、严厉近乎残忍的方法教育儿子，稍不用功就一顿毒打，以此来督促儿子用功读书。对于童年，傅雷总结了八个字：只有愁容，不见欢笑。童年的经历对他的影响非常大，因此当傅雷成为父亲后，他既想将自身成长经历中缺少的父爱和指导都弥补在孩子身上，却又无意识地延续了母亲对他的教育方式，虽然教育理念先进，但对孩子管教得非常严苛，经常拳打脚踢，一直到孩子慢慢长大，自己也人到中年，人生的经历和学识的涵养逐渐减弱了童年对他思想上的影响，他才意识到自己教育孩子的方式有问题，于是对待孩子的态度渐渐变温和，也改变了原有的严苛的教育方式，父子关系才更为融洽。总的来说，傅雷的教育是成功的，傅聪和傅敏在他的教导下，最终也有所成就——傅聪成为著名的钢琴家，傅敏则成为英语特级教师。

今天我们再次走近《傅雷家书》，一起感受这位严父独特的教子艺术，领悟家书之美。

（设计意图）以故事形式导入，介绍傅雷的成长经历和教子经历，引导学生了解傅雷，拉近学生与作者的心灵距离，即作者在他们心中由一个陌生的名字，变成了一个血肉丰满的人，一个拥有两个孩子的父亲。同时，有利于学生对作品内容进一步地理解，甚至可能联想到自己和自己的父亲，从而产生共情。通过这样的导入，可以激发学生阅读《傅雷家书》的兴趣，让傅雷真正走进他们的内心，从而获得真切的情感体验。

二、寻家书之"智"

《傅雷家书》是苦心孤诣的家庭教育宝典、博大精深的艺术大片，读这本书，我们能领会人生的智慧，解答我们的学习生活中的困惑。

（屏显）

作家叶永烈在《傅雷与傅聪》中说："《傅雷家书》的意义，远远超过了傅雷一家的范围。哲学家可以从中研究傅雷的思想、哲理、方法；教育家可以从中研究教育子女的方式方法；人才学家可以从中探讨人才培养的规律以及家庭对成才的影响；文学家可以从中研究散文的笔法；艺术家可以从中汲取音乐、美术的营养；历史学家可以从中剖析 20 世纪 50 至 60 年代中国知识分子的灵魂；广大读者可以把《傅雷家书》作为一本优秀的青年思想修养读物，一本爱国主义教育的生动教材。"

请学生们结合自己对整本书的阅读以及制作的读书卡，按照自己的兴趣，对家书进行选择性阅读，根据傅雷的教子之道（生活细节、人际交往、读书求学、感情处理等）分小组开展人物采访活动。学生按小组分角色扮演"记者"和"傅雷"，"记者"代表对"傅雷"进行采访。（要求：采访时还要注意尊重采访对象，言行要得体，话题要围绕主题展开）

"记者"分小组讨论梳理《傅雷家书》中有关教子之道的要点，并根据要点有目的地列出采访提纲；"傅雷"分小组讨论，理清并完整概括相关思想，再根据记者的问题进行选择性阅读，找寻对应的思想来应对"记者"的采访。

示例：

人物采访提纲（读书求学）

1. 对于学习时间安排不合理的同学，您有什么建议？

2. 针对中学生学习压力大，经常紧张焦虑的情况，您有什么建议吗？

师总结：这部家书中睿智的话语，是我们为人处世的准则。同学们通过对《傅雷家书》的研读品析，找到了解决自己人生困惑的钥匙。可见，这部跨越半个世纪之久的作品，依然对我们有很大的指导意义。

（设计意图）这一环节采取人物采访的形式引导学生运用《傅雷家书》中的智慧解答生活中的难题，有利于引导学生突破时空局限和人物限制，深度阅读文本。且用所读、所感来解决学生的实际问题，达到"良言善行，明理修身，家书助我成长"的目的。

三、感家书之"真"

《傅雷家书》中不仅有苦心孤诣的人生智慧，更有父子深情。一字一句总关情，家书其实最为普通，却又最容易打动人，这就在于家书之"真"——真实、真挚、真切。

1. 师：信中有许多令人动容的地方，请同学们默读家书，找一找家书中有哪些难忘的细节触动了你们的心灵？在书中圈点勾画出相关句段，小组选择一处朗读、解说。（要求：用朗读感染人，用解说说服人。小组合作准备，分享交流）

示例：

生1：我觉得《傅雷家书》中"车一开动……胃里难过，只有从前失恋的时候有过这经验"这几句话写得特别真实细腻，写出了亲人离别时的依依不舍，以及傅雷一家人把长子送走后的伤感。

生2：我觉得《傅雷家书》中的"真的，孩子，你这一次真是'一天到晚堆着笑脸'！叫人怎么舍得！……孩子，我虐待了你，我永远对不起你，我永远补赎不了这种罪过！"这几句话写出了傅雷这位严父对孩子那份深深的爱和愧疚。这是从心里喊出来的真挚情感。这让我想起了我的爸爸，他虽对我严厉，却也是这么爱我。

师总结：同学们找得非常准确，朗读情真意切，让人感动不已，这一封封家书分明就是一份份真情啊！

2. 师：老师也从书中摘录了一些细节，同学们一起来看看，傅雷在家书中对傅聪的称呼。

教师范读，引发学生思考：父亲为什么这样称呼儿子？体会在称呼背后蕴含的情感。

（屏显）

1. 聪
2. 亲爱的孩子

3. 好孩子

4. 亲爱的聪

5. 聪，亲爱的孩子

师：同学们，你们习惯用什么词语来形容父爱？

预设：父爱如山，沉默，含蓄，深沉……

师：的确，我们都说父爱如山一般的深沉，父爱在很多时候是不善表达的代名词，父亲常常会给我们一种疏远感，而平日里严苛的傅雷却也有着这么柔情的一面，用如此亲昵的称呼来直白地表达他对傅聪的爱……

师总结：我们仿佛听到了一位严父发自心底的爱的呼唤。《傅雷家书》之"真"体现在选材真实、语言真切、情感真挚，也体现在写信人的"真"，尤其是父亲傅雷：待人真、言行真。

3. 师：接下来，请同学们精读1月26日傅雷写给傅聪的信，请男同学有感情地朗读第二段，注意老师加粗的标点符号。

（屏显）

"果然昨天早上收到你来信，而且是多少可喜的消息。孩子！要是我们在会场上……更莫过于欣赏自己的孩子的手和心传达出来的艺术！其次，我们也因为你替祖国增光而快乐！更因为你能借音乐而使多少人欢笑而欢乐！想到你将来一定有更大的成就……我们真是心都要跳出来了！能够把不朽的大师的……多神圣、多光荣的使命……即使孤独也不怕的了！"

师：1月26日，傅雷得知傅聪获得了第五届肖邦国际钢琴大赛第三名后写下了这封信，长长的一段文字里最吸引老师注意力的莫过于那一个个感叹号。请大家数一数，在这段话中出现了几个感叹号？我们在什么情况下才会用感叹号？那这些感叹号说明了什么？从这段话中，你还能看出傅雷对傅聪哪方面的教育？

明确：出现了10个感叹号，我们一般在情绪激动的时候才会用感叹号。说明身为父亲的傅雷在得知儿子获奖后难以平复的激动心情，体现了他对儿子深沉的父爱。同时，他对儿子的教诲不仅仅局限于父子之情，还包括了家国情怀。

教师请全班学生带着这种激动的心情、深沉的父爱再次朗读这段文字。

（设计意图）《义务教育语文课程标准（2022年版）》提出："注意整合听说读写，引导学生综合运用朗读、默读、复述、评述等方法学习作品。"这一环节通过多种形式的朗读，有深度的解说，多方面引导学生研读家书中感人的细节，学生能在理解通信人傅雷、傅聪的基础上，感受家书之"真"、体会家书的"情感之美",也能够更进一步地总结家书"真"的内涵。同时,多种形式的反复朗读有利于学生更深入地体会父亲对孩子的牵肠挂肚,从而体会自己父母的一片苦心。

四、品赤子之心

师:的确,傅雷对傅聪就是如此纯洁的、热烈的、洁白的、高尚的、真诚的爱。请同学们大声朗读这段话。

(屏显)

所谓赤子之心,不但指纯洁无邪,指清新,而且还指爱!法文里有句话叫做"伟大的心",意思就是"爱"。这"伟大的心"几个字,真有意义。而且这个爱绝不是庸俗的,婆婆妈妈的感情,而是热烈的、真诚的、洁白的、高尚的、如火如荼的、忘我的爱。

傅雷用这样坚定而热烈的语气向我们阐述了爱憎分明、真实纯粹的人生追求,这就是他所谓的"赤子之心"。

(屏显)

赤子便是不知道孤独的。赤子孤独了,会创造一个世界,创造许多心灵的朋友!

1. 如何理解这句话?

明确:从书中我们可以感受到傅雷的孤独与刚劲,过分认真和过分清醒,这样的"赤子"定会比随波逐流之人境遇不佳,定会比庸俗浅薄之人知音寡少,他的孤独便显而易见了。但是容易孤独并不代表傅雷接纳孤独,在他艰难的时光里,他靠着这股"创造"的力量支撑着自己,使自己不孤独。

2. "孤独"的傅雷创造了一个怎样的世界?学生们分小组思考讨论,结合家书内容进行分析。

明确:教育的世界,文化的世界,艺术的世界,亲情的世界,大我的世界,真诚的世界等。

师总结:在生活中,傅雷教导孩子对人要真诚,真诚是第一把艺术的钥匙。做艺术家先要学做人,艺术家一定要比别人更真诚,更敏感,更虚心。他劝勉孩子"个人的荣辱得失事小,国家的荣辱得失事大",要有家国情怀。而傅雷做到了以身践行,在后来身处困顿时,他想的不是自己,而是对儿子的教导,是对祖国和民族的自觉与自豪,更是对世界文化艺术发展的殚精竭虑,他始终保持着一颗赤子之心。由此看来这位"孤独赤子"是不知道孤独的，因为他忙于创造而无暇孤独。

3. 傅雷的"赤子之心"来源于哪里呢？结合大屏幕上记者对傅聪的访谈进行思考。

（屏显）

记者：您认为这些家书中反映的最本质的思想是什么？

傅聪：赤子之心。爸爸的信从头到尾贯穿的最本质的东西就是这个。看这些信，可以用这么一句话概括这个人，他一生没有一分钟度过的是行尸走肉的时光，他的脑永远在思想，他的心永远在感受。他是一个在中国最优秀的传统中植根非常深的知识分子（我说的是最优秀的传统，从屈原一直到现在的传统），同时又是"五四"觉醒的一代。

明确：傅雷作为"中国最优秀的传统中植根非常深的知识分子"之一，他也属于五四时期觉醒的一代，他身上具有"中国人的气质，中国人的灵魂"，这些都源于他对祖国和民族的自觉与自豪，对祖国和民族的文化的自信与自豪。

总结：在"赤子"傅雷精心的教育培养下，傅聪在20世纪60年代就已被美国《时代》周刊赞誉为"当今最伟大的中国音乐家"，他被世人授予"钢琴诗人"之美名，被评为"有分量的巨匠"。当他万里归来，已再也见不到生命中最亲爱的父母，迎接他的不是双亲惊喜欢乐的笑容，而是萧然的两撮寒灰。但是，傅聪的生命中还有这样上百封的家书——在他的身后永远站着父亲的身影，在他的心中永远铭记着父亲的家训。

（屏显）

"五十年代中他出国的时候，还带着满脸天真的稚气，是一个刚过20岁锦绣年华的小青年，现在却已经到老成持重，身心成熟的壮岁了。想他万里归来，已再也见不到生命中最亲爱的父母，迎接他的不是双亲惊喜欢乐的笑容，而是萧然的两撮寒灰。"

——傅雷的老友楼适夷

师总结："家书"蕴含的就是这样温润心灵的光芒和爱的力量。这些墨迹长存、余温犹在的经典作品，既是作家心系家人、寄情至亲的生动书写，也是值得后人珍视美好情感、滋润干枯心田的文化经典。在《傅雷家书》中，我们读懂了傅雷对儿子的谆谆教诲和浓浓父爱，读懂了傅雷拳拳的赤子之心，读懂了字里行间的家国情怀，并且学会了一种读书方法：选择性阅读。希望同学们借助这种方法，继续阅读《傅雷家书》，接受爱的教育，灵魂的洗礼！

（设计意图）《义务教育语文课程标准（2022 年版）》提出，语文教学应"引导学生在学习语言文字运用的过程中，逐步树立正确的世界观、人生观、价值观，体认和传承中华优秀传统文化、革命文化、社会主义先进文化，积淀深厚的文化底蕴，增强文化自信。"这一环节抓住《傅雷家书》的核心"赤子之心"，引导学生进一步研读、理解家书，深入分析傅雷的人物形象和精神世界，引导学生树立正确的世界观、人生观和价值观，增强中华民族文化自豪感和文化自信。

五、作业布置

必做：1. 给父母写一封信。

读了《傅雷家书》，相信同学们一定有很多话想对父母说吧，请结合《傅雷家书》的内容和自己的感悟，写一封信赠予自己的父母。

选做：2. 诗歌改编与朗诵。

《傅雷家书》是一部书信体的散文经典，通篇文字不仅充满了亲人间的互动话语，也处处洋溢着诗意的光辉。找出家书中饱含深情的文字（如下文），仔细揣摩傅雷当时的心境，并编排成诗歌，接着用配乐朗读的形式演绎饱含于文字中浓浓的父爱。教师将优秀的朗诵作品发表在网络平台进行推广。

（屏显）

《黎明》

河，莱茵，
江声浩荡，
钟声复起，
天已黎明。

中国，
正到了复旦的黎明时期，
愿你，做中国的钟声，
响遍世界，
响遍每个人的心。

滔滔不竭的流水，
流到每个人的心坎里去，
带大家，
到无边无岸的音响的海洋中去吧！

【板书设计】

傅雷家书

淳淳人世语　悠悠父子情

——《傅雷家书》整本书阅读展示课课例设计

【教学目标】

1. 以颂悟情——感受父亲的爱。
2. 以写绘情——说出对父亲的爱。

【教学重难点】

1. 培养对父母之爱的感悟能力，丰富自己的情感世界。
2. 能够运用恰当得体的语言表达自己对父母的情意。

【教学课时】

1课时。

【教学方法】

自主合作探究，朗读法，小组讨论分析法。

【预习作业】

学习小组成员基于前期的整本书阅读，探讨分析四个主题：生活人际，艺术修养，读书求学，感情处理。

把学生分成四个小组，分别选择一个主题，围绕主题展开探讨，深入文本找出其相关的内容，并进行分析，最后完成一篇读书报告，报告内容可以参考预习作业中的表格（见下表）。

主题	篇目 （日期）	赏析 （写作手法，表达方式）	感悟	朗诵部分	展示方式
生活人际					
艺术修养					
读书求学					
感情处理					

【教学过程】

一、创设情境，激趣导入

播放歌曲《父亲写的散文诗》，感受父爱的深沉和伟大，走近父亲的内心世界。

导语：文字是语言的延伸，在歌词中，歌者将父亲日记中的片段采撷成词，用音符诠释着父亲对子女的爱与责任，以及子女感到岁月流逝、父亲已老的无奈。而在现实生活中，我们眼里的父亲，大多总是说最少的话，做最多的事，正如书中傅雷把他对儿子浓浓的爱和深深的牵挂都倾注于笔端。父爱深沉，让我们一起走进《傅雷家书》，去感受傅雷的赤子世界。

（设计意图）"创设真实而富有意义的真实情境，凸显语文学习的实践性"是语文新课程标准对于课程实施的四条建议之一。以歌曲《父亲写的散文诗》导入，创设父爱的氛围情境，进而帮助学生进入文本，品悟感知内容。

二、读家书，品父爱之深深

师："洛阳城里见秋风，欲作家书意万重。"唐代诗人张籍身处洛阳，又见秋风，心生思念。提笔欲写家书，但思绪万千，无从下笔。无独有偶，傅雷身为父亲，心念异国他乡的儿子，只能通过家书表达自己心中深深的思念与牵挂。在《傅雷家书》中我们可以看到，傅雷与儿子讨论艺术，以此激发青年人对艺术的感悟。通过书信的往来，也可以训练傅聪和傅敏的文笔。

傅雷曾在书中说：做一面忠实的"镜子"。父子间书信的内容，除了生活琐事外，更多的是谈论艺术与人生，倡导一个艺术家应有的高尚情操，让儿子知道何为国家的荣辱，何为艺术的尊严，希望他做一个德艺俱佳、人格卓越的艺术家。接下来请学生们一起来品读。

请小组学生结合自己的课前准备，按照主题先后依次上台展示《傅雷家书》整本阅读的主题读书报告。

成果展示内容记录：

小组一：《傅雷家书》"生活人际"主题读书报告。

尊敬的老师，亲爱的同学们，大家好！我们小组的报告主题是：关于《傅雷家书》中的生活人际相关话题，我们主要围绕三个方面展开，即：礼仪要得体，为人要谦虚，做事要谨慎。首先，让我们一起来阅读 1954 年 8 月 16 日的信，其中傅雷提到对傅聪生活习惯的建议，例如"手插在上衣袋里比插在裤袋里更无礼貌""双手不拿刀叉时，也要平放在桌面上"等。并且在这封信的结尾，傅雷先生又叮嘱道："但望你不要嫌我烦琐，而要想到一切都是使你更完满、更受人欢喜！"从中可以读出傅雷对儿子的良苦用心，希望儿子能够尽善尽美，又希望儿子能够体谅父母。正值青春期的我们，多少会有那么一点儿叛逆，往往不能很好地理解父母的苦心。其实在生活中，我们要多关心体谅父母，与父母多沟通。

然后，让我们一起来阅读 1955 年 1 月 26 日的书信，傅雷告诫傅聪要做一个谦卑且坚强的人，他写道："多少过分的谀辞与夸奖，都没有使你丧失自知之明，众人的掌声、拥抱，名流的赞美，都没有减少你对艺术的谦卑！"在这里傅雷为孩子的坚强和成长感到开心，同时希望他可以清醒客观地看待他人的赞美。最后，在 1955 年 12 月 11 日的信中，傅雷写道："一个人妨碍别人，不一定是因为本性坏，往往是因为头脑不清，不知利害轻重。所以你在这些方面没有认清一个人的时候，切忌随口吐露心腹。一则太不考虑和你说话的对象，二则太不考虑事情所牵涉的另外一个人。"在这里傅雷对儿子循循善诱，认真地和儿子谈论做事的严谨和审慎。傅雷在 1955 年 3 月 20 日的书信里提到："遇到极盛的事，必定要有'如临深渊，如履薄冰'的格外郑重、畏惧、戒备的感觉。"他时刻给儿子敲起"警钟"，希望儿子能够谦虚、谨慎。

以上三点我们抛砖引玉，浅做分析。总之，《傅雷家书》中处处洋溢着父亲对儿子的爱，深沉而细腻，值得我们一起细细品味。

小组二：《傅雷家书》"艺术修养"主题读书报告。

各位同学，大家好。傅雷在 1954 年的多封书信中提到关于艺术修养的相关话题，接下来就让我的组员为大家一起朗诵一段 1954 年 11 月 23 日的书信节选。

"那钢琴家是和你同一种气质的，有些话只能加增你的偏向。比如说每次练琴都要让整个人的感情激动。我承认在某些 romantie［浪漫］性格，这是无可避免的；但"无可避免"并不一定就是艺术方面的理想；相反，有时反而是一个大累！为了艺术的修养，在 heart［感情］过多的人还需要尽量自制。中国哲学的理想，佛教的理想，都是要能控制感情，而不是让感情控制。假如你能掀动听众的感情，使他们如醉如狂，哭笑无常，而你自己屹如泰山，像调度千军万马的大将军一样不动声色，那才是你最大的成功，才是到了艺术与人生的最高境界。"（组员齐读）

这段文字让我们了解到了傅雷心中艺术的最高境界，感受到了傅雷父子间探讨艺术的浓郁气氛。

另傅雷在信中也曾谈论过肖邦，接下来就请我的组员为大家朗诵一段1955年5月11日信中的相关内容："肖邦是个半古典半浪漫的人，所以现代青年都弹不好。反之，我们中国人既没有上一世纪像欧洲那样的浪漫狂潮，民族性又是颇有 Olympic［奥林匹克］（希腊艺术的最高理想）精神，同时又有不太过分的浪漫精神，如汉魏的诗人，如李白，如杜甫（李后主算是最 romanti［浪漫］的一个，但比起西洋人，还是极含蓄而讲究 taste［品味］的），所以我们先天的具备表达肖邦相当优越的条件。"

以上可知傅雷本身就对艺术修养有很深的造诣，他常常用大量篇幅来和傅聪讨论艺术，帮助儿子在艺术道路上更好地成长。

小组三：《傅雷家书》"读书求学"主题读书报告。

各位同学好！请让我们一起来听以下两段信件内容的节选。

（女组员上台朗诵）1954年10月22日傅雷写道："你的比赛问题固然是重负，但无论如何要做一番思想准备。只要尽量以得失置之度外，就能心平气和，精神肉体完全放松，只有如此才能希望有好成绩。这种修养趁现在做起还来得及，倘若能常常想到"文章千古事，得失寸心知"的名句，你一定会精神上放松得多。惟如此才能避免过度的劳顿与疲乏的感觉。最磨折人的不是脑力劳动，也不是体力劳动（那种疲乏很容易消除，休息一下就能恢复精力），而是操心（worry）！孩子，千万听我的话。下功夫叫自己心理上松动，包管你有好成绩。紧张对什么事都有弊无利。"

（男组员上台朗诵）1961年7月8日傅雷写道："过去我一再问及你经济情况，主要是为了解你的物质基础，想推测一下再要多少时期可以减少演出，加强学习——不仅仅音乐方面的学习。我很明白在西方社会中物质生活无保障，任何高远的理想都谈不上。但所谓物质保障首先要看你的生活水准，其次要看你会不会安排收支，保持平衡，经常有规律的储蓄。生活水准本身就是可上可下，好坏程度、高低等级多至不可胜计的；究竟自己预备以哪一种水准为准，需要想个清楚，弄个彻底，然后用坚强的意志去贯彻。"

各位同学，读完以上两封信的节选，我们可以看出，傅雷对于教育孩子有着自己独特的见解。他作为父亲，不单单关心儿子的生活，更多的是教导孩子如何去成长，如何去正确学习。我们从他的一字一句中可以感受到他的苦心孤诣，感受到他的爱子情深。

小组四：《傅雷家书》"感情处理"主题读书报告。

《傅雷家书》里傅雷对儿子感情处理的建议可谓俯拾即是，他对于儿子的感情建议十分有意义，哪怕是放在我们的现实生活里都十分适用。傅雷倡导的感情观点是：无论何时，一定要以健康为重，前途为重，感情的事情要考虑周全。一定要多修养自身，完善自我。

首先，我要分享两封信件内容，第一封是 1955 年 12 月 9 日的信，傅雷写道："唯有把过去的思想包袱，一齐扔掉了，才能得到真正精神上的和平恬静，才能真正心胸开朗地继续前进！"在信中，他们平等有爱地交流，推心置腹，尤其关于婚姻生活，给予为人父母的谆谆教诲。

第二封是 1960 年 8 月 29 日的信，傅雷写道："做艺术家的妻子比做任何人的妻子都难，你要预先明白这一点。即使你知道'责人太严，责己太宽'，也不容易学会明哲、体贴、容忍。只要能代你解决生活琐事，同时对你的事业感到兴趣就行，对学问的钻研等等暂时不必期望过奢，还得看你们婚后的生活如何。眼前双方先学习相互的尊重、谅解、宽容。

对方把你作为她整个的世界固然很危险，但也很宝贵！你既已发觉，一定会慢慢点醒她；最好旁敲侧击而勿正面提出，还要使她感到那是为了维护她的人格独立，扩大她的世界观。"

以上是两封家书中关于情感处理的节选部分，字里行间都表达着傅雷对于傅聪感情方面的谆谆教导。

最后我再简单分享几句摘自书中关于情感处理的建议：

①平衡身心，平衡理智与感情，节制肉欲，节制感情，节制思想，对像你这样的青年是有好处的。

②尽管人生那么无情，我们本人还是应当把自己尽量改好，少给人一些痛苦，多给人一些快乐。

③有了真诚，才会有虚心，有了虚心，才肯丢开自己去了解别人，也才能放下虚伪的自尊心去了解自己。

④建立在了解自己、了解别人上面的爱，才不是盲目的爱。

⑤所谓赤子之心，不但指纯洁无邪，指清新，而且还指爱！

⑥越是心平气和，越有成绩。

以上 6 句话都是傅雷夫妇对傅聪感情方面的关心和建议，堪称"教科书"级别的存在。傅雷的爱子情深跃然纸上，每一句都流露出浓浓的真情。

师总结：以上四组同学都很好地结合了书中内容，并有条理地完成了四个主题的读书报告。这是群体智慧的表现，让我们一起来为大家的精彩报告鼓掌。

家书是真情的自然流露，在信中，傅雷先生对远在异地求学儿子的关心从来都不是一个方面的，而是涉及为人处事、生活细节、读书求学，以及艺术修养等多方面。所谓"纸短情长"，这一封封的家书就是父爱最好的表现。

（设计意图）《义务教育语文课程标准（2022年版）》中对拓展性学习任务群的要求是在实践阅读与交流时，提高学生语言运用的核心素养。作为语文教师，我们更应该重视学生对语言的学习与运用，学生在学习中品味文章内涵，在思考中加深对文章的认识。总之，教师要引导学生通过对语言的品味，理解其中的意义。学生以小组合作的形式完成读书报告，在小组合作中，学生既可以发挥集体的智慧和力量，又能够在参与活动中体现自我的价值。

三、绘家书，感父爱拳拳之心

师：父母的爱是世界上最伟大的爱。有时候，虽然父母不能时刻陪伴在孩子身边，但是他们无时无刻不牵挂着孩子。傅雷通过书信关心着远在异国求学的傅聪，教他为人处事，教他谦虚不馁，教他修身爱国，教他如何成为一个真正的艺术家。纸短情长，那薄薄的书信承载了父亲拳拳之心。接下来的十分钟请各小组成员发挥所长，描绘出你所学所感的《傅雷家书》。请同学们根据自身兴趣任选一种形式完成。形式参考如下：书签、绘本、插图、对联、家风家训名言等。

学生部分作品展示（见下图）：

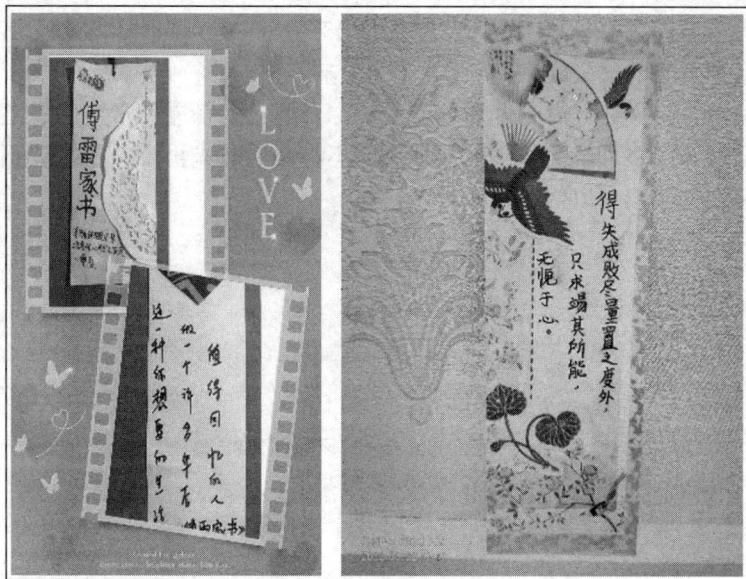

学生书签作品

（设计意图）在《傅雷家书》中，处处都洋溢着傅雷对儿子生活以及艺术方面的教育智慧。此时正处青春期的初中生，可以在探究、赏析文字的过程中学习傅雷对儿子的种种教导，从而感悟父母之爱，加深对父母的理解。学习如何正确看待人生的高潮与低潮，如何以中华文化的传统作为积淀，进而培养自己的文学素养。在品读感悟完文章内容之后，教师组织学生制作书签、插图、对联、撰写家风家训名言等活动，拓展学生的思维能力。

四、写家书，悟父爱之深沉

师：《傅雷家书》是一本苦心孤诣的教育名著，其中傅雷的很多教育名言堪称经典，如"不能充分掌握时间与区别事情的缓急先后，你的一切都会打折扣。"更有"一切学问没有速成的，尤其是语言。倘若你目前停止上新课，把已学的从头温一遍，我敢断言你会发觉有许多已经完全忘了"，其中不乏对儿子细水长流般的日常关心。除此之外，更有自己对生活、对艺术的理解，如"世界上最高的最纯洁的欢乐，莫过于欣赏艺术，更莫过于欣赏自己的孩子的手和心传达出来的艺术！"读着这些透露了浓浓温情的句子，总是让我们想起自己的父亲。

是啊，父亲总是家里那个说得少、做得多的人。他虽然有时不善言语，但是对于我们的爱与关心不会少。父亲节就要到了，让我们为父亲准备一份不一样的礼物：一封 800 字左右的家书。

读完《傅雷家书》，让我们从文中走出来，审视自己，品悟、感知那不太明显、常被忽略的父爱吧！

师总结：同学们，时光匆匆，父爱深深，愿我们都能够常怀感恩之心，主动关心父母，多多理解父母，体会他们的不易。愿时光再慢一些，让那个为我们付出一切的父亲可以健康常乐！

走进英雄故事　亲近英雄本色

——《钢铁是怎样炼成的》整本书阅读导读课课例设计

【名著解读】

《钢铁是怎样炼成的》是部编本语文八年级下册必读书目。这部作品以主人公保尔·柯察金的生活经历为线索，展现了从 1915 年到 1930 年前后苏俄广阔的历史画面和人民艰苦卓绝的斗争生活，歌颂了保尔自我牺牲的精神、坚定不移的信念和钢铁般的顽强意志，闪烁着崇高理想主义的光芒。

小说带有自传性质，小说中的许多故事都来自作者的亲身经历，读来真实可信，亲切感人。但作者又不拘泥于事实，对人物和情节都作了大量典型化的艺术加工，在艺术上取得了很高的成就。它写人物以叙事和描写为主，同时穿插内心独白、格言警句、书信、日记和歌词等，使人物形象有血有肉。书中的环境描写也很出色，语言简洁优美，富有表现力。总之，《钢铁是怎样炼成的》是一部优秀的红色经典。阅读这部经典，不仅可以感受保尔·柯察金英雄形象，从中汲取精神养料，还可以借鉴写作技巧，提高自己的文学鉴赏水平。

【教学目标】

1. 了解作者及写作背景，激发阅读《钢铁是怎样炼成的》的兴趣。

2. 学会摘抄和做读书笔记，养成良好的阅读习惯。

3. 体会书中浓郁的英雄主义，汲取精神力量，树立远大理想，培养钢铁般的意志。

【教学重点】

学会摘抄和做读书笔记，养成良好的阅读习惯。

【教学难点】

体会书中浓郁的英雄主义，汲取精神力量，树立远大理想，培养钢铁般的意志。

【教学课时】

1 课时。

【教学方法】

对话启发法、合作探究法。

【教学过程】

一、情境导入，激发兴趣

2022 年 3 月 3 日，感动中国 2021 年度人物揭晓。有一段颁奖词是这样的："生命于你不止一次，士兵于你不只是经历，没有屈服长津湖的冰雪，也没有向困苦低头。与自己抗争，向贫穷宣战。一直在战斗，一生都在坚守，人的生命应当像你这样度过。"这段颁奖词是写给朱彦夫老先生的。朱老是一名中共党员，他参加过上百次战斗，三次立功，十次负伤，经历过长津湖战役，动过 47 次手术，是一名特等伤残军人；退伍后，他拖着残躯带领乡亲建设家园，并将自己的经历体会写成小说《极限人生》，被誉为"中国的保尔·柯察金"。

那么，保尔·柯察金是谁？他是个怎样的人呢？保尔·柯察金是苏联无产阶级作家尼古拉·奥斯特洛夫斯基的长篇小说《钢铁是怎样炼成的》中的人物。

（设计意图）借助感动中国年度人物颁奖典礼，从我国的英雄人物出发，引发学生对保尔·柯察金的好奇，激发学生阅读整本书的兴趣。

二、了解作者，感知作品

请各小组学生自由发言，交流、分享课前搜集的有关作者、作品的资料。

（1）作者简介：奥斯特洛夫斯基的生命只有短短 32 个春秋。23 岁双目失明，25 岁全身瘫痪后，他竟在妻子的协助下完成了一部自传体小说《钢铁是怎样炼成的》。

（屏显）

尼古拉·奥斯特洛夫斯基（1904—1936），苏联著名作家。他出生于乌克兰一个普通工人家庭。他只上了三年学，12 岁辍学当童工，15 岁加入共青团并参加过保卫苏维埃政权的国内战争，16 岁在战斗中负重伤。23 岁双目失明，25 岁全身瘫痪。在黑暗的世界里，他开始思考人生，决心从事文学创作向命运抗争。1931 年开始口述著书，由妻子整理，在医院病榻上历时三年写成长篇小说《钢铁是怎样炼成的》。1935 年获得国家最高荣誉——列宁勋章。1936 年 12 月 22 日逝世，年仅 32 岁。

（2）作品简介：小说主人公保尔·柯察金是一位无产阶级英雄。他当过童工，从小生活在社会的最底层，饱受凌辱。在朱赫来的影响下走上革命道路，历经人生挑战。战场厮杀、身负重伤，感情坎坷、充满波折，工地筑路、任务繁重，身体衰弱、病痛折磨，都没能击垮他的意志，反而使他更加顽强。双目失明、全身瘫痪后，他凭着顽强的毅力开始写作，实现生命的价值。保尔·柯察金的身上凝聚着那个时代最美的精神品质——为理想而献身的精神、钢铁般的意志和顽强奋斗的高贵品质。

（3）作品评价：这部小说被誉为"生活教科书""人生路标"和"精神补品"，在全世界产生了深远的影响。

（屏显）

整个苏联文学中暂时还没有如此纯洁感人，如此富有生命力的形象。

——苏联作家　法捷耶夫

长篇小说《钢铁是怎样炼成的》散发着那个带传奇色彩的时代疾风暴雨的气息，传达了那个时代的气氛，再现了当时的战斗、痛苦和希望。

——苏联艺术家　叶尔绍夫

这本书在我的成长过程中有很大的影响，书中浓郁的英雄主义、理想主义、献身主义在相当长的时间里成为我精神生活最重要的支柱。

——中国作家　张洁

师：读了一些名家对这本书的评价之后，请结合课外观影的感受和浏览全书的收获，谈一谈你对这本书的印象。

（4）请你为这本书重新拟一个书名，并把你拟的书名与作者拟的书名进行比较，看看有什么不同的艺术效果？

教师补充书名由来：一名英国记者曾经在采访中问奥斯特洛夫斯基为什么以《钢铁是怎样炼成的》为书名时，他回答说："钢是在烈火与骤冷中铸造而成的。只有这样它才能坚硬，什么都不惧怕。我们这一代人也是在这样的斗争中、在艰苦的考验中锻炼出来的，并且学会了在生活面前不颓废。"

（屏显）

钢是在烈火与骤冷中铸造而成的。

——奥斯特洛夫斯基

（设计意图）课前布置预习作业，有助于培养学生良好的学习习惯。课堂上分享自己搜集到的资料，可以增强学生的成就感和参与感。教师及时点评修正和补充资料，有利于学生对整本书的内容和价值形成客观而正确的认识。

三、掌握方法，品读英雄

在阅读名著的过程中，你都尝试过哪些阅读方法呢？

预设：精读、跳读、快速阅读、选择性阅读、圈点勾画、做批注、画思维导图、写读后感……

师归纳：

古人云：不动笔墨不读书。阅读时，除了在书中直接圈点批注，我们还可以做一些摘抄和笔记。摘抄和笔记可以帮助我们重温作品内容，积累语言和素材，深化对作品的理解，有助于提升阅读质量，增强分析能力、鉴赏能力和写作能力。

（屏显）

摘抄，就是选摘、抄录原文中的词语、句子、段落等。摘抄的内容可以是原作的典故、数据、警句等，一般要根据学习、借鉴的意图来选择。

做笔记，主要有写提要和写心得两大类。写提要，就是用精炼的语言准确概括全书的基本内容和要点。写心得，则是记录自己阅读时产生的体验、感想，以及自己在阅读中生发的新认识、新观点。

在阅读实践中，摘抄和做笔记常常是结合在一起的。有时几则摘抄连贯起来便可以成为作品的提要，有时摘抄之后可以随手记下读书心得。

这节课，我们重点学习用摘抄和做笔记的方法高效完成整本书的阅读。

1. 拟标题，理情节。

《钢铁是怎样炼成的》篇幅长、人物多、情节丰富，为了准确把握故事内容，我们可以采取为每一章节拟写回目式标题、撰写故事梗概的方法进行梳理。本书共两部十八章，每读完一章就可以罗列相关人物，拟写标题，并概括内容。拟写回目式标题可以采用对联样式，撰写故事梗概可以采用"六要素"法。

教师示范（以第一章为例）：

（屏显）

章节	人物	回目式标题	情节概括
第一章	保尔、瓦西里神父、食堂老板、弗茹霞、克利姆卡、阿尔焦姆……	满腔愤怒，烟灰撒面团 辍学务工，食堂受屈辱	十二岁那年，保尔·柯察金把烟灰撒在瓦西里神父家的面团上，被迫辍学，随后来到车站的食堂干活。在这里，他做尽粗活脏活，受尽压迫，看到了底层民众的艰辛和贫穷。
第二章			
第三章			
……			

请各小组同学采用跳读和精读相结合的方法，任选自己最感兴趣的一章进行阅读，以小组合作的形式完成表格，并推选代表在全班进行展示。

教师按章节顺序点评各小组的阅读成果，与学生互动交流，采用一线串珠的方法，指导学生梳理小说情节：结识朱赫来——偶遇冬妮娅——犹太人不幸遇难——救朱赫来被捕入狱——机智应变被释放——战场上冲锋陷阵——与死亡擦肩——车站邂逅冬妮娅并与之决裂——身体健康持续恶化——带病继续工作——与达雅结为夫妻——双目失明、全身瘫痪后开始写作。

明确：这部小说共两部，第一部主要以苏联的国内战争为背景，讲述了少年保尔的苦难遭遇和战士保尔的抗战经历；第二部主要以经济恢复和社会主义建设为背景，讲述了保尔参与建设事业和与疾病顽强斗争的故事。

2. 做摘抄，识英雄。

《钢铁是怎样炼成的》最成功之处在于塑造了保尔·柯察金这一无产阶级英雄形象。为了全面分析评价主人公保尔·柯察金，我们可以关注直接描写他言谈、举止、心理、习惯、兴趣的片段，也可以关注其他人物对他的评价，还可以关注对保尔的成长产生过影响的人物。读到精彩的句子，分类摘抄下来。

师："一千个读者眼中就有一千个哈姆雷特。"你眼中的保尔是什么样的呢？请同学们运用跳读和选择性阅读相结合的方法，任选合适的角度进行摘抄。根据自己摘抄的要点，分析评价保尔·柯察金的人物形象，在小组内进行交流。

预设：

角度一　保尔与枪

角度二　保尔的爱情

角度三　保尔与书

角度四　保尔与音乐

角度五　保尔与敌人们

角度六　保尔遭遇过的磨难

……

教师引导学生归纳总结，并分类概括保尔·柯察金的形象特点。

正面性格：勇敢、刚毅、顽强、机智、反抗精神、热情……

负面性格：鲁莽、急躁、对爱情的犹豫不决、不爱惜自己的健康……

3. 写心得，悟主旨。

这部小说中既有跌宕起伏的情节，也有大量语言优美的精彩片段，如细节描写、环境描写、内心独白、格言警句等，充分展现了保尔的人格魅力和小说的主旨，值得我们细细品味。学会鉴赏、品味这些精彩的语言，有助于深入体会小说的艺术价值和现实意义，也可以有效提升我们写作能力。我们可以选择部分片段进行赏析，就人物形象、情节内容、情感主旨、写作技巧、艺术特色等方面进行揣摩，思考文字背后的深意，写下心得体会。

教师示范：

（屏显）

示例

［摘抄］人最宝贵的是生命。生命每个人只有一次。人的一生应当这样度过：当回首往事的时候，他不会因为虚度年华而悔恨，也不会因为碌碌无为而羞愧；在临终的时候，他能够说："我把整个生命和全部精力，都献给了世界上最壮丽的事业——为人类的解放而斗争。"

［心得］这段文字成为了无数人的座右铭，激励了一代又一代人勇敢战胜困难。它凝聚着保尔崇高的献身精神，闪耀着理想主义的光芒，是保尔革命乐观主义的高度写照。保尔用短暂的一生践行着他的人生信条，为无数青年树立了榜样。

请各小组同学阅读以下文段，从中任选一个片段，撰写心得体会，并推选代表在全班分享交流。

（屏显）

1. 朱赫来看着闪光的铁锹，看着弯着腰紧张劳动的人群，低声对阿基姆说："用不着开群众大会了。这里谁也用不着鼓动。托卡列夫，你说得对，他们真是无价之宝。钢铁就是这样炼成的!"

2. "不，杜曼诺娃同志，坦率地说，我的粗鲁比你所谓的礼貌要好得多。你用不着担心我的生活，我的生活过得挺好。但是你的生活却变得比我想象的还要糟糕。两年以前，你还好些，那时候你还敢和一个工人握手。可是现在呢，你浑身都发出樟脑丸的味道。说句心里话，现在我跟你已经没什么可谈的了。"

3. 保尔的心猛烈地跳动着。日思夜盼的梦想终于变成了现实! 铁环已经被彻底砸碎，现在他拿起新的武器，重返战斗队伍，开始了新的生活。

预设:
凡夫俗子必将在英勇的斗争中百炼成钢。

一个人只有把祖国和人民的利益摆在前面，才能在苦难中坚守理想。

无论是伤寒还是病痛，都不能摧毁保尔的意志。直面磨难，勇于奋斗，令保尔成就了英雄的光辉形象。

4. 写书信，树理想。

巴尔扎克说过:"苦难对于天才是一块垫脚石，对于能干的人是一笔财富，对于弱者是万丈深渊。"苦难对于保尔来说，则是一个大熔炉，磨砺了他顽强不屈的精神和意志，将他淬炼成一名钢铁战士。读了他的故事，你将选择过怎样的人生呢? 请写一封短信把你的决定告诉他吧!

预设:
上帝给你关了一扇门，你却为自己凿开了一扇窗。是信仰给了你力量，是初心给了我力量。纵使前方多有荆棘，我愿沿着你的足迹一路前行!

(设计意图)

教师通过亲身示范，让学生掌握摘抄和做笔记的阅读方法，鼓励学生进行个性化的阅读实践，记录自己独特的阅读体验，为开展专题探究和构建整本书阅读经验做准备。

四、制定计划，有序推进

为了保证阅读进度和效果，师生共同商讨，依据自身情况制定个性化的阅读计划，希望同学们认真落实。

这部小说情节生动，语言优美，充满激情。建议学生们结合摘抄和做笔记的阅读方法，用三个星期完成整本书的阅读，用一个星期进行专题探究，用一个星期进行成果展示，并在小组间进行评比。

(屏显)

时间	任务	建议
第一周	第一部　第一至六章	1. 每读完一个章节，及时拟定回目式标题，并用"六要素"法写下摘要； 2. 认真做摘抄、写心得； 3. 独立完成
第二周	第一部　第七至九章 第二部　第一至三章	
第三周	第二部　第四至九章	
第四周	专题探究	1. 小组合作完成； 2. 多方查找资料，深刻理解作品内涵
第五周	成果展示	邀请评委，推选主持人，制定评价细则

（设计意图）引导学生合理制定阅读计划，以任务为驱动，有目标、有计划、有步骤地进行阅读，养成良好阅读习惯，树立终身阅读的理念。

五、课堂小结

（屏显）

位于莫斯科的奥斯特洛夫斯基博物馆照片。

师：就是在这所房子里，作者双目失明、全身瘫痪，耗时三年，用血和泪凝结而成这样一部不朽之作。透过小说，我们可以触摸到作者波澜壮阔的人生和崇高炽热的精神。一个时代造就一位英雄，一位英雄影响一个时代。英雄有国度，英雄主义却无国界。温家宝爷爷曾经说："奥斯特洛夫斯基和他的小说《钢铁是怎样炼成的》教育了中国几代人。"人的一生究竟应当怎样度过？生活在新时代的中国，我们是否还需要发扬保尔精神？细细品读这部小说之后，你一定能找到答案。

六、作业布置

1. 为保尔制作一份人物档案。
2. 用思维导图的形式梳理小说中的人物关系。

【板书设计】

读书方法 —— 摘　抄
写提要
做笔记
写心得

读保尔成长　品别样人生

——《钢铁是怎样炼成的》整本书阅读推进课课例设计

【教学目标】

1. 学习用略读和精读相结合的方法阅读名著，了解全书的内容，熟悉精彩的片段，进一步提高阅读整本书的能力。

2. 通过略读，了解全书的主要内容，理清小说情节和主要人物的关系，分析人物的性格，感知人物形象的典型意义，探究小说的主题。

3. 教给学生阅读名著的方法，培养学生阅读、赏析名著的能力。

【教学重点】

归纳、总结小说人物形象的分析方法。

【教学难点】

学会概括人物形象。

【教学课时】

2 课时。

【预习作业】

1. 熟读小说，了解故事情节和主要人物。
2. 回顾人物描写方法。

【教学过程】

第一课时

一、名言导入，激发兴趣

"人最宝贵的是生命。生命对于人只有一次。人的一生应当这样度过：当回首往事的时候，他不会因为虚度年华而悔恨，也不会因为碌碌无为而羞愧；在临终的时候，他能够说："我把整个生命和全部精力，都献给了世界上最壮丽的事业——为人类的解放而斗争。"

教师提问这段话出自哪里，引入新课。

二、走进文本，品析人物

1. 预习检测。

学生分享小说《钢铁是怎样炼成的》人物档案卡片。

举例说明。

人物：朱赫来

和保尔关系：_____

外貌（语言动作等）特征：_____

典型事件：_____

人物点评：_____

师明确（见下图）：

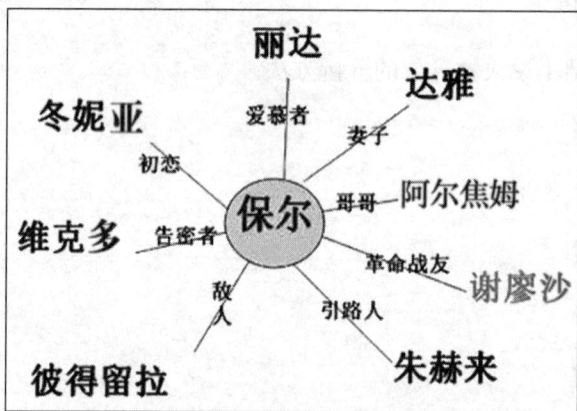

人物关系图

人物点评：（举例说明）朱赫来是一位久经考验的革命战士和卓越的领导者。他善于做思想工作，能将深奥的理论通俗地讲出来。他动员组织工人罢工，积极说服工人加入布尔什维克，关心工人群众的生活疾苦，深得群众信赖。

丽达：一位女布尔什维克，长期从事思想工作。她的生活既有革命也有爱情，性格既有军人的豪爽也有女性的柔美。她坚持把党的思想和口号输灌到每个人的心中，千方百计地吸引劳苦大众参加革命斗争。她爱憎分明，不喜欢虚情假意，和谢廖沙在工作中产生了爱情，当恋人在战斗中牺牲后，她表现得很坚强。后遇到保尔，她成为保尔的朋友和思想的指导老师，两人都抑制了各自的感情。后来她误以为保尔已身亡，相隔多年之后，他们在一次会议上相遇，此时，她已有了一个幸福美满的家庭，但仍然劝说、帮助保尔勇敢地面对生活。

谢廖沙：谢廖沙童年时和普通的男孩差不多，他淘气、倔强，甚至有点反叛。在之后与敌军的抗争中，谢廖沙充分显示出顽强不屈的意志，是一位令人敬佩的年轻人。苏维埃政权建立后，他加入红军，并成为共青团乌克兰区委书记，具有高尚的革命热情和自我献身的精神，战斗英勇，最后中弹身亡。

学生可根据自己喜欢的人物进行分析。

2. 保尔人生的四个阶段。

学生跳读《钢铁是怎样炼成的》，将保尔人生阶段分为四个阶段。小组合作完成表格，请小组代表汇报成果。

成长阶段	典型事件（简要概括）				
第一阶段 （　　　　）					
第二阶段 （　　　　）					
第三阶段 （　　　　）					
第四阶段 （　　　　）					

师明确：

第一阶段：年少无知，惹是生非，受尽凌辱。

①补考时往神父的面团里洒烟灰，被开除。

②十二岁去车站餐厅当伙夫，受尽凌辱和折磨。

③在发电厂当学徒，认识了电工朱赫来，接受了许多革命思想。

第二阶段：革命意识初步萌芽，走上革命道路。

①为解救朱赫来，被关进监狱受尽折磨，后来被错放。

②在冬妮亚家中作短暂的休息后参加了红军。

③他英勇顽强，在一次战斗中不幸被铁片击中，生命垂危。

④他顽强地活过来后，在参加工农兵聚会时，与冬妮亚发生争执，最后关系破裂。

第三阶段：英勇顽强，斗争经验逐渐丰富、成熟。

①战争胜利后，他参加肃反工作，结识了革命领导人丽达，但是为了解放事业，果断放弃了个人感情。

②他参加了筑路队，以疯狂的速度前行并拼命走在前面，最后感染伤寒，被遣送回家。

③他伤好后去当一名普通工人，在一次抢救木材时再一次受伤，丧失工作能力，只得回家休养。

④母亲的按摩又救了他一命，他便又离开了家继续参加工作。

⑤繁重的工作使保尔非常累，加上旧伤发作，身体一天比一天差，最后不得不去了疗养院。

第四阶段：凭着崇高的理想、顽强的毅力，实现伟大的生命意义。

①在疗养院病情恶化，经过治疗，他又出院带病坚持工作，最后病得完全没有办法治疗，只得离开战斗队伍。

②全身瘫痪，双目失明，产生了自杀的念头，但他以坚强的毅力克服了悲剧命运的打击，准备走文学的道路，坚持斗争。

③与达雅结为夫妻，在双目失明又瘫痪的情况下开始写作。

④保尔战胜伤痛和病魔，完成作品《暴风雨所诞生的》并发表，以新的武器——笔重新回到战斗的行列。

第二课时

3. 分析保尔形象。

角度一：人物描写方法。

让学生速读小说《钢铁是怎样炼成的》中描写保尔的相关语句，并谈一谈他是个怎样的人，并从文中找出依据。

答题句式：通过"_____"的描写，表现了人物的_____特点。

小组合作完成表格（见下表），并请小组代表完成汇报。

人物	形象特点	文本依据	方法归纳	答题句式

预设1，形象特点：保尔是一个自觉、无私的革命战士，他总是把党和祖国的利益放在第一位。

文本依据：在那血与火的战争年代，保尔和父兄们一起驰骋疆场，为保卫苏维埃政权而努力，同外国武装干涉者和白匪军浴血奋战，表现了甘愿为革命事业不怕牺牲的献身精神。在那医治战争创伤、恢复国民经济的艰难岁月中，他又以全部热情投入到劳动之中。

方法归纳：速读、做旁批，小组讨论总结。

答题句式：通过对保尔典型事例的描写，表现了保尔是一个自觉、无私的革命战士，他总是把党和祖国的利益放在第一位。

预设2，形象特点：保尔是一个刚毅、坚强的革命战士，他在人生各个方面都经受住了严峻的考验。

文本依据：在敌人的严刑拷打面前，他坚贞不屈；在枪林弹雨的战场上，他勇往直前；在与吞噬生命的病魔搏斗中，他多次令死神望而却步，创造了"起死回生"的奇迹。

方法归纳：寻找典型事例，小组总结。

答题句式：通过对保尔的动作、心理等描写，表现了保尔是一位刚毅、坚强的革命战士，他在人生各个方面都经受住了严峻的考验。

预设3，形象特点：保尔是一个于平凡中见伟大的英雄人物。

文本依据：在他的履历表中，没有什么惊天动地的伟大业绩，他总是从最平凡的小事做起。面对疾病的沉重打击，他也曾产生过自杀的念头。但保尔后来终于认识到他不爱惜身体的行为不能称之为英雄行为，而是一种任性和不负责任的行为。

方法归纳：细节品析，赏析人物。

答题句式：通过对保尔的细节描写，表现了保尔是一位于平凡中见伟大的英雄人物。

角度二：侧面烘托。

请学生找出在《钢铁是怎样炼成的》中从侧面来表现人物的例子。如保尔参加修筑铁路时，当时恶劣的环境描写和其他人物在修筑铁路时的抱怨和推脱的描写。

提问形式：这段文字是怎么体现保尔不畏艰难困苦、为国家建设贡献力量的形象？

（小组合作完成，请小组代表汇报成果）

师明确：

①保尔对于爱情的果断和忠贞震撼了许多读者的心灵。他与冬妮亚之间神圣纯洁、真挚无私的爱情到了后面，因为各种环境和人为因素的影响，冬妮亚在面对爱情时没能像保尔一样坚强和坚持，她选择退缩，嫁给了别人，这为原本神圣、纯洁的爱情蒙上了一层阴影，但这也只是冬妮娅的选择。保尔却依旧

是坚定而纯粹的，在遇到美好的爱情时，他坚定不移，努力守护，直到后来他发现冬妮亚的改变后，选择尊重她，果断放弃。这些种种表现都说明保尔在面对爱情是果断和纯粹的，同时也展现了保尔对革命的坚定信念。

②保尔在少年时期经受了各种磨砺，受尽了各种凌辱，不管是遇到暴风雨还是风寒，抑或是双目失明、身体瘫痪，保尔依然坚定革命信念，最后以笔为枪参与到革命战斗的行列中，从侧面反映了保尔是一位意志坚定的革命战士。

③保尔和革命战友相互鼓励、激励，比如虽对丽达产生爱慕之情，但是仍然压抑自己的情感，全身心地将精力和时间奉献给事业。这也从侧面衬托出保尔为人类解放事业而斗争的奉献精神。

角度三：评价和概括。

师：有时候我们也可以通过书中对人物评价的句子或语段来概括人物形象。

生齐读：人最宝贵的是生命。生命对于人只有一次。人的一生应当这样度过：当回首往事的时候，他不会因为虚度年华而悔恨，也不会因为碌碌无为而羞愧；在临终的时候，他能够说，"我把整个生命和全部精力，都献给了世界上最壮丽的事业——为人类的解放而斗争。""用不着开群众大会了，这里谁也用不着鼓动。托卡列夫，你说得对，他们真是无价之宝，钢铁就是这样炼成的！"

提问形式：从这些评价中我们可以看出保尔具有哪些形象特点呢？（结合评价性的语句或词语概括）

答题模式：突出（或体现）了人物＿＿＿＿＿＿＿＿＿＿特点。

（学生自行寻找，并做好旁批、摘抄等基本阅读名著的学习方法）

预设1：人最宝贵的是生命。生命对于人只有一次。人的一生应当这样度过：当回首往事的时候，他不会因为虚度年华而悔恨，也不会因为碌碌无为而羞愧；在临终的时候，他能够说："我把整个生命和全部精力，都献给了世界上最壮丽的事业——为人类的解放而斗争。"人应当赶紧地、充分地生活，因为意外的疾病或悲惨的事故随时都可以突然结束他的生命。

从这段评价中，突出了保尔为人类解放事业奋斗的坚定信念和决心，为实现这一信念而甘愿牺牲自己的生命，并已经做好了坚决斗争的决心。

预设2：领袖的逝世没有引起党的队伍涣散。就像一棵大树一样，强有力的将根深深地扎入土壤中，即使削掉树梢，也绝不会因此而凋零。

从这段评价中突出了保尔坚定革命事业一定会胜利的信心。

预设3：收起枪，别跟任何人说。哪怕，生活无法忍受也要坚持下去，这样的生活才有可能变得有价值。

从这段评价中突出体现了保尔是一个刚毅坚强的革命战士，他在人生各个方面都经受住了严峻的考验。

预设4："用不着开群众大会了，这里谁也用不着鼓动。托卡列夫，你说得对，他们真是无价之宝，钢铁就是这样炼成的！"（朱赫来说）。

从朱赫来的评价中突出了保尔是一个自觉的、无私的革命战士，他总是把党和国家的利益放在第一位。

角度四：典型事件。

师：我们也可以通过事件来概括小说中的人物形象。请回忆小说里面的人物，思考文本中是如何通过具体事件来概括人物形象的。

给学生3分钟时间，三人一小组进行讨论。然后请学生代表回答。

提问：保尔是一个什么样的形象，是通过什么事件表现出来的？并完成下面的表格（见下表）。

答题模式：通过"＿＿＿＿＿＿"事情，表现了人物的＿＿＿＿特点。

人物	事件	人物形象	方法归纳	答题模式

预设1：在一次战斗中，保尔不幸被铁片击中，生命垂危。这表现出保尔英勇顽强的品质。

预设2：通过描写保尔参加筑路队，以疯狂的速度前行并拼命走在前面，最后感染伤寒，被遣送回家。这表现出保尔坚定的革命精神、勇于牺牲的革命斗志。

预设3：通过保尔战胜病魔和伤痛，完成作品《暴风雨所诞生的》并发表，以新的武器——笔重新回到战斗的行列。这表现了保尔以笔为枪、参与战斗，以及一生为人类事业奋斗的不屈意志。

师小结：展现人物形象可以从多个角度，如人物描写、侧面烘托、人物评价、典型事件等角度进行剖析。我们今后在进行人物形象写作练习中也需要从多角度刻画人物，使我们笔下的人物形象能够展现得生动具体。

4. 主题升华。

师：此书还充分体现了英雄主义、理想主义的情怀，请从文本中找出相关内容加以说明。小组合作完成。

明确：《钢铁是怎样炼成的》主人公——保尔·柯察金，一个乌克兰贫困家庭的孩子，从小在苦水中长大。他早年丧父，12岁时母亲无奈把他送到车站食堂当杂役，受尽了屈辱。然而，他后面的路更加坎坷，经历了双目失明、全身瘫痪，但即使他在这种情况下还坚持写书。最终，他在一次次的磨炼中得到成长，成了一名"钢铁战士"。从中可以感受到保尔即使在各种艰难情况下，仍然能坚持奋斗、抗争的伟大的英雄主义。

保尔那百折不挠的精神令人折服。他与死神赛跑，一次又一次奇迹般地生还，又义无反顾地走向工作岗位。哪怕力量再小也不放弃，创造了一个又一个奇迹。他不禁让我想到了霍金，即使全身瘫痪也不放弃研究，即使在轮椅上一个指头都不能动，也要放飞思维，永不向命运低头；张海迪，即使是高位截瘫，从没有进过学校，仍以顽强的毅力自学知识。在贫穷的小山村，即使条件再艰苦，也没有惧怕，给村里的孩子们教书，学习医学知识，热心为乡亲们治病；海伦·凯勒，即使双目失明、双耳失聪，也能克服障碍考取大学，跑遍美国大大小小的城市，为残障的人到处奔走，将爱播撒到整个世界。这些对于生命的拼搏精神令人惊叹。联想到有些同学每每遇到难题就会不假思索地请教同学，每每遇到挫折只会伤心哭泣，每每挑战就会畏首畏尾……反思自我，才能更加体会保尔的"钢铁"意志。

师小结：请学生继续寻找书上体现"英雄主义、理想主义"的句子，并在旁边进行批注，写下自己的心得体会。绘制思维导图将自己的理解展示出来，方便与同学交流和学习。

三、作业布置

1. 写一篇《钢铁是怎样炼成的》读书心得。
2. 写一写本堂课的心得体会。

【板书设计】

小说人物分析方法

1. 人物描写方法
2. 侧面烘托
3. 评价、概括
4. 典型事件

品读红色经典　寻找人生坐标

——《钢铁是怎样炼成的》整本书阅读展示课课例设计

【教学目标】

1. 通过评选"朗诵小能手"，引导学生深入感知保尔形象。

2. 根据语文教材"专题探究"专题三"红色经典"的现实意义的要求，安排日记创作活动，引导学生展开想象的翅膀，穿越时空与作品中的人物对话，挖掘作品的现实意义。

3. 以学习小组为单位，通过比较阅读和表演感受红色经典小说的魅力。

4. 运用摘抄和做笔记的读书方法，自主阅读"课内推荐书目"：路遥的《平凡的世界》、罗曼·罗兰的《名人传》。

【课时安排】

2 课时＋1 机动课时。

【教学过程】

一、巧借活动与经典对话

活动一：我是朗读者

要求：以语文学习小组为单位（4～5 人最佳），小组成员之间分工合作，认真阅读《钢铁是怎样炼成的》，从作品中选择最能打动自己的片段，小组内选出朗读最好的同学或是小组成员共同展示，小组成员谈读后感，其他小组同学可以结合评分标准进行点评。

生展示示例 1：

标题：钢铁意志　起死回生

生 1：大家好，今天我要朗读的是《钢铁是怎样炼成的》第一部分第九章中的片段，送给即将步入初三年级学习的我们，相信大家凭借钢铁意志，都能实现心中的梦想。

生1：我读了这段文字后深受感动。保尔历尽磨难，终于获得了新生，我为他感到自豪与骄傲！他就是我学习的好榜样。

生2：我在读这段文字的时候，内心是起伏的，其中有为保尔的担忧，更多的是为保尔的精神所深深感动。

生点评：该小组成员合作得非常好，读得也很棒！语气、语调处理到位，感情自然、充沛，能准确把握作品的内涵，生动再现了保尔从昏迷到慢慢恢复知觉的过程，尤其是保尔的内心独白，很有感染力。

生展示示例2：

标题：钢铁思想　人生意义

生1：大家好，今天我要朗读的是《钢铁是怎样炼成的》第二部第三章中的片段，人应当经常自我反省，不断寻求进步。

生2：当我读到"这儿是小城的近郊，静谧而又冷清，只有松林在轻轻地低语。大地回春，空气中散发出春天泥土清新的气味"的时候，我深有感触——这句环境描写烘托出保尔当时悲伤的心情，同时也为下文他发出人生感慨做了铺垫。

生3：当我读到"人最宝贵的是生命。生命对于人只有一次。人的一生应当这样度过，当回首往事的时候，他不会因为虚度年华而悔恨，也不会因为碌碌无为而羞愧；在临终的时候，他能够说："我把整个生命和全部精力，都献给了世界上最壮丽的事业——为人类的解放而斗争。"我被深深震撼了。我们作为新时代的学子，更应该以建设祖国为己任，努力学习文化知识，让自己的生命变得更有意义。

生点评：该小组朗读的方式非常好，前面是个人朗读，到了后面高潮的时候大家一起朗读，声音洪亮，感情充沛，读出了气势，读出了精神。

生展示示例3：

标题：坚定信念　不忘初心

生1：大家好，今天我朗读的是第一部分第九章末尾的精彩片段。在危险的时刻，在极端紧张的情况下，他们依旧坚持信念，"心中有强大动力的人永远不会被打败"，我们应当学习这种精神，坚定自己的信念，不忘初心。

生2：我读了这段文字后，对"初心"这个词的理解得更透彻了。

生3：信念是一个人能够持之以恒的动力源泉，坚定的信念是成功的保障。

生点评：结合评分细则，我觉得这个小组有很多优点，普通话非常标准，朗读自然流畅，熟练掌握台词，台风大方得体。

附："朗诵小能手"评分细则（见下表）

比赛满分100分，第一部分包括：普通话水平（30分），表演技巧（30分），台风（20分），第二部分包括：综合素质（20分）。

项目	评 分 标 准	分值	得分
普通话水平（30分）	读音准确，吐字清晰；声音洪亮、优美；表达流畅自如	20～30	
	错音较少，吐字较清晰，声音响亮，表达基本顺畅	10～19	
	错音较多，吐字不清，声音不够响亮，停顿较多	0～9	
表演技巧（30分）	语气、语调处理到位；韵律协调；情感自然、充沛；能准确把握作品内涵与格调	20～30	
	语气、语调基本正确；韵律较协调；情感较真实；能基本把握作品内涵与格调	10～19	
	语气、语调缺乏节奏感；感情投入不足或情感虚假；对作品内涵理解不深入	0～9	
台风（20分）	服装得体，精神饱满，仪态端庄，手势适度和谐，台词准确流畅	17～20	
	服装基本得体，精神较佳，举止自然，无多余动作，台词基本准确	14～16	
	服装整齐，情态紧张，表现不自然	10～13	
	表演基本符合内容及意境	4～9	
	表演不太适合内容及意境	0～3	
综合素质（20分）	谈吐自如，仪态大方，内容健康，时间把握准确	14～20	
	谈吐较自然，时间把握较好	7～13	
	表达不流畅，啰嗦，结巴较多，时间把握不好	0～6	

（设计意图）通过"朗诵小能手"评选活动，引导学生借助朗读，深入文本揣摩小说中的人物内心，全面感知人物形象。同时，借助评价量表，引导学生既关注名著内容，又关注表演技巧及台风，培养学生的舞台表现力。

活动二：我是书中人

小说中有不少日记内容，是书中人物自己的心里话，同学们读完这部小说，对书中人物形象及其特点想必也有自己的理解，请以小说中的某一个人物的视角创作日记，并进行展示。

要求：

（1）明确选择一个自己要扮演的书中人物。

（2）注意要贴合人物的性格特点，写出真情实感。

（设计意图）日记写作能够让学生学会理性思考，树立正确的人生观与价值观。以书中人物的视角创作日记既有利于学生学会换位思考，深入人物内心，真正读懂经典作品，也有利于培养学生的写作能力。

学生作品展示（见下图）。

日期：2023年3月21日　　　　　　　天气：晴

　　今天真是倒霉，我柯察金第一次参加斗争，怎么就被人抓住了呢？看来还得跟费奥多尔多学学斗争的经验，不能鲁莽行事，也不知他在与我分手后有没有被抓住。

　　唉，下午又想起冬妮亚了，要是她能来帮我们多好。只是我不理解，她怎么能和维克托这样的人交朋友，难道她没认识到他品行的低劣？下次和她见面得好好谈谈这事。

　　我也有些疑惑，匪兵是如何知道是我放走了朱赫来呢？身上被匪兵打得真痛啊！不过，黑暗在逐渐退却，黎明已经临近了。希望会来的，我定能脱险。

二零二三年 三月二十日　　　天气雪　　　星期日

　　今天我在工地上遇见了冬妮亚。她的脸型没有变，可整个人似乎变得娇小而嫩润了许多，尤其是当她依偎在她那个高大英俊而富有的丈夫身边时。以前的那股冒险与奉献精神荡然无存，取而代之的是彻底、完全的资产阶级贵妇气息。

　　冬妮亚，我年轻的心中对你的情感丝毫未变！但我始终相信，爱情总建立在两人想法、信仰统一的基础上！你怎能不想一想，你现在吃穿用的哪一件物事，不是人民的血汗？不是无产阶级的硕果？你心中难道便没有一点羞耻与回报之心吗？祖国刚解放的大地上，有千百万劳动人民比我们更加凄惨，你又如何忍心如此享乐呢？

　　我仍爱着你，可我对于我曾作出的决定，决不后悔！我是无产阶级的一珠，我的生命存在的全部意义，就是为全人类的解放和自由英勇无畏地争斗！

二、通过比较阅读和表演，全面了解人物形象

1. 学生以小组为单位，对照《钢铁是怎样炼成的》原著与《保尔·柯察金》（剧本节选），以作业单形式提前发给学生），圈画有关该戏剧人物形象的语言与动作，并完成下列表格（见下表）。

人物	语言清单		行为清单	
	书本原文	剧本台词	书本原文	剧本台词

对比阅读是阅读名著的一种有效手段，通过对比阅读可以更好地感知名著内容、人物形象、作品主题等。该环节通过将名著原文与相关的剧本作品进行对比，引导学生发现其中的异同，通过细微的差别感知人物形象，进而更好地了解人物形象。

2. 学生进行剧本表演。

具体要求如下：

充分熟悉剧本，组内自选角色进行排练。表演前准备好道具等。其他学生根据评价标准进行打分。

3. 评价剧目，再次走进经典。

结合以下标准（见下表），请学生对《保尔·柯察金》（剧本节选）的剧本设计与表演者的表现进行评价。

项目	评价标准	分值
剧本设计	剧本内容贴合原著，凸显原著精神	5分
	对人物的性格、思想理解到位	5分
	戏剧冲突自然合理，有始有终	10分
演员表现	感情充沛，肢体语言丰富，表演贴合人物个性与思想	15分
	台词清晰流畅，语气自然恰当	15分

生1：第一组同学表演得很好，尤其是感情特别充沛。这些同学应该是充分阅读了名著，对人物性格的把握很到位。

生2：第二组同学表演得很到位，主要是对台词非常熟悉，整个过程没有看稿子，并且语言流畅，可见前期的准备工作做得很好。

生3：第三组同学表演很精彩。我最欣赏他们的是表情丰富，把每一个角色都演活了，表情和心理活动完美统一，让人看了很有感染力。

师评价：我要给所有参与表演的同学点赞，感谢大家的精彩表演。通过观看大家的表演，我们对名著的故事情节、人物形象有了更为深入的理解。大家通过这个活动，也锻炼了组织能力、语言能力、表演能力等，真是一举多得啊。

（设计意图）学生的认知过程通常是从感性到理性的，戏剧表演营造的情境方便学生更直观地感知人物形象。人物的个性常通过人物语言与行为的变化来展现，通过对剧本与原文的对比，梳理出变化的过程，分析改编的理由，学生对人物会有更全面的把握。对话经典加强了学生与英雄人物的交流和互动，人物的精神力量与现实经历的真情实感产生了共鸣。

三、拓展阅读，学会举一反三

1. 拓展阅读实践。运用摘抄和做笔记的读书方法，自主阅读"课内推荐书目"之路遥的《平凡的世界》、罗曼·罗兰的《名人传》。

读书卡一：路遥的《平凡的世界》

师：这是一个平凡的世界，又是一个不平凡的世界。主人公都有一颗不平凡的心，他们选择了勇敢地面对磨难，把磨难当作前进的动力。同学们根据阅读规划进度表，运用摘抄和做笔记的方法阅读作品（见下表）。

《平凡的世界》读书卡	
阅读章节	
主要内容	
精彩语句	
阅读感受	

读书卡二：罗曼·罗兰的《名人传》

师：该书带我们走近了三位人类历史上极富天才而建功至伟的人物，他们的人生丰富多彩，他们的作品精深博大，他们的影响历经世代而不衰，他们的人格魅力也影响着我们这一代人。同学们根据阅读规划进度表，运用导读课所学的摘抄和做笔记的方法阅读作品（见下表）。

《名人传》读书卡	
阅读章节	
主要内容	
精彩语句	
阅读感受	

2. 拓展阅读成果展示。

示例1：

《名人传》读书卡	
阅读章节	第一部分——贝多芬传
主要内容	刻画了贝多芬在忧患困苦的人生征途上历尽苦难而不改初心的心路历程
精彩语句	"把德性教给你们的孩子，使人幸福的是德性而非金钱，这是我的经验之谈。在患难中支持我的是道德，使我不曾自杀的除了艺术也是道德。如果能这样活上百次那人生就多么完美啊！"
阅读感受	艺术和崇高的道德是贝多芬一生的追求！

示例2：

《名人传》读书卡	
阅读章节	第一部分——贝多芬传
主要内容	主要描写了贝多芬一生中的悲惨遭遇，刻画了一个不屈于困难之下的音乐伟人
精彩语句	"谁也无法战胜我，我要死死扼住命运的咽喉"
阅读感受	成大事者，非惟有超世之才，但必有坚忍不拔之志

示例3：

《平凡的世界》读书卡	
阅读章节	第一章——第五章
主要内容	孙少平的校园生活和家庭环境
精彩语句	"黄土高原严寒而又漫长的冬天看来就要过去,但那真正温暖的春天还远远没有到来。"
阅读感受	当今幸福的生活来之不易,我们都应当好好珍惜

(设计意图)读书卡式的阅读方法简洁明了,易于理解与记忆。教师可引导学生进行拓展阅读,学会举一反三,掌握运用摘抄和做笔记的读书方法,既学会概括主要内容,又养成经常积累精彩语句的习惯,更学会分享阅读感受,真正学会同类经典名著的阅读方法。

赤子情怀总是诗

——《艾青诗选》整本书阅读导读课课例设计

【名著解读】

《艾青诗选》是部编本语文教材要求阅读的名著之一，其中诗人代表作《我爱这土地》被选编在九年级上册语文教材中。

在中国新诗发展史上，艾青是继郭沫若、闻一多等人之后又一位推动一代诗风并产生过重要影响的诗人。他的笔触雄浑，诗句饱含对祖国和人民的强烈情感。诗人早期和中期的作品既倾诉了对祖国的热爱，又传达出对光明和美好生活的期盼。1978 年，沉寂了 20 年的诗人以"归来"的笔名重返诗坛，进入了一个新的创作井喷期。此时期的作品，继续奏响歌颂光明的主旋律，但诗风发生了很大的变化：诗句更为整齐，诗情更为深沉，诗意也更为警策。

《艾青诗选》选录 98 篇诗歌，创作时间从 20 世纪 30 年代至 70 年代，但无论哪一个年代，我们都能从作者和其诗中真实地感受到在诗人博大宽厚的胸腔内汩汩流动的赤子情怀——对诗歌创造的激情，对祖国母亲深沉的热爱，对祖国前途热烈的憧憬，对劳苦大众深切的同情及诗人独有的睿智和哲思。

《义务教育语文课程标准（2022 年版）》更加强化了语文课程的育人导向，并在课程理念中指出："要突出内容的时代性，强调内容的典范性，精选文质兼美的作品，重视对学生思想情感的熏陶感染作用，重视价值取向，突出社会主义先进文化、革命文化、中华传统优秀文化。"因此，笔者将导读课的目标定位在知人论诗，以法解诗，引导学生感受诗人多层面的赤子情怀，教会学生独立鉴赏现代诗歌的阅读方法，从而达到新课标对学生核心素养提出的"提升文化自信、学会语言运用、发展思维能力、开拓审美创造"四个方面的要求。

【学情分析】

九年级的学生正处于青春期,情感丰沛,心思敏感,喜爱幻想。而现代诗歌具有强烈的抒情色彩,且富有音韵美、意境美等特有的艺术特质,学生容易受到其情感的熏陶,从而引起情感上的共鸣。通过七八年级的学习,九年级的学生对于诗歌已有了初步的感知,还可能对创作诗歌有过怦然心动的想法和初体验。当然,对于九年级学生来说,要准确把握诗歌意象、深入解析意象背后代表的情感还存在困难。另外,熟练掌握欣赏诗歌的方法并应用于现代诗歌阅读鉴赏中,也是一项不小的挑战。在学生前期自主阅读过程中,笔者发现,学生对于《艾青诗选》的理解还停留在表面——感悟诗人情感角度单一,大部分学生不知道如何运用具体方法理解、欣赏诗歌。

【教学目标】

1. 了解诗人生平经历及写作时代背景。
2. 把握诗歌意象,学习鉴赏诗歌的方法,欣赏艾青诗歌的独特风格。
3. 感受诗人的赤子情怀。

【教学重点】

解析艾青诗歌中"土地""太阳"意象,体会艾青诗歌的艺术特色。

【教学难点】

学会现代诗歌的阅读鉴赏方法,感受诗人的赤子情怀。

【教学课时】

2~3课时。

【教学方法】

朗读法、谈话启发法、合作探究法等。

【预习作业】

做好阅读规划,建议用四周时间完成《艾青诗选》整本书阅读(见下表)。

《艾青诗选》阅读计划表

时间安排	创作年代	推荐篇目
第一周	1932～1937	《大堰河——我的保姆》《梦》《雪落在中国的土地上》《复活的土地》《九百个》
第二周	1938～1939	《北方》《向太阳》《我爱这土地》《我们的田地》
第三周	1940	《黎明的通知》《旷野》《土地》《火把》
第四周	1941～1978	《太阳的话》《镜子》《鱼化石》《光的赞歌》

要求：结合诗人创作背景解读诗歌，并完成思维导图（形式不限，可以是数轴表，也可以是树状图、括号图等）。

【教学过程】

一、激趣导入，介绍作者

师：同学们，今天，我们来学习一位诗人的诗集。这位诗人，他有多个称号。

（屏显）

"悲哀的诗人"
"土地的诗人"
"吹芦笛的诗人"
"太阳与火把的歌手"
"中国诗坛泰斗"
他是谁呢？他，就是"百变诗人"——艾青。

教师介绍作者简介。
（屏显）

艾青（1910—1996），原名蒋正涵（号海澄），1910年出生于浙江金华一个地主家庭。五岁以前被寄养在同村的一个贫苦农家。1928年，有绘画天分的他考入了杭州国立西湖艺术院绘画系，第二年他前往法国巴黎留学。1932年，回到祖国的他积极参加"中国左翼美术家联盟"活动，不幸被捕入狱。狱中的他没有绘画的条件，于是开始"借诗思考、回忆、控诉、抗议"，写下成名作《大堰河——我的保姆》，"艾青"就是他写这首诗用的笔名。从此，画坛少了一位有天分的画家，而中国现当代诗坛却有幸拥有了一位"百变诗人"。

（设计意图）肖培东老师曾说："想要读懂一个诗人，必须了解这个诗人的生平经历。只有读懂了他背后的故事，他和他的诗歌才会成为你心底里盛开的花朵"。《艾青诗选》距离学生生活时代较远，通过提示关键词条（诗人称号），以及小组竞猜的游戏方式，活跃课堂氛围，充分激发学生学习兴趣，引发学生的思考，为下面的学习做铺垫。

二、温故入境，引出话题

师生齐声朗读《我爱这土地》。

师：这首诗被无数国人传诵，令无数国人感动。课本上名著导读的开头，引用了牛汉先生评价艾青的一句话："在中国新诗发展的历史当中，艾青是个大形象"。请结合《我爱这土地》，说一说你是如何理解"大形象"这个概念的？

（学生畅所欲言）

参考：

①他有宽阔的胸襟，即使死了还要爱这片土地；

②他为祖国敢于牺牲，不顾一切；

③这首诗情感特别炽热，以爱为主题，感觉到艾青形象的伟大；

④土地是个博大的意象，诗人用它来作为寄情和倾诉的对象，其境界极其广阔，又将这些感情浓缩在诗句里，取得了极佳的艺术效果。

师总结：

"为什么我的眼里常含泪水，因为我对这土地爱得深沉"，如此跳动的诗行、滚烫的文字，是源于诗人灵魂深处博大的至真至情，是源于诗人内心炽热的赤子情怀。就让我们一起徜徉在诗人的文字中，探寻合适的方法，来深入感受诗人的赤子之心。

（设计意图）名著导读课重在激发学生阅读兴趣，用学过的《我爱这土地》叩开导读课的大门，既能引发学生的阅读期待，也符合部编本教材"三位一体"大单元教学的思想理念。同时，用书中牛汉的评价，引出本课中心话题——赤子情怀总是诗。

三、以法解诗，感受赤子情怀

（一）把握意象，聆听土地之赞歌

意象是开启诗歌大门的钥匙，诗人们有着属于自己独创性的意象。找准意象，才能把握诗人的情感寄寓。《我爱这土地》创作于20世纪40年代初期，正是国难当头、山河沦丧的抗战初期。作者化身为一只鸟，借土地等一系列意象，唱出了含泪带血的深情告白——对祖国大地深沉的热爱。

学生活动：我是探秘者（探究意象）。

1. 教师带领学生们快速回顾意象的定义。

（屏显）

意象：是诗词形象构成的基本元素之一，是诗人内在情思和外在物象的统一，是诗人通过想象将"意"和"象"相融合所产生的可感、可触的景象。

2. 小组讨论，合作探究，找出《艾青诗选》中和土地内容相关篇目（至少三篇）并汇总归纳。

3. 以《我爱这土地》《雪落在中国的土地上》《我们的田地》《土地》为参考，师生共读，体会不同篇目中"土地"意象寓意及作者寄寓的情感，合作完成下列表格（见下表）。

《艾青诗选》土地意象归纳表

意象	篇　目	象征含义	情感
土地	《我爱这土地》	中华大地、祖国母亲	对祖国母亲深沉的爱
	《雪落在中国的土地上》	饱经灾难和苦难的国家	对祖国命运的担忧、对侵略者的激愤
	《我们的田地》	赖以生存的家乡、故土	失去土地的悲伤，对侵略者的愤怒
	《土地》	紧密团结、互相鼓舞的人民	团结一心，救国救民

其他关联篇目：《死地》《复活的土地》《乞丐》《北方》《低洼地》《旷野》……

师小结：土地是孕育万物的母亲，祖国母亲是人民的精神家园。当诗人看到山河破碎，面对饱经磨难的祖国母亲，承载贫困、苦难的载体——土地，便自然刻入诗人的脑海。土地，是艾青笔下最常用的意象之一。诗中，诗人用他忧郁的气质、博大的胸襟，将对母亲大地、祖国人民的深沉的赤子之情抒发得淋漓尽致。

（设计意图）新课标倡导"学生主体、教师主导"的课堂，这需要精心的设计。以《我爱这土地》为例，教师自然引出"土地"这一意象后，但并不直接指定精读篇目，而是让学生自主勾连诗集中和土地有关篇目后，教师给予总结，让其更深入地把握诗人对祖国大地深沉的赤子之情。此外，"1＋X"形式的群文阅读，也可以有效提升学生语文综合素养能力。

师：太阳，总是给人温暖、明亮的感觉，象征着希望、美好。刚才通过快速浏览目录，我们不难发现，除了土地这个意象，诗人也书写了许多与太阳有关的篇章。课后同学们可以举一反三，按照刚才我们归纳总结出的土地意象寓意的方法，课后请自行品读和太阳意象有关的篇目，并创作思维导图（见下图）。

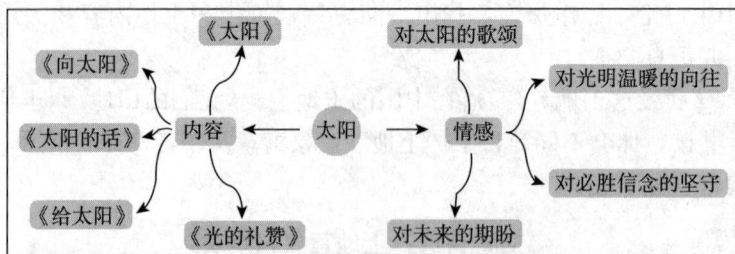

（设计意图）举一反三，有效拓展学生思维（教师可根据课堂时间自由把控此环节在课堂或课后完成），且为下面"品味诗语言，仰望太阳之光明"环节衔接过渡。

（二）品味诗语言，仰望太阳之光明

如果说意象是开启诗歌大门的钥匙，那么语言的陌生化则是妆点诗歌的神秘面纱。

（屏显）

链接知识点：

"陌生化"是诗歌创作中常见的表现手法，主要指对常识的偏离造成语言理解与感受上的陌生感。从日常生活中提炼语言，加以"陌生化"处理，可以使诗歌的语言"能量"更大，表意更为新颖别致。

引用诗例：

"云把水倒在河的水杯里，它们自己却藏在远山之中。"

——泰戈尔《飞鸟集》第174首

赏析语言：

这首短诗把"河"比喻为"水杯"，赋予"云"以主观意愿，新颖灵动，富有情趣。

学生活动：我是鉴赏家（鉴赏语言）。

以小组为单位，每个小组选择一首和"太阳"有关的诗歌，合作赏析，做好批注，感受诗人赤子情怀之对光明的渴望和向往之情。

（屏显）

从远古的墓茔
从黑暗的年代
从人类死亡之流的那边
震惊沉睡的山脉
若火轮飞旋于沙丘之上
太阳向我滚来……

——《太阳》节选

参考：

《太阳》写于 1937 年抗战全面爆发前夕，一个"滚"字，作者突破常态化的语言表达，奠定了整首诗磅礴的气势。写初升的太阳"震惊沉睡的山脉"，即把整个世界唤醒，让人感受到春天的希望，感受到作者对光明强烈渴望的赤子之情。

师小结：诗人深沉忧郁地唱出了祖国的苦难和不幸，激励着千千万不愿做亡国奴的国人们。艾青以他对祖国的一片赤子之情，发出热烈的号召：全国人民团结起来！为了守护神圣的国土而英勇斗争！让太阳之光普照中华大地！

（设计意图）阅读是学生个性化的体验，在此过程中，既要有输入，更要有输出。教师以"太阳"为主题，引导学生精读和点评，对学生进行有效的读诗方法指导；学生圈点勾画，小组思维碰撞，让阅读真实地发生。如此，既能提高学生欣赏诗歌的能力，又能把握艾青诗歌的语言艺术特色，加深诗人对祖国美好光明前途的追求和渴望之情的理解。

（三）巧读散文诗，抒写赤子之情怀

《大堰河——我的保姆》是艾青的成名作。诗人任由汹涌的赤子情怀肆意流动在诗歌的字里行间。

（屏显）

口语是美的，它存在于人的日常生活里。它富有人间味。它使我们感到无比的亲切。而口语是最散文的。

——艾青

学生活动：我是朗读者（以读悟情）。

1. 有感情地自由朗读《大堰河——我的保姆》。

2. 男女生角色互换，对比朗读以下两组文字，思考其中差别。

（屏显）

（1）原诗：

（男合）大堰河，是我的保姆。

她的名字就是生她的村庄的名字，

她是童养媳，

大堰河，是我的保姆。

改句：

（女合）大堰河的名字就是生她的村庄的名字，她是童养媳，是我的保姆。

（2）原诗：

（女合）大堰河，

我是吃了你的奶而长大了的

你的儿子，

我敬你

爱你！

改句：

（男合）我是大堰河的儿子，

是吃了你的奶而长大了的，

我敬你并且爱你！

参考：

原诗和改句意思虽然相同，也无规整的韵脚，但诗人通过章节的重新划分排列及长短句的穿插组合，使长句读起来流畅自然，短句读起来急促强烈，蕴含的情感似乎也在停顿或延长中变化起伏，让人回味无穷。

3. 师生合作诵读以下选段，边读便思考：作者运用了怎样的手法，表达了对大堰河怎样的感情？

（屏显）

（师领）你用你厚大的手掌把我抱在怀里，抚摸我；

（男合）在你搭好了灶火之后，

（女合）在你拍去围裙上的炭灰之后，

（男合）在你尝到饭已煮熟了之后，

（女合）在你把乌黑的酱碗放到乌黑的桌子上之后，

（男合）在你补好了儿子们的为山腰的荆棘扯破的衣服之后，

（女合）在你把小儿被柴刀砍伤了的手包好之后，

（男合）在你把夫儿们的衬衣上的虱子一颗颗地掐死之后，

（女合）在你拿起了今天的第一颗鸡蛋之后，

（齐诵）你用你厚大的手掌把我抱在怀里，抚摸我。

4. 小组代表自由选择《大堰河——我的保姆》中任一小节进行展示演读，以"这段写了……，我读出了作者对大堰河……的感情"的句式进行表述分享。

（学生分享，教师适时引导学生有感情地朗读后，教师小结）

诗是抒情的艺术，情缘于事，事中寓情，艾青并不讲究诗歌的形式，却运用有规律的回环、复沓、排比等修辞，使读者读出诗的音律。那跳动的节奏正是诗人赤子情怀的律动，是对大堰河的怀念之情、思念之情、感激之情、赞美之情的尽情抒写……更是诗人对像大堰河一样勤劳朴实的广大劳苦农民的同情和歌颂。

（设计意图）在诗歌教学中，"有感情地朗读"是常见的教学策略。这一环节，设计了多种形式的朗读，其中的原诗和改句的对比朗读，能帮助学生体会艾青诗歌散文化的语言特点。配乐朗读，以声入境，以境悟情，可加深理解诗人对劳苦大众的感情。

（四）欣赏理性美，感悟智者之哲思

1978年，沉寂了20年的艾青，以"归来"的笔名重回诗坛巅峰，诗风发生很大变化。诗句变得更整齐，诗情变得更深沉，诗意变得更警策，这都体现了艾青历经劫难后的深沉与豁达，体现了"归来的诗坛泰斗"的睿智哲思。

学生活动：我是沉思者（提炼哲理）。

学生自由阅读艾青70年代的诗歌，选取一首诗，圈点勾画出富有哲理的诗句，师生共读赏析，感受诗中的理性美。

（屏显）

1. 离开了运动
就没有生命
　　　　——《鱼化石》

2. 仅只是一个平面
却又是深不可测
……

有人喜欢它

因为自己美

有人躲避它

因为它直率

——《镜子》

3. 每个人的一生

不论聪明还是愚蠢

不论幸福还是不幸

只要他一离开母体

就睁着眼睛追求光明

——《光的赞歌》

（设计意图）《义务教育语文课程标准（2022 年版)》指出："思维能力是指学生在语文学习过程中的联想想象、分析比较、归纳判断等认知表现，主要包括直觉思维、形象思维、逻辑思维、辩证思维和创造思维。"设计此环节，目的是让学生感受诗中的哲理美。

四、作业布置

假如学校要举办"艾青诗歌文化节"活动，邀请你来参加，但需要凭借"诗意信物"入场，请根据自身特长及爱好，任意选择以下一种：

1. 信物一：诗人文化名片。

提示：可包括诗人姓名、身份、主要成就等方面。

2. 信物二：诗歌朗诵音频。

提示：可自由选择《艾青诗选》中你最喜爱的一首诗，声情并茂地朗读，有条件的学生可以配乐。

3. 信物三：诗意画作。

提示：为艾青笔下的"太阳"涂上底色，并说明理由。如黑色：太阳来自墓茔、黑暗、死亡，因为诗人深知"光明来自苦难，苦难中也能诞生光明"。

4. 信物四：诗歌摘录文集。

提示：精选诗歌，进行摘录，做好批注，汇编成册。

5. 信物五：哲理书签。

提示：书签正面可摘录富有哲理寓意的诗句，书签反面写下你的思考。

（设计意图）立足学情，分层布置作业，满足学生个性化需求；创设具体情境。学生自由选择，拉近诗歌与生活的距离，激发学生创作兴趣。

五、课堂小结

师：《艾青诗选》如同一条穿越诗人心灵的长河，承载着诗人炽烈的情感和赤子之心；《艾青诗选》，如同一幅波澜壮阔的历史画卷，为我们展现了上个世纪最真实的中国！希望同学们课后深入走进《艾青诗选》，让这些文字拨动我们的心弦，照亮我们的精神家园！

【板书设计】

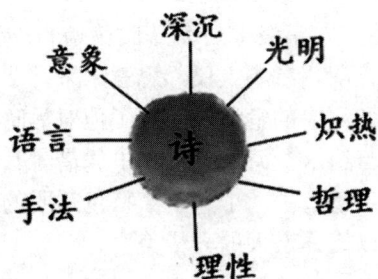

白云回合处，应是至人栖

——《艾青诗选》整本书阅读推进课课例设计

【名著解读】

　　《艾青诗选》是部编本九年级上册名著阅读篇目，诗人艾青以激扬奋进的笔墨来批判黑暗，赞扬光明，歌颂人民，思索未来。艾青的诗歌作品内容选材广泛，以情感深沉、格调浑厚的笔调，抒写了他对黑暗旧社会的憎恶以及对黎明、光明与希望的向往与追求。诗人在诗歌中凭借着其独特的美学理念，以充满艺术个性的创作手法，塑造了一个又一个特色鲜明的诗歌意象，做到了诗中有画，画中有情，给人以雄浑宏大的力量美。

　　提高学生的核心素养是各科教学的重中之重，学生阅读审美鉴赏与文学创作能力的挖掘与培养显得尤其重要。"阅读教学，应通过阅读古今中外的优秀作品，披文入情，激发想象力和创造性，提高人文与审美素养"，顾之川在《论语文学科核心素养》中要求，教学现代诗歌的名著时，应该让学生能够深入阅读，并创造出一个情境，激发他们的时代共鸣感，从而提高他们的诗歌鉴赏能力。《艾青诗选》中所选的诗歌大多数是 20 世纪 30 年代至 70 年代的作品，具有鲜明的时代特征。诗歌中不少意象和画面与今天的现实生活相距甚远，对学生来说比较陌生，对其诗歌内涵一时难以理解。因此笔者对学生阅读该书的困难情况进行了调查，以及思考如何进行整本书阅读推进课的设计，目的是有助于激发学生的阅读兴趣，在任务阅读中有所收获。在阅读推进课中，使学生能联系文化背景，对作品的思想感情倾向形成自己的认知；对作品中重点文字能获得独特的阅读体验；同时能正确、全面理解诗歌思想内涵，进而学以致用，阅读留痕，内化于心，外化于行。在阅读推进课学习探究的过程中，逐步培养学生感受语言美、理解内容美、欣赏意象美和评价的能力。

【学情分析】

　　艾青的诗歌在内容和情感上呈现出明显的阶段性，因此学生在理解上可能会遇到一些困难。教师应该提供指导并给予适当的帮助。本课以"激趣""导向""导法"为基础，采用诗画结合的方式，通过阅读意象、品味语言、领悟哲理等方式，让学生们一起探索艾青诗歌光与色的神秘世界。

【教学目标】

1. 结合时代背景，引导学生品读艾青诗歌中的光与色；
2. 指导学生学会选择并运用恰当的赏析方法来品读诗歌；
3. 运用个性化阅读方法，进一步培养学生良好的阅读习惯，选择适合自己的阅读方法，获得独特的阅读体验，提升阅读审美能力。

【教学重点】

学会选择并运用恰当的赏析方法来品读艾青诗歌中的光与色。

【教学难点】

运用个性化阅读方法，进一步培养学生良好的阅读习惯，选择适合自己的阅读方法，获得独特的阅读体验，提升阅读审美能力。

【教学课时】

2课时。

【教学方法】

本课主要采用朗读法、对话启发法、自主合作探究法等教学方法。

【预习作业】

1. 质疑解惑。

阅读整本书，在组内做好阅读调查并组织组员填写《艾青诗选》阅读调查问卷（见下表），组员共同梳理在阅读《艾青诗选》时存在的主要问题，并及时交流反馈。

《艾青诗选》阅读调查问卷

1. 组别：	2. 姓名：
2. 对"意象"的理解，你有哪些困惑？	
3. 对"陌生化语句"的理解，你有哪些困惑？	
4. 你还有哪些其他困惑？	
5. 你希望得到哪些帮助？	

2. 完善诗意画作。

挑选你喜欢的诗歌，根据诗歌场景或意象作画，完成诗配画作品。

【教学过程】

一、触摸光与色，感知色彩美

师：淡淡斜阳在绿叶上飞舞，留意着枝叶的温情；朵朵芙蕖在晨光里微笑，留意着荷叶的芬芳；悠悠云彩在碧空中伸展，留意着阳光特有的色彩……这一切美好的事物，成为艾青诗歌最特别的存在。艾青不仅关注着世间万物光与色的变化，还让他们在笔尖缓缓流淌，抒写着动人的诗情。

上节课大家为《艾青诗选》中自己最喜爱的诗歌创作了图案（见下图），请同学们认真观察，它们有何特点？

（屏显）

今天这节课，我们将走进艾青的诗歌世界，去欣赏他笔下的那些光与色。

（设计意图）本环节通过课前设置"诗配画"活动的方式，对艾青诗歌的欣赏由语言美自然转入初步感受其画面美。青年时期的艾青是学习绘画出身，他笔下的诗歌从头至尾都贯穿了绘画意识，他能够巧妙地运用色彩规律，赋予诗歌不同色彩的韵味，"绘画应该是彩色的诗，诗应该是文字的绘画"，艾青的诗歌就是如此善于把诗和画进行生动有趣的组合。

二、品析光与色，感知色彩美

师：诗中有画，画中有诗，他既具有画家的眼睛，又有着诗人的语言。他说："绘画只能描绘一个固定的东西；诗却可以写一些流动的、变化的事物。"在他的诗歌中，诗与画的完美结合并不是偶然，而是艺术的自觉结合。请同学们跟着老师一起读读屏幕上的诗句，初步感知艾青诗歌中光与色的妙处。

齐读以下诗句:

> 呈给你黄土下紫色的灵魂
> ——《大堰河——我的保姆》

> 由铅灰的天上
> 我俯视着闪光的水的平面
> ——《画者的行吟》

> 黑的河流,黑的天,
> 在黑与黑之间,
> 疏的,密的,
> 无千万的灯光
> ——《那边》

> ——一片暗淡的灰黄
> 蒙上一层揭不开的沙雾
> ——《北方》

> 在北方
> 乞丐伸着永不缩回的手
> 乌黑的手
> ——《乞丐》

同学们,请探寻这些诗句在表达上有什么相似之处呢?

预设:

①艾青诗歌通过刻画明暗对比展现出冷暖相对的世界。

②艾青通过巧妙地运用颜色和光线,创造出了一个充满变化和对比的世界,并将颜色和形象、主题、节奏、旋律巧妙地融为一体,营造出了一个充满变化和韵律的世界。

③艾青一直将苦难与希望融合在一起,使得复杂的情感融合在他的诗句中,色彩的冷暖表现出他的想象世界。

(设计意图)通过以上诗句可以看出,艾青借助其独有的表达方式,把色彩进行艺术化的堆叠,呈现出动人心魄的力量美、音乐美、韵律美。艾青的诗歌不再仅仅局限于模仿自然界中的客观事物,而是通过他的笔触,将颜色和光线巧妙地融合在一起,完成心灵的重塑,并对主题进行深入探讨,这种抒发诗情的方式因而成为他诗歌的独特之处。

三、探究光与色，欣赏绘画美

师：今天我们以《当黎明穿上了白衣》来研读艾青作品中关于光与色的表达。

当黎明穿上了白衣

艾 青

紫蓝的林子与林子之间
由青灰的山坡到青灰的山坡，
绿的草原，
绿的草原，草原上流着
——新鲜的乳液似的烟……

啊，当黎明穿上了白衣的时候，
田野是多么新鲜！
看，
微黄的灯光，
正在电杆上颤栗它的最后的时间。
看！

艾青《当黎明穿上了白衣》这首诗写于 1932 年 1 月 25 日由巴黎到马赛的路上，当时诗人才 22 岁。作者在这首诗中借光与色描写黎明时田野上的景色及自己的感受。根据这首诗中光与色的特点，请学生们探究诗歌中光与色的方法要点，小组合作完成以下任务：

①朗读。分小组有感情地朗读诗歌，从整体上感知诗歌内容，重点关注那些光与色的词句。

②圈读。圈画出有关"光与色"的词语，充分运用想象和联想，感受诗中冷暖色调营造了怎样的画面和气氛。

③品读。理解这些词句的含义，感受作者的内心世界。

④悟读。查阅资料并联系写作背景，深刻领悟光与色蕴含的情感。（是对土地的热爱，还是对自由的向往？是对光明、未来的热烈追求，还是对祖国人民的热爱？）

预设：

①有感情地朗读诗歌，关注"光与色"。

②圈点第一节中的"紫蓝、青灰、绿"等词语，感受林子、山坡、草原充满活力的线条美、丰富而美丽的黎明景象、清新而明朗的意境。圈点第二节中的"白衣、微黄"等词，感受光与色相映成趣的魅力：田野是那么新鲜，灯光在微微地颤栗。

③理解词语的含义，比如"乳液似的"写出了晨雾的洁白、轻柔与清新，这样描绘的场景充满了深情。"白色的烟雾，微黄的灯光"则让我们看到了时光在电杆上颤栗的时刻。这种颜色的对比体现出社会现实，诗人对黎明的渴望和对黑暗的憎恶也在颜色的渲染下变得鲜明而热烈。通过对比，颜色不仅能够增强视觉效果和美感，还能够增添艺术审美情趣。

④联系写作背景，理解诗人由巴黎到马赛的路上的所见有感，正是他对未来充满着的希望与期待。

（设计意图）通过指导学生诗歌阅读方法，提高学生欣赏艾青诗歌光与色的能力。诗人敏锐地捕捉到黎明时刻，并以其丰富的色彩和艺术表现力，为诗歌增添了生动的魅力。在文本中，色彩不断地变化，形成了鲜明而富有意义的色彩意象，呈现出一种深远而广阔的境界，并展现出一种具有动态的色彩美。

四、研读光与色，赏析诗情美

小组合作探究，进行研讨交流。

1. 作者为什么选择光与色来表达自己丰富的内心世界呢？请查找相关资料，结合艾青的家庭背景及成长经历来分析。

参考：

（1）艾青的祖父写得一手好字，其父也擅长书法、绘画，艾青深受他们的影响。

（2）艾青真正习画是由乔山小学的美术教员启蒙，从此对美术产生了极大的兴趣。

（3）童年时期，金华戏里新奇而独特的人物、布景和颜色，在潜移默化中提升了艾青对色彩的敏锐度，增强了文字的表现力。

（4）进入中学后，遇到在国画和篆刻上有很高造诣的绘画大师张书旗，为此他的绘画技艺提高很快。

（5）他留学法国时深受色彩感强烈、立体感鲜明的印象派画法的影响，极力追求光和色的变化，尤其是画家爱德华·马奈的画作对艾青后来诗歌色彩的表现有极大的影响。

（6）他还深受法国象征派诗歌的影响，主张用极富表现力的光和色来表现微妙的内心世界，这也成就了艾青与众不同的艺术追求和在诗歌中的独特情感表达。

（设计意图）通过深层探究艾青选择光与色作为诗歌表达的特征，源于作者从小到大受到了良好的教育和艺术熏陶。因此能够恰当地把握诗歌中的节奏感、情感和意义，使其成为一部富有情感和思想深度的作品。

2. 小结方法。

师：艾青的诗歌非常注重色彩的运用，他兼用画家的眼睛和诗人的语言传递出独特的色彩魅力。同学们，这堂课共同探究了艾青笔下的那些光与色。请你们回忆一下，有哪些研究方法呢？

学生齐读回答。

参考：

①朗读，感知诗歌内容，关注光与色的词句。

②圈读，运用想象和联想，感受冷暖色调营造的意境。

③品读，理解相关词句的含义，感受作者独特的内心世界。

④悟读，联系时代和背景，领悟光与色蕴含的情感。

（设计意图）结合诗人生活经历理解艾青诗里色彩呈现的力度美、音乐美。通过课堂实践了解到自然界中的光与色在诗中不再仅仅是自然现象，而是作者内心情感、诗歌主题的深化、再造，引导学生总结阅读方法，深入理解、感受艾青诗中是如何通过光与色来展现诗情意境这一特点的。

3. 实战演练：借助这节课所学的方法，进一步赏析诗中光与色的妙处，感受艾青诗歌独特的艺术魅力。查阅相关资料，小组合作，赏析艾青《阳光在远处》这首诗中的光与色的表达。

赏析方法：朗读、圈读、品读、悟读。

阳光在远处

阳光在沙漠的远处，
船在暗云遮着的河上驰去，
暗的风，
暗的沙土，
暗的
旅客的心啊。
——阳光嬉笑地
射在沙漠的远处。

一九三二年二月三日　苏伊士河上

预设：

①在本诗中，无论是沙漠还是远方，阳光总是给人以光明、温暖的感觉。随着时间慢慢推移，这种温暖的色调逐渐发生变化，"暗云、暗的风、暗的沙

土和暗的旅客的心"以一种充满音乐感的复沓节奏和回旋的韵律，将冷色调占据了主导位置，深深地打动了读者的心。

②诗中通过自然界中明与暗的鲜明对比，阳光以其嬉戏的姿态，照射在沙漠远处，富有象征意义的空间已经在读者心中展开。

③诗人在回国的路上，一颗炽热的心表达了他对光明的渴望，但也深刻感受到对于如何把握光的困惑和迷茫，这种复杂的情感通过鲜明的色彩对比表达了出来。

（设计意图）学生自主选择感兴趣或喜欢的诗歌进行鉴赏，首先朗读诗歌，注重第一感受，进行感性认知体验。教师在充分开展朗读体验活动后，应使学生静下心来，总结赏析诗歌的经验方法。

师：通过对艾青诗歌的审美体验，我们能否将其中的一些文字表层感性的部分进行整理和归纳，并通过分析和总结来验证它们是否正确，最终将其提炼和升华，从而对诗歌作品的主题、思想、情感、结构、思路和语言等方面进行主观评估，从中寻找出诗歌中的美感元素，并为我们的价值思考提供依据。通过这种方式进行审美评估，我们的审美活动将更具意义，达到更高的水平。

五、作业布置

1. 小组合作共同绘制《艾青诗选》阅读成果简报。小组内展示，择优在全班交流。

2. 以"我心中的_____"的形式向大家介绍艾青或《艾青诗选》（二选一）。学生们写好后，先进行组内交流，再每组择优选一篇在全班交流分享。

3. 组织"仿写诗"朗诵比赛，并在比赛结束后从诗的形象、情感、手法等方面自由点评。

4. 课后阅读名著导读推荐书目：泰戈尔的《新月集》《飞鸟集》，并选取其中最喜欢的一首进行仿写练习。

诗意青春　共话诗情

——《艾青诗选》整本书阅读展示课课例设计

【教学目标】

1. 搭建平台，让学生通过朗读、汇报等形式展示自己的阅读成果，分享阅读乐趣，获得阅读的成就感。

2. 学会现代诗歌抒发情感的多种方式，进一步感悟诗人浓烈的情感。

【教学重点】

通过朗读、汇报等形式展示自己的阅读成果，分享阅读乐趣，获得阅读的成就感。

【教学难点】

掌握现代诗歌抒发情感的多种方式，进一步感悟诗人浓烈的情感。

【教学课时】

2 课时。

【教学方法】

朗读法、自主学习法、合作探究法。

【课前准备】

1. 教学活动采取学生主持、分享的形式，突出学生的主体地位。教师应提前和学生交流探讨，和学生一起设计适合本班学情的展示课主题，提前选定主持人，并将课堂的目标、基本内容等和学生商定，提前准备展示课件，如朗诵打分表、奖品等。

2. 主持人负责写好展示课各个活动环节的串词，准备好朗诵展示时需要的配乐、PPT 等。

3. 学生自由分成 6 个小组，并提前准备个人或小组朗诵的诗篇以及配乐。

学生要注意提前选择自己喜欢的诗歌内容，聆听名家诵读，背诵、练习，选择背景音乐，制作 PPT 背景等，为展示做好充分准备。

4. 学生提前查阅相关资料，并结合自己的理解，围绕艾青诗歌的抒情方式在小组内进行初步探究。

5. 学生做好展示准备，选择一首自己喜欢的诗歌，为其配上一幅恰当的画作，并谈一谈创作的理由。

【教学过程】

一、阅读成果分享活动

师：经过了一个多月的阅读，想必同学们心中也有了丰富多样的阅读感受，今天这堂课请大家畅所欲言，将你的阅读收获分享给大家，期待大家能碰撞出更多的思维火花。

活动一：诗歌诵读，言语传情。（小组合作完成）

主持人上场，介绍活动要求和内容。

要求：各小组的代表上台配乐朗诵一首最喜欢的诗歌，可以合作朗读，也可以进行个人诵读，时间 3 分钟以内。其他小组根据朗读表现为朗读作品打分（见下表）。

小组	仪表形象 （1分）	诗歌基调 （3分）	节奏感 （2分）	诗句处理 （3分）	配乐 （1分）	总分 （10分）
1组						
2组						
3组						
4组						
5组						
6组						

各小组朗诵完后，教师根据小组的得分情况给前三名的小组颁发奖品。

（设计意图）新课标倡导整本书阅读以学生自主阅读活动为主，设计、组织多样的语文实践活动，如师生共读、同伴共读、朗诵会、故事会等，建立读书共同体，为学生搭建了形式多样的学习平台，让学生进一步感受、体会作者的情感。教师通过评价表设置评价机制，让每一个学生都能全程参与到活动中，既提高了学生的课堂效率，也提高了学生的朗读积极性，这一过程可以锻炼学生的语文综合素养。

主持人：各小组代表的朗读声情并茂，将同学们代入了那个遥远的年代里，诗人激昂的情感也回荡在我们心间。我们已经领略了艾青诗歌中的赤子深情：他同情中华民族遭遇的苦难经历，同情战乱中底层人民的悲惨遭遇，诗人虽然痛苦、哀愁，但他依旧赞美光明，对未来充满希望，依旧唱出胜利的信念，毫无保留地倾诉着对祖国、对人民的爱。这满腔的情感，作者又是如何传达出来的呢？请各小组在本组内自由讨论，然后小组派代表结合具体的诗歌阐述说明。（3分钟）

预设1，运用丰富多样的修饰词，以及排比句的使用使诗歌情感不断累积，浓厚的感情在重复的排比句中也不断被强化。

（屏显）

只能通过这惟一的窗，
我才能举起——
对于海洋的怀念，
当碧空虚阔的展开的时候；
对于马雅可夫斯基的诗的太阳的怀念，
当炙阳投射在赤色的围墙上；
对于千万的伸出古铜色般巨臂的新世界创造者的怀念，
当汽笛的声音悠长而豪阔的横过；

——《铁窗里》节选

预设2，诗句运用呼应手法，形成回环的效果。在回环的结构里，情感像声音在小巷里回荡一样，表达出一种曲折绵长的情意效果。

（屏显）

大堰河，今天我看到雪使我想起了你：
你的被雪压着的草盖的坟墓，
你的关闭了的故居檐头的枯死的瓦菲，
你的被典押了的一丈平方的园地，
你的门前的长了青苔的石椅，
大堰河，今天我看到雪使我想起了你。

——《大堰河——我的保姆》节选

预设3，长短诗句富于变化，情感随着诗行长短的变化而变化，进行灵活组合。诗句由短到长，情感由冷静到流畅、奔放，愈加浓烈。这样的写法使得情感就像一团被摔打的面团，在宣泄与堵塞之间，不断发酵，情感就具有了厚度和韧性，更有余音绕梁般的效果。

（屏显）

疏的，密的，
无千万的灯光。

一切都静默着，
只有那边灯光的一面，
铁的声音，
沸腾的人市的声音，
不断的煽出。

——《那边》节选

（设计意图）学生愿意读完整本书，并在阅读中掌握一定的阅读策略，阅读便走向了深处。此时，学生必须要有充裕的时间开展自主探究性阅读，从而获得自主建构意义的机会，并阐述他们的研究结果。学生在朗诵活动中进一步感受诗人浓烈的情感，进而探究诗人如何进行情感的表达，从而有梯度地深入学习，并在小组讨论中进行思维碰撞。如此既能提高学生诗歌鉴赏的能力，把握艾青诗歌的语言艺术特色，也能学会品析其他现代诗歌语言的方法。

主持人：艾青诗歌语言极具特色，多次运用排比、回环、呼应等手法，加以句式的长短变化，使得作者丰富的情感得以自然流露，或悲愤，或凄凉，或充满希望。富有表现力的诗歌语言是艾青传达诗歌情感的一个方法，除此还有什么方式呢？接下来我们进入第二个活动：以画入诗。

活动二：以画入诗，作品分享。（小组合作完成）

主持人：当我们初读《艾青诗选》时，也许会担忧，"这些长短变化的诗行，我能读懂吗？"如果我们能静下心来细品味它，便会发现诗人以诗为画笔，为我们描绘了一幅色彩斑斓、动人的画卷，在变化的光影、色彩中，反映着最逼真的历史现实。下面请同学们展示自己的诗配画作品，并说一说你如此设计的原因。

小组代表分享自己的诗配画作品，并介绍自己的创作构思。（10分钟）

（设计意图）艾青学画的经历对其诗歌创作有极大的影响，这使得他的诗歌具有"诗中有画"的特点。他的诗作中常具有鲜明的色调，清晰的线条，呈现出素描一般的简练、凝重。诗配画不仅能让学生体会到诗歌的内容美、语言美、形式美，也能让学生从诗画中再一次受到美的熏陶。

主持人：结合刚才同学们对画作的分享，谈一谈艾青诗歌除了通过形式多变的语言来传达情感外，还通过什么形式来传达情感呢？请小组代表分享。（15 分钟）

师：根据各组的画作，我们知道艾青的诗歌意象丰富，色彩浓烈、鲜艳，作者也在借用丰富的意象和色彩来传达自己的情感。

预设 1，丰富的意象。

（屏显）

> 春日的雷雨，
> 粗暴地摇撼着山毛榉；
> 春日的雷雨，
> 摇撼着我的心啊！
>
> 山毛榉，昂然举起了头，
> 在山野上飘起褐色的发，
> 感染了大地的爱与忧郁，
> 把根须攀缠住岩石与泥土；
>
> 欢喜沉默的
> 阳光与雾的朋友，
> 偶尔借风的语言
> 向山野披示痛苦；
> 历尽了冰霜与淫雨，
> 山毛慨然等待着霹雳的打击，
> 和那残酷的斧斤所带来的
> 伐木丁丁的声音……
>
> ——选自《山毛榉》

山毛榉象征当时命运悲惨的劳苦大众，雷雨、霹雳、冰霜、斧斤、淫雨象征着使民众处于悲苦境地的各种天灾人祸。

（屏显）

> 薄雾在迷蒙着旷野啊……
>
> 看不见远方——
> 看不见往日在晴空下的
> 天边的松林，

238

和在松林后面的
迎着阳光发闪的白垩岩了；
前面只隐现着
一条渐渐模糊的
灰黄而曲折的道路，
和道路两旁的
乌暗而枯干的田亩……

——只有几畦萝卜，菜蔬
以披着白霜的
稀疏的绿色，
点缀着
这平凡，单调，简陋
与卑微的田野。
……

山坡横陈在前面，
路转上了山坡，
并且随着它的起伏
而向下面的疏林隐没……
山坡下，
灰黄的道路两旁，
感到阴暗而忧虑的
只是一些散乱的墓堆，
和快要被湮埋了的
黑色的石碑啊。
……

在那芦蒿和荆棘所编的篱围里，
几间小屋挤聚着——
……

人们在那些小屋里
过的是怎样惨淡的日子啊……

——《旷野》节选

由土地拓展延伸出来一系列意象，形成了一个土地意象群，使得诗歌细节更加丰富生动，具有画面感，也更能代表中国广袤的土地。同时，土地和人民紧密相连，土地的荒凉贫瘠象征着百姓遭遇痛苦时的艰难凄凉，以及国家的苦痛灾难，一系列土地意象群实现了由具体意象到象征意义的转变（见下表），从而实现了情感的传达，表达了对战乱中百姓和国家命运的同情与关注。

主要意象	意象群	关联人群
土地	村庄、山坡、河岸、残垣、薄雾、旷野、道路、田地、野草、田野、灌木丛、小屋、石碑	农人、行人、村人、流浪者

预设 2，色彩的运用。

（屏显）

紫蓝的林子与林子之间
由青灰的山坡到青灰的山坡，
绿的草原，
绿的草原，草原上流着
——新鲜的乳液似的烟……
——《当黎明穿上了白衣》节选

"青灰""紫蓝""绿的"这些词色彩鲜明、亮丽，表现了大自然的清新与和谐。

（屏显）

在黄河流过的地域
在无数的枯干了的河底
手推车
以唯一的轮子
发出使阴暗的天穹痉挛的尖音
穿过寒冷与静寂
从这一个山脚
到那一个山脚
彻响着
北国人民的悲哀

在冰雪凝冻的日子
在贫穷的小村与小村之间
手推车

以单独的轮子

刻画在灰黄土层上的深深的辙迹

穿过广阔与荒漠

从这一条路

到那一条路

交织着

北国人民的悲哀

——《手推车》

"寒冷、枯干、尖音、痉挛、阴暗、灰黄"等冷色调的词语运用，增进了情感的表达，使整首诗呈现出一种感伤、凄凉的情绪。

（设计意图）意象是诗歌情感的载体，寄寓了诗人的主观情感，诗人往往会选择富有表现力的意象来传达自己独特的情感。艾青的诗歌中具有丰富的意象，有的已经形成系列，如"土地""太阳"等。意象也是欣赏诗歌的一把钥匙。在导读课、推进课中，教师已经从意象角度引导学生把握诗歌丰富的内涵，在展示课上设置这一环节也是对学生所学的一次总结和检验，可以加深学生对意象在诗歌中作用的了解，让学生从形象的视觉入手进而深入到情感体验，从而达到掌握诗歌意象表情达意的作用。

课后组织学生代表将全班同学创作的绘画作品整理分类，并在班级宣传栏进行展示，营造浓厚的阅读氛围，让学生获得美的体验，并在宣传展示的过程中让学生获得创作的成就感，提高学生参与活动的积极性。

活动三：诗歌阅读，方法推荐。

在朗诵品味语言和通过绘画感悟色彩的基础上，小组内合作交流，请学生分享自己认为最有效的读诗方法。

预设：

①了解诗人生平，了解诗人创作背景。

②反复朗读诗歌，感受作者的情感。

③分析诗歌内容及表达方式，并进行比较阅读。

④了解意象。

⑤做批注、摘录。

⑥联想和想象。

⑦主题阅读。

⑧写读后感。

（设计意图）在阅读活动完成后，学生对诗歌的阅读方法有了更为深刻的体会。因此，学生通过分享自己在阅读过程中运用的一些方法，再次进行诗歌阅读方法的总结交流，让学生在教师给予的一定标准上对诗歌阅读方法进行个性化运用，帮助学生养成良好的读书习惯，积累诗歌阅读的经验。

活动四：能力迁移，自创短诗。

选择生活中你喜欢的几个意象，例如白云、树叶、阳光、雪、路……运用现代诗歌常见的情感表达方式，创作一首小诗。

提示：

①所选意象要能寄托自己的情感或表达自己的思考；

②注意语言的简洁、凝练、生动、形象；

③注意节奏。

小组自评选出优秀的作品在班级朗读展示，教师进行录制，将朗诵作品上传至班级微信交流群宣传，并将优秀诗歌作品张贴在班级展示墙上，供大家交流、评价，对学生起到激励和促进作用。

（设计意图）成果分享阶段是整本书阅读学习方法的迁移和运用，这里要特别强调让学生把诗歌和生活联系起来，结合所学进行诗歌创作，这也是一次能力的迁移，而作品展示可以进一步提高学生阅读诗歌的积极性和成就感。

二、布置作业

请你找一位和艾青同时代的诗人，如戴望舒、何其芳、卞之琳等，读一读他们的诗作，选择其中你最喜欢的几首诗，与《艾青诗选》中你喜欢的诗歌进行对比，并运用所学的阅读方法来谈谈他们诗中抒情的方式有何异同。

三、课堂小结

艾青是一个画家，一个诗人，也是一个思想家。他的诗里流淌的是作为一个知识分子的社会担当和家国情怀，我们读《艾青诗选》正是为了领悟作者的这种大爱情怀。读完这本书，相信每一个心中有诗的人都能从《艾青诗选》中找到属于自己的"诗与远方"。

水浒英雄招聘会

——《水浒传》整本书阅读导读课课例设计

【名著解读】

  《水浒传》是部编本九年级上册名著阅读推荐书目，一般认为是明代文学家施耐庵写的。《水浒传》是我国"古代文学四大名著"之一，自成书起就产生了巨大的影响。《水浒传》是我国第一部歌颂农民起义的长篇小说，讲述了以宋江为首的一批草莽英雄从开始到失败的故事。《水浒传》塑造了一系列的英雄形象，这些人大多数都拥有鲜明的个性，其中宋江、吴用、林冲、鲁智深、武松、李逵等人最具神采。

  《水浒传》采取的是先分后合的链式结构，这种结构并不是由开头直接写到了结尾，而是某些部分形成一个闭环，再后面一部分又形成一个闭环，一环套着一环，形成一个类似于链条式的结构形式。小说前半部分主要介绍林冲、武松、宋江等单个的英雄人物的故事，第四十一回到第七十回再写到这些英雄人物经历了不同的因缘际会最终汇聚到梁山忠义堂，第七十回以后梁山集体接受招安，为朝廷四处征伐，最终兄弟飘零走向失败。这种写法既在前半部分如千百条小河各自朝着主干河汇聚一般，写出了英雄人物的传奇经历；又在其后的第四十一至第七十回写出万江汇聚奔腾而下之感，描绘了一幅波澜壮阔的起义图卷，同时使小说环环相扣，线索分明，层层推进。

  语言上，《水浒传》大量运用了当时的江浙方言，大量方言俚语的使用，使得小说的语言通俗质朴，又生动形象。小说使用的语言并非文言，而用的是古代白话，这也是近代白话语言艺术的开端。小说语言洗练明快，富有表现力，能很好地表现出施耐庵先生作为语言大师的深厚功力。

  阅读《水浒传》这类古代白话小说，教师要充分挖掘其艺术特色和思想内涵，掌握阅读古代白话小说的阅读策略，提升自己的文化自信。阅读古代白话小说首先要把握题材特点，以《三国演义》为代表的历史小说，以《西游记》为代表的神魔小说和以《水浒传》为代表的英雄传奇小说，不同的小说题材在阅读方法上大有不同。《水浒传》是英雄传奇这类小说的代表，顾名思义，首先应关注英雄人物的形象。《水浒传》中有大量塑造非常成功的人物形象，即便有些英雄好汉性格相似，但在精神气质上却大有不同，每个人都有自己的性情，每个人都有独特的气质。在关注人物形象的同时，还要关注小说的艺术手法和语言风格。受说书艺术的影响，古代白话小说在情节上善于设置悬念、误会、巧合、矛盾等表现手法，抓住了读者的阅读兴趣。

【学情分析】

九年级的学生有比较强的阅读能力，在教材中已经学习了《智取生辰纲》《三顾茅庐》《范进中举》《刘姥姥进大观园》等古代白话小说篇目，对于古代白话小说的阅读有了最基本的体验。就《水浒传》而言，由于课内学习过《智取生辰纲》，对《水浒传》的基本内容也有一定了解。一般来说，九年级学习压力较大，即使学生有自主阅读名著的愿望，有时也难以付出行动，同时因缺乏阅读整本古代白话小说的阅读经验，不少学生存在一定程度上的畏难情绪。还有部分学生，尤其是女生，对《水浒传》中打打杀杀的故事情节不感兴趣，对《水浒传》中部分人物的价值观念不够认同。

以上学情需要在导读课中予以重视。导读课的任务首先是激趣，解决学生不想读书的问题。其次要教授学生一定的阅读方法，帮助学生建构阅读整本古代白话小说的阅读经验。在解决这两个问题的前提下，还要适度地扫清一些在阅读中可能会遇到的障碍，为整本书阅读做好阅读规划。

【教学目标】

1. 了解施耐庵和《水浒传》，通过有趣的情节和人物形象，激发学生的阅读兴趣。

2. 品读《水浒传》精彩选段，初步感受其艺术特色，指导学生掌握正确的阅读方法。

【教学重点】

了解施耐庵和《水浒传》，通过有趣的情节和人物形象，激发学生的阅读兴趣。

【教学难点】

品读《水浒传》精彩选段，初步感受其艺术特色，指导学生掌握正确的阅读方法。

【教学课时】

1课时。

【教学方法】

提问点拨法、小组合作探究法。

【课前准备】

请学生自主阅读《水浒传》，重点阅读小说的前四十回，关注小说中出现的主要人物，梳理小说人物相关的主要情节，完成小说人物档案。（详见文末附件）

【教学过程】

一、创设情境

师：受全球经济下行的影响，水泊梁山上的英雄好汉的生活质量也受到冲击，梁山上的英雄好汉们决定要通过谋求一份工作来维持生计，希望同学们能帮他们做好求职的准备工作，让更多的人能够认识他们。同时，用人单位也希望借助同学们的力量，全方面、深刻地考察这些英雄好汉。请同学们做好准备，迎接今天这一堂课的挑战！

（设计意图）学习情境可以提高学生学习的兴趣，并贯穿于学生学习的过程；良好的学习情境还可以让学生在情境中运用所学知识解决实际问题，提升学生的学科核心素养，这也符合新课标的教学理念。一方面，本环节设计的情境乍一看有些无厘头，但实际上是精心设计的，是具有真实性的情境。学生们通过这样的方式介绍《水浒传》中的英雄好汉，既能了解《水浒传》的情节和人物，显得生动有趣，又能够满足学生的创造性的表达；另一方面，学生模仿用人单位考察这些小说中的人物，实际上也是为科学地掌握小说人物的描写方法做准备。

二、创意介绍英雄

（一）学习活动：请学生用自己的方式，展示一位英雄的外貌，请其他学生猜猜是谁。

预设：学生展示《水浒传》中的插画（武松、鲁智深和秦明）。

不难看出，骑在老虎身上举着拳头要打的是"行者"武松；赤裸着上半身，手中拿着禅杖的光头是"花和尚"鲁智深。第三个人物有部分同学存在争议，于是他们翻开书本寻找，找到"盔上红缨飘烈焰，锦袍血染猩猩。狮蛮宝带束金鞋。云根靴抹绿，龟背铠堆银。坐下马如同獬豸，狼牙棒密嵌铜钉"一段，就可以锁定这个人物是性格暴躁的"霹雳火"秦明。

（二）学习活动：请学生用几句简短的话，介绍一位人物的生平，请其他学生猜猜是谁。

介绍一：

①这位英雄好汉曾经打死过老虎。

②他对自己的亲人非常在乎。

③他生性豪放，无所畏惧，喜欢打抱不平，有时行事比较鲁莽。

④曾勇劫法场，最终喝下毒酒，只为"忠义"二字。这位好汉是个大孝子，上梁山后因放心不下老母亲，曾冒险下山去接她。

很多学生看到前三条介绍的时候可能会猜测是打虎英雄武松，但此题的答案是李逵。这里也可以看出来《水浒传》中的人物在一定程度上呈现出类型化的特点，但类型化中又有各自的经历、各自的性格。

介绍二：

①这位英雄水性很好，是梁山上的水军头领。

②曾经参与"智取生辰纲"行动，是梁山好汉中的元老。

③最后的结局是带着老母亲回家打渔为生，享年六十而终，是得以善终的人物。

答案：阮小七。

介绍三：

①她是一位女性，有着一身好武艺。

②她在大树十字坡下开了一家酒店。

③酒店是一家黑店。

④为了兄弟义气，她舍弃自己的家业，带着家人随武松一起上了梁山，后在征讨方腊时战死。

答案：孙二娘。

（设计意图）本环节是一个热身环节，既能了解学生对小说人物的熟悉情况，也可以引导学生在阅读小说的过程中，不仅关注故事情节，留意小说人物的细节描写，还能用概括性的语言呈现小说人物。

三、为梁山好汉谋职

1. 话题引入。

师：某公司需要招聘外卖员若干，请你结合你对小说中某个人物的理解，为其投递简历，并说说其应聘的核心优势。

（设计意图）关于这个问题，很多学生会想到梁山好汉中擅长神行术的"神行太保"戴宗。戴宗确实是一个极佳人选，小说中说他能"日行八百"，速度极快，而且为人仗义，定会受到客户的喜欢。除此之外，还可以鼓励学生发散思维，分享更多的答案。如果有学生推举鲁智深，原因是鲁智深力大无穷，能够倒拔垂杨柳，教师应提醒，人物是否适合一份职业，除了关注其自身的特长和爱好外，还要关注职业的需求以及人物的性格。鲁智深虽然力大无穷，但他也会贪酒误事，如《鲁智深大闹五台山》一章中就有叙述，因此鲁智深是否符合外卖员的要求，学生可以就这一话题进行深入讨论。

2. 学生自由交流。

在此环节，教师不给任何提示或限制，请学生依据任意一位英雄好汉的形象特点和生平经历，为他写一份求职简历，并为其找到最合适的工作岗位。

课堂预设：学生经过小组交流后，很快就可以探讨出一系列很不错的答案。有学生推荐"浪里白条"张顺应聘游泳教练或者水上救生员，有学生推荐吴用应聘老师，还有人推荐林冲应聘武术老师……在整个过程中，学生有了很多优质的答案，对《水浒传》人物的理解也越发深刻。

在自由发言之后，教师还要提出更高的要求，即做一个 3 分钟的即席演讲。即席演讲在综合性学习中训练过，这也是初中生应掌握的能力。要求在 3 分钟的时间里，为自己选择的梁山好汉发声。3 分钟的时间大致可以分配为：第 1 分钟介绍英雄好汉的基本信息，包括但不限于姓名、性别、年龄、文化水平、兴趣爱好和特长等；第 2 分钟主要介绍英雄好汉的人生经历；第 3 分钟阐述他胜任这一职业的主要原因以及对这个职业的看法。这个环节需要学生更深刻地认识人物，并在理解人物的基础上形成文字后上台分享。

示例：赤发鬼刘唐。

我是"赤发鬼"刘唐，因为头发是红色，所以江湖人送外号"赤发鬼"。我想应聘的职位是高级保安，我武艺高强，善使朴刀，寻常武夫是绝无可能奈何我的，甚至我们郓城县的"雷横"雷都头都未必是我的对手，由我来保驾护航，您一定可以放心。而且我对人忠诚，对晁盖哥哥一直是忠心不二，所以也赢得了晁盖大哥的信任，承担了梁山上负责联系宋江哥哥的任务。我不甘心随意屈居人下，一般的保安工作我是绝对不做的。如果让我保护的是我打心眼里佩服的人，那么我一定会两肋插刀，誓死效忠……

（设计意图）本环节的课堂气氛非常活跃，很多学生都参与进来。导读课很重要的就是激趣，即使学生在阅读《水浒传》的过程中确实会遇到一些障碍，但是在这个探究人物的环节感受到其乐无穷。

需要注意的是，在为《水浒传》人物求职的过程中，学生容易根据其爱好和特长来求职，而忽略人物的性格特点。只有看到人物的多方面的性格特点，才能做出足够精彩的发言，对人物的理解也会逐步加深。

四、用人公司考察英雄

师：同学们，我们的"英雄好汉们"都展示了自己，招聘公司也希望能主动发现人才，因此向同学们征求建议。在阅读这些英雄好汉的"卷宗"——《水浒传》的时候，要如何阅读，才能读准这个人物？请小组代表发言。

预设：

生1：我们小组认为阅读的时候要关注人物的绰号，如"黑旋风"李逵，"旋风"是宋代的一种火炮，"旋风"实际是在说这个人性格急躁，而"黑"说明李逵皮肤黝黑，表现了李逵的外貌特点。"豹子头"同样如此，一方面是在说林冲的外貌特点，另一方面也表现出了林冲的武艺高强。《水浒传》中人物的绰号实际上隐藏了很多秘密。我们在阅读的过程中还可以把绰号分类进行梳理，就能读出更多、更有趣的内容。

生2：我们小组认为要关注小说的人物描写。教材中说道："直到晚清的《儒林外史》和《红楼梦》，才有了更多的个人生活场景描写和人物心理刻画。"也就是说《水浒传》描写的重点还是在人物的外貌、语言和动作上。因此在分析人物时，要重点关注外貌、语言和动作描写，从而把握人物形象。

生3：老师，我记得您之前说过，比较法是很好的阅读方法，我想在《水浒传》中也能用到这个方法阅读。如同样是英勇善战，武松、林冲、鲁智深、李逵四人的表现其实大相径庭。武松是快意恩仇，林冲是处处忍让，鲁智深是路见不平，李逵有时是嗜杀成性。每个人有相似之处，但又很不相同。所以，千万要叮嘱招聘公司要好好比较，睁大双眼，不要放过任何的蛛丝马迹。

生4：老师，我一时提不出更好的办法，但我想分享一个自己的困惑，就是小说中有太多的方言俚语，在阅读的过程中造成了不少困难，这种情况该怎么办？

师总结：刚才的同学问得很好，其实《智取生辰纲》这一课的"积累拓展"已经提出了好办法，就是将这些方言和现代汉语进行比较。而且，我们还可以更进一步，把这些方言词语编辑在一起，形成一个我们自己的方言俚语手册。

感谢同学们的提问，也感谢刚才同学们的分享。的确，关注人物的绰号、描写和进行比较都是极好的阅读方法。老师还想提醒大家，有时小说中的诗词也暗示了作者的褒贬态度。如"武松打虎"这一章中出现的诗词"别意悠悠去路长，挺身直上景阳冈。醉来打杀山中虎，扬得声名满四方"就高度概括了武松打虎的经历以及周围人对武松的赞扬。

（设计意图）这个环节是引导学生关注品味小说人物的阅读方法，从而为下一步深入阅读小说提供帮助。从本环节中归纳品味人物的方法包括：读绰号，读描写，读诗词，作比较，学俚语等。

五、教师小结，布置阅读任务

师：同学们，招聘公司托我感谢大家，正是运用了大家的方法才招到了公司想要的人才。其实，今天对于我们而言也收获满满，我们进一步了解了《水浒传》中的人物，也掌握了阅读人物的方法，希望大家能善用这些方法，读好《水浒传》，并在接下来的一个月内完成以下阅读任务（见下表）：

《水浒传》阅读计划表

时间	阅读任务	内容摘要	收获与困惑
第一周	第1~40回，为主要人物建立好个人档案卡		
第二周	第41~70回，梳理好英雄好汉奔赴梁山的相关事件		
第三周	阅读第71回及以后的内容，了解梁山好汉接受招安及以后的事情		
第四周	选取一组《水浒传》中比较相似的人物进行比较		
自主任务	推荐阅读《金圣叹点评〈水浒〉》		

【板书设计】

介绍人物
竞聘展示——阅读方法
遴选人才

　　读绰号——结合外在，联系内在
　　读描写——外貌、语言、动作等
　　读诗词——关注其中的褒贬是非
　　作比较——相似人物之间横向比较
　　学俚语——方言俚语表，扫清阅读障碍

附件：水浒英雄个人档案

_____个人档案

基本情况	姓名			性别			绰号	
外貌特征								
性格								
社会关系	朋友姓名	性别			性格特点			
生平经历	起止时间			主要经历				

析人物形象　赏水浒英雄

——《水浒传》整本书阅读推进课课例设计

【教学目标】

1. 通过分析典型人物形象，激发学生深入阅读名著的兴趣。
2. 通过品读精彩语段，掌握分析人物形象的基本方法。
3. 开展名著阅读专题探究，将文本阅读持续引向深入。

【教学重点】

掌握分析人物形象的方法，欣赏水浒英雄，领略他们的英雄气概。

【教学难点】

学会运用多种方法分析人物形象，全面认识水浒英雄。

【教学课时】

2 课时。

【教学方法】

朗读法、竞猜法、点拨法、比较分析法、小组合作探究法。

【预习作业】

1. 从鲁智深、林冲、武松、李逵等人物中任选一位，制作人物卡片。
2. 精读《鲁提辖拳打镇关西》《景阳冈武松打虎》《黑旋风沂岭杀四虎》等精彩章节。

【教学过程】

一、知识竞猜，我问你答

师：开课前，我们先来做一个游戏吧，我问你答，看谁答得快、答得准。

1.《水浒传》中共有多少位好汉？（　　）

A. 208 将　　　B. 108 将　　　C. 72 将　　　D. 36 将

2. 晁盖被毒箭射中后身亡，宋江被推为山寨之主，改聚义厅为（　　）

A. 忠义厅　　B. 忠孝堂　　C. 忠孝厅　　D. 忠义堂

3. "醉打蒋门神""大闹飞云浦""血溅鸳鸯楼"等情节说的是这部名著中哪位英雄人物_____的故事？

4. 人物外号是《水浒传》的一大特色，请列举你印象最深的五位人物外号。

5. 请说出下列绰号的人物姓名。

九纹龙　花和尚　豹子头　青面兽　托塔天王　神行太保

行者　母夜叉　智多星　黑旋风　鼓上蚤　及时雨

（设计意图）知识竞猜，激发学生深入阅读名著的兴趣，同时检测学生对整本书的阅读情况，为开展专题阅读、引导学生将阅读走向深入打下基础。

二、思考探究，归纳塑造人物形象的方法

思考：人物绰号在小说中发挥了哪些作用？

学生自由发言，教师引导：①人物绰号有利于塑造人物形象（表现人物的外貌、形体特征，表现人物的性格脾气，表现人物高超的本领、技能或武艺）；②人物绰号有利于传递作者的褒贬态度等。

金圣叹评价《水浒传》说："人有其性情，人有其气质，人有其形状，人有其声口。"《水浒传》是描写我国古代农民起义的伟大史诗，是中国小说创作的典范。其中血肉丰满、个性鲜明的典型人物不下一二十个，如头脑简单、纯朴真诚而鲁莽耿直的黑旋风李逵；嫉恶如仇、济困扶危、有勇有智的花和尚鲁智深；勇武刚烈、果敢沉着，富于传奇色彩的打虎英雄武松；耿直刚正、顽强坚韧，被逼上梁山的典型人物林冲等，便是其中的杰出代表。《水浒传》最突出的艺术成就是成功塑造出梁山好汉的英雄群像。

探究：《水浒传》塑造人物形象有哪些方法？

学生自由发言，教师引导学生明确以下四种方法：

1. 品析人物描写，感知人物形象。

请学生结合以下语段，说出梁山豪杰的名字及绰号，并分析该语段表现出的人物性格。

①说时迟，那时快，他先把两个拳头去蒋门神脸上虚影一影，忽地转身便走。蒋门神大怒，抢将来，被他一飞脚踢起，踢中蒋门神小腹上，双手按了，便蹲下去。他一趸，趸将过来，那只右脚早踢起，直飞在蒋门神额角上，踢着

正中，望后便倒。

人物姓名：<u>武松</u>

绰号：<u>行者</u>

人物描写方法：<u>动作描写</u>

性格特色：<u>武艺高强、有勇有谋</u>

②黑熊般一身粗肉，铁牛似遍体顽皮，交加一字赤黄眉，双眼赤丝乱系。怒发浑如铁刷，狰狞好似猱猊。天蓬恶煞下云梯。

……

他道："若真个是宋公明，我便下拜；若是闲人，我却拜甚鸟。节级哥哥不要瞒我拜了，你却笑我。"

姓名：<u>李逵</u>

绰号：<u>黑旋风</u>

人物描写方法：<u>外貌、语言描写</u>

性格特色：<u>头脑简单，爽快率直，嫉恶如仇</u>

③生得面圆耳大，鼻直口方，腮边一部貉 胡须，身长八尺，腰阔十围……

只见面皮渐渐的变了，鲁达寻思道："俺只指望痛打这厮一顿，不想三拳真个打死了他。洒家须吃官司，又没人送饭，不如及早撒开。拔步便走，回头指着郑屠尸道："你诈死，洒家和你慢慢理会。"一头骂，一头大踏步去了。

姓名：<u>鲁智深</u>

绰号：<u>花和尚</u>

人物描写方法：<u>外貌、动作、语言描写</u>

性格特色：<u>粗中有细</u>

（设计意图）通过赏析具体片段，教师指导学生品析人物的描写方法：语言描写、动作描写、外貌描写、肖像描写、心理描写等，从而感知丰富、立体的人物形象。

2. 分析情节发展，概括人物性格。

《水浒传》人物形象各异，以鲁智深作为典型人物进行精读，通过梳理情节，深入文本，分析概括人物性格。

鲁智深，本名鲁达，提辖是他所任的官职名。他看到不合理的社会现象，会不由得燃起怒火。为了搭救落难的金氏父女，见义勇为，三拳打死镇关西，因而丢了官职，被迫去当了和尚；性子豪爽，蔑视一切清规戒律，大闹了五台山，只好到相国寺去看苹果园；后又为搭救林冲，大闹野猪林，结果连和尚也当不成，只得到二龙山落草，最终被逼上梁山。《鲁提辖拳打镇关西》就是他

253

的第一次亮相。

师：请大家精读"三拳"，细品其侠义之举。

①观看《鲁提辖拳打镇关西》"三拳"的视频片段，然后阅读文本。

②提问："三拳"分别打在什么部位？"三拳"各是从什么角度写的？每一拳下去，郑屠各有什么反应，鲁智深又是如何对待的？

③思考：作者为什么要如此详写"三拳"？

预设：三拳分别打在鼻子上、眼角上、太阳穴上，从次要部位到要害部位。三拳分别从味觉、视觉、听觉角度来写。第一拳下去，郑屠叫"打得好"，鲁智深斥骂"还敢应口"；第二拳下去，郑屠讨饶，鲁智深"偏不饶你"；第三拳下去，郑屠"挺在地上，动弹不得"。详写三拳，能突出鲁智深嫉恶如仇的性格，交待了作恶者狼狈的下场，符合被压迫的人民渴望伸张正义、除暴安良的愿望。

（设计意图）引导学生在跌宕起伏的故事情节中理解人物形象，在情节的起伏与矛盾的冲突中将人物形象刻画得更鲜明。

3. 感知内心冲突，明晰人物思想。

通过品析作者笔下最能体现人物个性特征的外貌、语言、行动和心理等方面的描写以及跌宕起伏的故事情节，学生能体会各具特色的人物形象。除此之外，通过理解人物内心冲突，学生进一步深刻认识作品主题思想。

（屏显）

八十万禁军教头，偏偏遇到烦心事：号称"花花太岁"的高衙内，在光天化日之下调戏他的娘子。这还得了，林冲何时受过这样的欺侮，正要赶去动手，一见是高衙内，先服软了。高衙内是何等人物？在东京倚强欺弱，专爱欺凌他人妻女，京师人都惧怕他……

后来发生了什么事情？林冲内心受到重大打击，但为什么正要动手就先服软了呢？你读到一个怎样的林冲？

林冲的事迹有"误入白虎堂""棒打洪教头""风雪山神庙"等，这些情节让我们读到了一个武艺高强、富有正义感、侠肝义胆、嫉恶如仇的林冲，同时在上述这个片段，也让我们读到了一个隐忍、软弱的林冲，从而了解到一个多面的林冲。

（设计意图）书中 108 名好汉形象个个分明。通过这个环节的教学与指导，一方面让学生感知性格多面的人物形象，另一方面感受施耐庵高超的刻画人物形象的技法。

4. 探读细节描写，彰显人物性格。

师：精彩的细节描写，是《水浒传》艺术特色的一大特征，请同学们阅读以下两个打虎片段，填写下列表格（见下表），把握两个英雄人物打虎的异同，从打虎的细节描写中感悟人物形象。

	武 松	李 逵
遇虎原因		
打虎原因		
打虎数量		
打虎难度		
打虎方式		
打虎过程		
打虎后的心情		
打虎后的影响力		
人物形象特点		

景阳冈武松打虎（节选）

大虫见掀他不着，吼一声，却似半天里起个霹雳，振得那山冈也动；把这铁棒也似虎尾倒竖起来，只一剪，武松却又闪在一边……武松见那大虫复翻身回来，双手轮起梢棒，尽平生气力，只一棒，从半空劈将下来。

黑旋风沂岭杀四虎（节选）

那母大虫到洞口，先把尾去窝里一剪，便把后半截身躯坐将入去。李逵在窝内看得仔细，把刀朝母大虫尾底下，尽平生气力，舍命一戳，正中那母大虫粪门。李逵使得力重，和那刀靶也直送入肚里去了。那老大虫吼了一声，就洞口带着刀，跳过洞边去了。

	武 松	李 逵
遇虎原因	探望兄长，途经景阳冈	接母上梁山，途经沂岭
打虎原因	自卫	报仇
打虎数量	杀一只	杀四只

（续）

	武　松	李　逵
打虎难度	在暗处，且醉酒，无防备	在暗处，偷袭杀虎，四虎中两只为幼崽
打虎方式	徒手	使朴（pō）刀
打虎过程	一波三折、惊心动魄	酣畅淋漓
打虎后的心情	尚存余悸	心情释然
打虎后的影响力	一战成名	孝心感动天地
英雄人物形象特点	为人豪爽，勇猛果断，谨慎机智	粗鲁，大胆，有孝心

师：分析人物形象离不开对细节描写的品读与探究，虎的"一扑""一掀""一剪"，武松的"三闪""一棒""一打"，李逵的"一钻""一掣""一剪""一戳""一送""一赶"，可以准确把握人物形象的性格和内心世界。小说中像这样精彩的片段还有很多，如《鲁提辖拳打镇关西》《智取生辰纲》《血刃潘金莲》等，值得我们慢慢品味。在我们的写作当中也要学习人物的细节描写方法，使人物形象更鲜活。

（设计意图）通过学习比较两则打虎片段，教师引导学生关注细节描写，鼓励学生运用细节描写塑造人物形象。

三、课堂小结，归纳方法

师：同学们，小说中刻画人物形象的方法很多，除课堂中学习的方法外，还有侧面烘托法，环境凸显法，对比分析法等，如鲁智深和李逵，同是疾恶如仇、侠肝义胆、脾气火爆的人物形象，但鲁智深粗中有细，豁达明理；李逵头脑简单，直爽率真。

同学们，让我们走进《水浒传》，108 位好汉精彩的故事一定会吸引你，那些忠义、勇武、善恶分明的人物一定能打动你。让我们深入文本，走进那个时代，一起去探寻英雄人物失败的原因，期待着同学们在展示课上的精彩分享！

【板书设计】

阅读方法	析水浒英雄 人物形象	赏水浒英雄 性格特点
品析人物描写 感知人物形象	鲁智深	粗中有细，豁达明理
分析情节发展 概括人物性格	林冲	武艺高强，隐忍软弱
赏读内心冲突 明晰人物思想	武松	豪气难羁，勇猛神威
探读细节描写 彰显人物性格	李逵	头脑简单，直爽率真

英雄的悲歌

——《水浒传》整本书阅读展示课课例设计

【教学目标】

1. 回顾整本书内容，多角度分析梁山好汉失败的原因。

2. 培养学生学会在他人的失败中汲取经验、多角度思维的能力，学会举一反三。

3. 培养学生对古典小说的阅读兴趣，提高学生的文学素养，引导学生学会阅读其他古典小说。

【教学重点】

1. 多角度分析梁山好汉失败的原因。

2. 培养学生多角度思维的能力。

【教学难点】

1. 引导学生学会在他人的失败中汲取经验。

2. 培养学生对古典小说的阅读兴趣，提高学生的文学素养，引导学生学会阅读其他古典小说。

【教学课时】

1课时。

【教学方法】

小组合作法、对话启发法、自主探究法和比较阅读法等。

【课前预习】

1. 回顾《水浒传》整本书内容，归纳梁山好汉们的结局。

2. 根据自己的阅读体验，选择书中最喜欢的人物，并为他制作"好汉风云档案"。

好汉风云档案

姓名		性别	
字		绰号	
个人经历			
最终结局			
你的评价			

（设计意图）预习环节的目的是引导学生在阅读《水浒传》时，了解书中不同人物的不同经历，初步感知梁山好汉们的悲剧原因。

【教学过程】

一、歌曲导入，赞好汉

师：（播放音乐《好汉歌》）同学们，不知道大家熟不熟悉这旋律，这首歌的名字叫《好汉歌》，老师最喜欢其中的一句歌词"路见不平一声吼哇，该出手时就出手哇，风风火火闯九州哇"。这句歌词生动形象地描绘了梁山好汉的豪气洒脱，也让我爱上阅读好汉们的故事。那么在《水浒传》中，你最喜欢的好汉是谁呢？能不能为我们展示你所制作的"好汉风云档案"？

（屏显）

二、档案分享，聊好汉

师：同学们，结合自己的阅读，参考屏幕显示的"好汉风云档案"，聊一聊你喜欢的英雄人物。

预设：

生1：我最喜欢宋江，他为人仗义，对长辈孝顺。这是我为他制作的档案。

姓名	宋江	性别	男
字	公明	绰号	呼保义、及时雨、孝义黑三郎
个人经历			宋江是郓城县宋家村人氏，家有田园。 他原为山东郓城县押司，和晁盖互通往来的事被阎婆惜发现，因此怒杀阎婆惜，逃回家隐藏。 后前往柴进庄、孔家庄避祸，到清风寨投靠花荣，却在清风寨观灯时遭知寨刘高之妻陷害入狱。被押送青州途中，燕顺等人将其解救。在投奔梁山途中得知父亲病逝的假消息，他回家奔丧却被抓住，发配江州。 在江州浔阳楼题反诗被判死刑，处决那天被梁山人马解救，投奔梁山。 在梁山，宋江三打祝家庄，攻打高唐州，大破连环马，攻打青州，大闹华州，在梁山威望逐渐增加。当攻打曾头市时，晁盖被射死，从此宋江坐上梁山第一把交椅。后两胜童贯，三胜高俅。接受招安后，带领梁山人马攻打辽国，平定了田虎、王庆、方腊的叛乱。
最终结局			被朝廷封官后，遭蔡京、童贯、高俅陷害，被毒死，葬在蓼儿洼。
你的评价			他为人孝顺、仗义、谦虚，有卓越的军事领导才能，也充满了抱负。一生想着为朝廷尽忠，可是却被奸臣所害，魂归蓼儿洼。他的一生是荡气回肠的，也是悲剧的。

师：关于宋江的档案，你制作得很细致，对于他的评价也很到位。

生2：在读完整本书后，我很同情林冲，我想为他制作好汉风云档案。

姓名	林冲	性别	男
字		绰号	豹子头

个人经历	林冲原是八十万禁军枪棒教头，他的妻子张氏去东岳庙上香时，被高衙内调戏，被林冲喝止。但高衙内贼心不死，又欲对张氏施暴，幸为林冲赶回得免，因此他和高衙内结了仇怨。 　　后来，他被高太尉设计陷害，手执利刃误入白虎堂。在开封府尹的周旋下，最终被判刺配沧州。途中，押送公差董超、薛霸二人早已被高俅收买，欲图谋将其杀死。在野猪林他的结义兄弟"花和尚"鲁智深出手相助，才幸免于难。 　　其后林冲投奔"小旋风"柴进，柴进厚礼款待，并写信给沧州大尹、牢教管营和差拨，让他们给其方便。凭借柴进的书信，外加的十五两银子，林冲被分配负责看守天王堂，几经周折后又被分到草料场。他在草料场看守时，因大雪压塌住处，无奈借宿山神庙，凑巧听见门外陆谦、富安和牢城差拨的谈话，得知自己被陷害，且差点被害死的真相。恼怒中，林冲提枪戳死三人，冒着风雪连夜投奔梁山泊。 　　林冲上梁山后，寨主"白衣秀士"王伦嫉贤妒能，多方刁难，要林冲献投名状。当晁盖等上山后，林冲在吴用的智激之下，火并了王伦。而这时他的妻子张氏却被高太尉威逼亲事，自缢身死。岳父张教头也染病身故。 　　之后，在梁山，林冲参与了多起战役，如祝家庄之战、高唐州之战、曾头市之战、凌州之战、东昌府之战等，接收朝廷招安后，他也是南征北战，屡立战功。
最终结局	江南平定后，林冲作为幸存正将，随大军班师，却在屯扎杭州期间得了风瘫，被留在六和寺中养病，由武松看视、照顾。半年后病故，追封忠武郎。
你的评价	他有恻隐之心，为人光明磊落、仗义疏财、救弱济贫，很有正义感，有时也会以牙还牙。林冲之前安分守己、循规蹈矩、谨小慎微、逆来顺受、忍辱负重、委曲求全。却被奸臣陷害，最终忍无可忍逼上了梁山。他是一个悲剧性的人物，造成这种结局最大因素是他的性格。

实践篇·九年级上

师：从林冲的"风云档案"可以看出，你读得很认真。他被逼上梁山既有自身性格的原因，也有恶势力的迫害。

生3：武松有侠义之风，因其在家中排行第二，又叫"武二郎"。我制作的是他的档案。

姓名	武松	性别	男
字		绰号	行者
个人经历	武松是清河县人氏，他有一个哥哥叫武大郎。从小父母双亡，由兄长武大郎抚养长大。 因先前在家乡清河县醉酒后与人打斗，误以为自己将人打死了，故怕吃官司，远离家乡，投奔沧州，躲在柴进庄中避祸。期间，遇见了宋江，并与之结为兄弟。后来，武松得知被他"打死"的人只是昏迷了，没有死去，就辞别柴进、宋江，赶奔清河县寻兄。 回清河县的路上，在酒家连喝十八碗酒，景阳冈上借酒劲打死了猛虎，为民除害。阳谷县知县看到老虎被打死，又发现武松忠厚仁德，就任命他为都头。在此地，武松巧遇了兄长武大郎，知道武大郎已经娶妻，他打心底为哥哥高兴。 没想到，嫂子潘金莲被当地富户西门庆勾引，两人奸情败露后，毒死了武大郎。为了替兄报仇，武松先杀潘金莲再杀西门庆，杀人后，武松到阳谷县县衙自首，被押到东平府审判。东平府府尹陈文昭怜惜武松是个有情有义的汉子，只判了个刺配孟州。 去孟州的途中，武松路过十字坡酒店，识破了"母夜叉"孙二娘的蒙汗药酒，危急时刻，"菜园子"张青赶到，制止了两人的缠斗，并与武松结为兄弟。 在孟州，武松受到"金眼彪"施恩的照顾，为报恩，武松醉打蒋门神帮助施恩夺回了"快活林"酒店。 之后，武松遭到张都监、张团练和蒋门神的暗算，无名业火高三千丈，大闹飞云浦，血溅鸳鸯楼，并书"杀人者，打虎武松也"。 杀人后，武松连夜离开孟州，在逃亡过程中，得张青、孙二娘夫妇帮助，假扮成头陀，准备前往二龙山投靠鲁智深和杨志。夜晚经过蜈蚣岭，在坟庵杀死恶道"飞天蜈蚣"王道人。因误会打倒了孔亮，后来喝醉了酒睡倒在河边时被孔亮捉到庄子里拷打，却幸得当时在孔家庄的宋江消除误会。

个人经历	后来，（二龙山、白虎山、桃花山）三山人马打青州时，武松投奔梁山。 在梁山，武松身经百战，攻打大名府、东昌府，屡立战功。 梁山好汉全部受招安后，武松参与了平定辽国、田虎、王庆、方腊的战役。
最终结局	武松在征讨方腊的战役时，被包道乙暗算失去一臂。班师回京时，武松拒绝回汴京，在六和寺出家，被封为清忠祖师，受赐钱十万贯，以终天年，八十善终。
你的评价	武松是正义的化身，他一身虎胆，武艺高超，路见不平、拔刀相助；他为人正直，刚正不阿，富有血性；他性格刚烈，急侠好义，勇猛不屈；他敢作敢当，嫉恶如仇，一身正气；他黑白分明，知恩图报，不向恶势力低头。

师：武松侠肝义胆、光明磊落、敢做敢当，他的结局在梁山一百零八好汉当中是很不错的。

同学们，这些梁山好汉们各自经历虽有别，但都忠诚、信义。梁山聚义，好汉们"替天行道，不扰良民"，但他们最终的结局是不是如同我们的预想呢？

（设计意图）《好汉歌》概括了《水浒传》英雄好汉的性格和行事特点，曲调大气磅礴，旋律比较简单，能激发学生的学习兴趣，提高课堂的活跃度。好汉档案的展示，教师既检查了学生的预习情况，也能把握学生对《水浒传》的理解程度。另外，学生展示自己喜欢的英雄人物，这也激发了他们的讨论热情，便于接下来课堂活动的开展。

三、追本溯源，评好汉

（一）学生们自由阅读，总结归纳：梁山好汉最后的结局分别是什么？

预设：

生1：宋江带领103名好汉们在征战方腊时伤亡惨重。108将中除了5位没有跟着出征方腊外，阵亡59人，病故10人，坐化1人，六和寺出家1人，返回蓟州出家1人，辞去4人，回京复命27人。

生2：梁山诸位好汉被朝廷招安后，南征北战。在攻打方腊的战役中损失惨重，大多战死或被害死，很少善终。

师：当初在梁山，好汉们大聚义是何等豪情万丈，没想到征战方腊后却是伤亡惨重，各自离散，为何英雄会落得这般结果？

（二）小组合作，共同探究：梁山英雄各个都是好汉，他们嫉恶如仇、侠肝义胆。水泊梁山大聚义，按理应是大有作为，但梁山好汉们为何最终会走向悲剧命运？

组1：梁山好汉们起义本身缺乏明确的目标和清晰的定位。他们以"替天行道"口号来组织、鼓励、号召众好汉，但他们只反贪官，不反皇帝，而且究竟要清除哪个贪官，心中目标也不明确，这是他们失败的根本原因。而且，他们反对贪官，也反得不彻底，如他们根本没有想过让童贯、高俅等奸臣远离政治权利中心。梁山起义本质上是保障自己和众兄弟的权利，根本没想过帮助广大穷苦人民，因此他们没有群众基础。最终当他们没有利用价值之后，等待他们的就是"狡兔死，走狗烹"的结局。

组2：经过讨论，我们组认为决策失误和内部不团结是其失败的主要原因。首先，宋江"自幼曾攻经史"，深受儒家文化的影响，"忠孝"观念、积极入仕的思想根深蒂固，内心一直认为入仕朝廷才是正途。而且宋江在本心上并不想创立新王朝，在行事上，他希望朝廷能看到他所做的事情，才会宣称"权借水泊里避难，只待朝廷赦罪招安"。宋江心中有忠孝义，当忠和义有冲突时，他既不想放弃义，更想顾全忠。因此，他才想积极接受招安。可是他忘记了过去不可抹杀，谋反就是谋反。当宋江决定接受招安时，好汉们的悲剧命运也就注定了。

组3：朝廷奸臣当道，皇帝昏庸，也是造成他们悲剧命运的原因。高俅、蔡京、童贯、杨戬是朝廷的四大奸臣，他们把持朝政，徇私枉法，私设禁军，使得朝廷忠贤良臣为了自保，只得忍气吞声。林冲等人就是因为遭受高俅等奸臣的陷害，被逼无奈，只能投靠梁山。后来，在宋江的努力下梁山好汉被朝廷招安，但因为得罪过奸臣，奸臣们仍想杀掉好汉们。奸臣们先借助梁山好汉的实力破辽，后来又让他们剿灭方腊，想借助"两虎相斗必有一伤"的诡计在战场上消灭他们，计谋失败后又借朝廷名义毒杀他们。

师：领导人的决策没有远见，好汉们对宋江接受招安的意见也不统一，加上朝廷的腐朽，都是造成英雄悲剧的原因。同一件事情，每个人看问题的角度是不同的，大家课后还可以发散思维，与同学一起沟通交流，想想梁山好汉们的悲剧是否还有其他原因。

（设计意图）本堂课的教学重点是分析《水浒传》中梁山好汉们的失败原因，培养学生的发散思维能力。采取小组讨论的方式，引导学生学会站在不同的角度看待问题，让学生学会辩证思考。另外，合作完成这项任务也有助于培养学生的团体合作意识。

四、拓展延伸，扮好汉

师：如果你可以乘坐时光机，穿越到书中的世界，变成你喜欢的英雄人物，你最想成为谁？面对他们的人生之路，你最想在哪里做出改变？

预设：

生1：如果我变成宋江，我会拒绝招安，在水泊梁山上和好兄弟们大口吃肉、大碗喝酒。同时我也会提升自己的军事力量，和朝廷抗衡，保全自我。如果我改变不了时代，那就选择卧薪尝胆，等到时机成熟，我和兄弟们再大展拳脚，建立新朝，注重民生，保护百姓。

生2：如果我变成林冲，在高衙内调戏我娘子后，我会选择带着娘子和岳丈离开这是非地，和王进一样选择隐居。既然做不到兼济天下，那我选择独善其身，护全家人。

师：如果人生有"如果"，遗憾或许会少很多。可世上买不了后悔药，我们也成为不了别人。古人言："以铜为镜，可以正衣冠；以古为镜，可以知兴替；以人为镜，可以知得失。"希望各位同学通过阅读《水浒传》能从中获得人生的启示。

五、汲取经验，悟好汉

师：梁山好汉们的起义虽然失败了，但不可否认的是，他们都是英雄。因为时代和自身认知的局限，加上其他社会因素，造成了他们的悲剧结局。而生活在现代社会的我们，该如何获得成功呢？

预设：

生1：有目标。不管做什么事情，都需要拥有清楚的定位，明确的目标。目标的设置不能假大空，不能和某些梁山好汉们一样，空有"替天行道"口号。我们的学习也是如此，在初中阶段，我们要给自己定下明确的目标，如考上高中，并为这个目标努力。

生2：跟对人。在团队里，领头羊是很重要的。我们要学会跟着对的人，做着对的事。就如同现在，我们要坚定不移地拥护中国共产党，全心全意为人民服务，紧紧依靠人民群众，诚心诚意为人民谋利益。

生3：为集体。孟子曾经说过："穷则独善其身，达则兼济天下"。我们不是孤立的一个人，我们是集体中的一分子。孔子也曾说过"君子周而不比"，我们要讲究团结，要为集体着想。当我们有能力时，一定要学会帮助他人。

（设计意图）在教学上，设计与现实生活有联系的环节，让学生明白学以致用的道理，应将所学的知识尽量运用到实践中去。

六、作业布置

师：希望同学们在学习和生活中做自己、做好汉。请你从下列三道题中任选一题完成。

1. 为你喜欢的英雄写一首小诗。

2. 改编《水浒传》中的某一个英雄人物的故事，有条件的可以拍摄一个小视频。

3. 你从梁山好汉们的身上还学到了什么，根据自己的理解制作手抄报。

讽刺作品的阅读
——《儒林外史》整本书阅读导读课课例设计

【名著解读】

《儒林外史》是部编本九年级下册必读名著。作者用传神的笔墨生动再现了当时的社会现状，以及读书人的种种面貌。这部小说通过描绘士林"丑态图"，展示了金钱、权势对人的毒害，并借助书中为数不多的淡泊名利、恪守道义的贤良之士，寄托了作者对理想社会的追求。

【教学目标】

1. 读懂作者及作品，能结合时代背景和小说结构特点，初步领悟《儒林外史》的思想。

2. 了解讽刺作品的基本特征，把握阅读《儒林外史》的方法。

3. 合理制订阅读规划，培养学生良好的阅读习惯。

【教学重点】

理解讽刺作品的基本特点，合理制订阅读规划。

【教学难点】

把握阅读《儒林外史》的方法。

【教学课时】

1课时。

【教学方法】

谈话法、提问点拨法、小组合作探究法。

【教学过程】

一、猜谜导入，激发兴趣

师：上课之前，请同学们先来猜猜看，这些人物分别是谁呢？你是从哪些细节判断出来的？

（屏显）

他从二十岁开始参加考试，一考就是三十五年，屡试不中，却仍然热衷科举。五十多岁中举后，竟喜极而疯。他不顾戴孝在身，跑到知县处去打秋风，在丁忧的日子里，吃大虾元子。身为主考却不知苏轼是何人，中举前唯唯诺诺，对丈人的谩骂逆来顺受；中举后，与官吏周旋自如。他是谁？

生1：他是范进。我是从喜极而疯看出的。

（屏显）

他皓首穷经、迷信经典、沉溺于科举难以自拔。生活潦倒，不得不承受士林人物的屈辱和市井小民的鄙夷。但他一直坚信，科举是自己唯一的救命稻草。

前半生生活在社会最底层，地位卑微，事事仰人鼻息，逆来顺受。暮年飞黄腾达，同情、提携同样出身低贱、屡试不第的学生。他是谁？

生2：他是周进。周进为官后，提拔了有相同经历的范进。

师总结：这些人物都是《儒林外史》中的典型人物，有着鲜明的特色。这节课我们就一起走进《儒林外史》，去感受其中形形色色的人物以及发生在他们身上的故事。

（设计意图）猜谜导入，激发学生的学习兴趣，明确学习目标，让学生快速进入文本。

二、了解作者及背景

《儒林外史》是一部怎样的名著呢？作者为什么要写这样一本书？请结合阅读资料谈一谈。

生1：《儒林外史》是清代作家吴敬梓所著的长篇讽刺小说。

生2：吴敬梓自己也深受科举制度的毒害，因此他写《儒林外史》来表达内心的不满。除了课本中学过的《范进中举》，里面还有很多人物，比如靠招摇撞骗实现致富人生的"高智商少年";男主被迫纳妾生娃,实则不喜女色等。

师:翻开《儒林外史》会发现,有些角色塑造得很猥琐。到底是什么原因使《儒林外史》呈现了一个荒诞的世界,真相究竟是怎样的呢?

预设:吴敬梓原本出身名门,但父亲死后因不善治理生计,过着挥霍无度的浪子生活。雍正七年赶考,吴敬梓被斥责为"文章大好人大怪",受到这种侮辱,他愤然背井离乡,靠卖文和朋友接济度日。晚年的吴敬梓,饥寒交迫,米缸里连一粒米都没有,天冷的时候甚至只能在南京城周围跑步取暖。吴敬梓狂傲不羁的性格在生活中备受他人冷眼,但他认为只有自己的生活才是正常的,别人追求功名利禄,一朝科举及第就宾客盈门,富贵散尽则树倒猢狲散才是反常。于是就把周围的事情对比、夸大,然后写进书里,辛辣地讽刺了当时的病态社会。

(设计意图)采用交谈的方式,循序渐进地使学生对作者及其创作背景有一定的了解,进而理解作者的写作意图,初步理解作品内涵。

三、明晰结构,把握方法

师:《儒林外史》是我国古代讽刺文学的典范,它的结构有何特点呢?请进行小组讨论,并说明原因。

生1:这部作品是一部长篇小说,但更像是一部短篇小说合集,作品以十余个既独立又相互关联的故事刻画了特定年代不同阶层的众生相。每一个故事都有它的主人公,这就是它结构上的特征。

生2:全书是首尾呼应的结构。第一回用王冕的故事来突出主题,最后用市井四大奇人的结束语来概括全篇,与第一回形成呼应。

生3:小说是一个独特的漩涡结构。其故事短长结合,没有贯穿全文的中心人物和故事情节,但中心明确,有大致的时间线,情节线索统一。

生4:它的结构很独特,没有贯穿全书的中心人物和主要剧情。总是一个人物出现,其他一些人物作陪衬,形成一个相对独立的故事。分别由A的故事引出B,再由B的故事引出C,两个人物之间未必有某种紧密的联系,有点像电影的镜头。

师:对,这就是《儒林外史》的结构特点,全篇首尾呼应,线性结构。它还是一部长篇讽刺小说,什么叫讽刺?同学们是如何理解的?

生5:讽刺是一种写作手法,是作者在真实的基础上,用嘲讽的手法,或比喻、或夸张,揭露腐朽落后的现象,对愚昧、丑恶的行为进行批判,使人在会心的笑声中感悟现实。

师:是的,讽刺作品的特点就是揭露虚伪,鞭挞丑恶,批判现实。这样的作品应该如何阅读?

生6:按其结构读。第一回和最后一回首尾呼应,第二回至第三十回为"儒林群丑图",第三十一回至四十六回为理想人物图,第四十七回是市井奇人图。

生7:根据人物故事来读。可以把人物分成:腐儒典型——周进、范进;贪官污吏典型——王惠、汤知县;八股迷典型——马静、鲁编修;正面典型——王冕、杜少卿等。

生8:根据其讽刺的特性来读。如哪一个人物在故事中用了对比、夸张等讽刺的手法,就画出关键语句,仔细揣摩,反复品读。

师小结:读讽刺作品,要注意的是,①体会批判精神,了解作者塑造典型人物的目的是什么;②在欣赏讽刺手法时,要注意作者讽刺的对象、立场、观点等;③学习这样的作品,要联系生活,对作品有深入的理解。

(设计意图)通过师生讨论和探究,了解《儒林外史》结构特点,掌握阅读讽刺意味作品的方法。

四、欣赏讽刺手法,制定规划

师:刚刚讨论的阅读方法,大家都说得很好。接下来我们通过书中的几个片段来欣赏一下《儒林外史》中的讽刺手法。

请说说以下文段运用了哪种讽刺手法,展示了人物怎样的性格特点,取得了怎样的表达效果呢?

(屏显)

胡屠户

中举前胡屠户称范进为"现世宝""癞蛤蟆"。中举后称其为"贤婿""天上的星宿";对他相貌的描述也各不相同,中举前说他"尖嘴猴腮,不三不四",中举后夸他"才高八斗,相貌端正";两次贺礼也不同,中举前为"大肠一副,酒一瓶",中举后为"肉七八斤,钱四五千";离开范进家的动作神态也各不相同,中举前离开时是"横披了衣服,腆着肚子去了",中举后离开时是"千恩万谢,低着头,笑眯眯往下走"。

生1:对比的讽刺手法。通过对比,使胡屠户嫌贫爱富、趋炎附势、庸俗自私的形象跃然纸上。

(屏显)

范进中举前 VS 中举后

面对突如其来、从天而降的大喜，范进饱经折磨而变得麻木的心，怎么也经不起这强烈的刺激。于是，"看过一遍，又念一遍，自己把两手拍了一下，笑了一声，道：'噫！好了！我中了！'说着，往后一跤跌倒，牙关咬紧，不省人事。老太太慌了，慌将几口开水灌了过来。他爬将起来，又拍着手大笑道：'噫！好！我中了！'笑着，不由分说，就往门外飞跑。

生2：夸张的讽刺手法。通过语言、动作和神态描写，把范进热衷于科举，醉心于功名利禄，深受科举制度毒害的儒生形象刻画得入木三分。

（屏显）

严监生

严监生"还把手从被单里拿出来，伸着两个指头。""他把两眼睁的溜圆，把头又狠狠摇了几摇，越发指得紧了。""他听了这话，把眼闭着摇头。那手只是指着不动。""点一点头，把手垂下，登时就没了气。"严监生到死都不肯断气，只因心疼油灯里点了两根灯草费油，最后赵氏把一根灯草挑掉他才断了气。

生3：细节描写或白描。通过这样的细节描写，恰到好处地把严监生吝啬小气的形象刻画得栩栩如生。

（屏显）

王玉辉

王玉辉的三女婿去世了，女儿要为丈夫殉情。他听后不劝反而任由她去。然后又对他女儿说："这是青史留名的事。"及至三姑娘的死讯传来，更见王玉辉的痴狂，仰天大笑："死的好！死的好！"大笑着，走出房门去了。

生4：以喜写悲，笑中带泪。通过王玉辉的笑和女儿的死，揭示了八股科举制和封建礼教给儒生造成的精神残害、人格分裂和价值扭曲，进而揭露出八股科举制度和封建礼教"吃人"的本质。

师：无论是对比、夸张、白描，还是悲喜结合的创作手法，作者描写的社会现实，把受封建礼教残害的文人内心深处的虚伪、对礼教的狂热，都狠狠地讽刺了一番，写出人情的淡薄，也大大地强化了小说的讽刺性。

在懂得如何阅读和欣赏讽刺作品之后，我们就可以按照归纳的阅读方法来规划整本书的阅读了（见下表）。

《儒林外史》阅读规划表				
作者简介				
创作背景				
回目	故事梗概	精彩语句摘抄	主要人物性格及其精神世界	作者情感态度
第一至三回				
第四至三十回				
第三十一至四十六回				
第四十七至五十六回				

（设计意图）小故事的呈现，让学生理解对比、夸张、白描等讽刺手法，并按照所学方法来做阅读规划，形成自己的阅读规划表。

五、布置分层作业

1. 读一读：运用本课所学阅读方法，认真阅读小说，适当圈点批注。（必做）

2. 写一写：你觉得这本书有什么现实意义？书中的科举考试制度与我国公务员选拔考试有什么异同？试着写一写。（选做）

3. 演一演：选择自己喜欢的篇目，和同学们一起排演一幕课本剧。（选做）

（设计意图）选择性的作业，读故事，练文笔，演情节，使学生进一步了解小说内容，理解小说主旨及现实意义。

【板书设计】

讽刺作品的阅读

识作者、知背景
明结构、理方法
学手法、定规划

一曲读书人的悲歌

——《儒林外史》整本书阅读推进课课例设计

【教学目标】

1. 开展人物故事会，展示前期的阅读成果。
2. 选取典型人物，精读其故事，结合具体语段，进一步探究讽刺艺术的表现手法，理解作品的主旨。

【教学重点】

梳理典型人物的典型事迹，领悟其性格特点，探究讽刺艺术的表现手法。

【教学难点】

通过赏析精彩语段、资料助读等方式，理解作品的主旨。

【教学课时】

1 课时。

【教学方法】

谈话法、提问点拨法、小组合作探究法。

【教学过程】

一、制作儒林人物履历表

师：《儒林外史》中刻画的人物众多，且各有特色。读完后，你最感兴趣的人物是谁呢？在他身上发生了哪些令你难忘的故事？请大家快速跳读全书，以小组为单位，选择你印象最深的人物，制作"儒林人物履历表"，并参照表格内容，讲述他的故事。

（屏显）

儒林人物履历表

姓名：		年龄：
身份：		家庭成员：
外貌特征：		
学习经历：		
主要社会关系：		

二、讲述儒林人物故事

1. 以小组为单位，结合儒林人物履历表，开展儒林故事讲述大赛。

（提示：讲述故事时要有情节意识，要有开端、发展、高潮和结局）

预设：

生1：我们小组给大家讲一个有关牛浦郎的故事。牛浦郎还有一个名字叫假牛布衣。一听就知道，此人是一个不折不扣的骗子，何出此言呢？且听我慢慢道来：牛浦郎原是寻常的市井少年，对做生意毫无兴趣，却向往学堂里的读书生活，于是偷钱去买书读，一个偶然的机会，竟偷到了已故诗人牛布衣的诗集，便动了歪心思，冒名顶替，结交权贵，认识了大盐商万雪斋家的代笔牛玉圃，"二牛互坑"，来到安东县，继续招摇撞骗，骗娶了黄家四姑娘，骗来了花花白银，不曾想竟被牛布衣的妻子揭发，揭发后仍胡诌、抵赖，还成功骗了向知县，打发了牛布衣的发妻，继续逍遥快活。

生2：我们小组给大家讲的故事主角是王冕。他出生在农家，因为家穷不能上学，白天参加田间劳动，晚上到寺院长明灯下读书，孜孜不倦，自学成才，且天资聪颖，不满二十岁便已在天文、地理、经史上有大学问，一时声名在外。但他既不求官爵，也不交朋友，县令登门拜访，他躲避不见。连朱元璋授他"咨议参军"的职务也不接受，还连夜逃往会稽山中，在那里隐居终老。

生3：我们小组给大家讲一个有关范进的故事。范进是一个头发都白了的老头，因为痴迷于科举考试，一直遭到街坊四邻以及老丈人胡屠户的奚落、嘲讽。后来终于中举了，竟然高兴得疯了，最终被胡屠户一巴掌打醒，恢复正常。此后，范进的人生平步青云，连中举人、进士，最后还做了山东学道。为报恩师周进提携的恩情，提拔周进的学生荀玫，闹了不知道苏轼是谁的笑话。

⋯⋯⋯⋯⋯

2. 根据评价量表（见下表），评选大家心目中的故事大王，并挑选出大家都感兴趣的典型人物进行精读。

（屏显）

评价量表	
仪态大方，吐字清晰	☆ ☆ ☆ ☆ ☆
情节完整	☆ ☆ ☆ ☆ ☆
有较高的艺术感染力	☆ ☆ ☆ ☆ ☆

三、聚焦典型，探究讽刺艺术

师：同学们，大家刚刚讲述得真是妙趣横生。成为"人上人"、过上锦衣玉食的生活是中国古代很多读书人的愿望，书中大多数的人物或熙熙而来、攘攘而去；或唯利是图，自甘下流；或貌似君子，内心卑污；或终老科场，迂腐可笑。读来，心头散不去的尽是悲哀。今天就让我们聚焦周进、范进和匡超人这三个人物，一起去看看那时的读书人，去领悟讽刺手法中蕴藏着作者怎样的叹息。

名场面一：周进撞号板，夸张中露讽刺

1. 请学生们迅速找出描写周进的章节，圈点勾画自己有感触的地方。

（屏显）

片段一：周进在省城要看贡院，金有余见他真切，只得用几个小钱同他去看。不想才到天字号，就撞死在地下。后被众人用开水灌醒。

片段二：周进看着号板，又是一头撞将去。这回不死了，放声大哭起来。众人劝不住。

片段三：周进也不听见，只管伏着号板哭个不住。一号哭过，又哭到二号、三号，满地打滚，哭了又哭，哭的众人心里都凄惨起来。金有余见不是事，同行主人一左一右架着他的膀子。他那里肯起来，哭了一阵，又是一阵，直哭到口里吐出鲜血来。

2. 请学生读一读这些片段，读完后谈谈感受。

预设：

生1：我读完后很想笑。哪有这样的人，六十多岁还不曾中过学，放到现在都已过了退休年龄，依然固执地追求考试，真是太可笑了。

生2：可笑是可笑，但是我更觉得可悲。周进生活在小村庄，但这个村子里有夏总甲、申祥甫、梅玖、王举人等人，他们的言行织起了一个追名逐利的名利场。生活在这样环境下的周进，饱受秀才梅玖和王举人的嘲弄和冷遇，看到号板，悲从中来，哭了又哭，是可以理解的，只是我觉得很悲哀。

生3：我也觉得很悲哀，我们看到，"周进哭个不住。一号哭过，又哭到二号、三号，满地打滚，哭了又哭，哭的众人心里都凄惨起来……哭了一阵，又一阵，直哭到口里吐出鲜血来。"此处，连用8个哭字，这种带泪的描写，我觉得非常悲哀。

师：刚刚几位同学有的从文字本身出发，读出了它的喜剧味道；有的关注到周进哭的状态，从中感受到深重的悲哀。那这种喜中带悲的情感是通过什么写法表现出来的呢？

生1：我觉得是夸张的手法。

生2：我觉得是讽刺，句句是讽刺，让人笑中含悲。

师小结：明明是悲痛的事，读到这一情节我们却又忍俊不禁，就是因为这里使用了夸张的手法，充满了讽刺的意味。夸张是讽刺手法中常用的一种。正如同学们所说，这里连用8个"哭"字，可以说是文学史上最声势浩大、最动人心魄、最肝肠寸断的哭了。夸张手法的使用，达到了"戚而能谐"的效果，正如鲁迅先生所说："其文又戚而能谐，婉而多讽。"

（屏显）

其文又戚而能谐，婉而多讽。

——鲁迅

4. 请学生在文本中找出还有哪些地方使用了夸张手法，并做好批注。

示例：

范进不看便罢，看过一遍，又念一遍，自己把两手拍了一下，笑了一声道："噫！好了！我中了！"……他爬将起来，又拍着手大笑道："噫！好！我中了！"笑着，不由分说，就往门外飞跑……众人拉他不住，拍着笑着，一直走到集上去了。

生：我圈画出了有关范进得知自己中举的片段。我是这样批注的，这里连用几个笑，很夸张，但我却感受到了更深的悲哀。范进的笑和周进的哭，如出一辙，诙谐中又带着悲戚，这都是运用了夸张才达到的讽刺效果。

名场面二：范进喜极而疯，对比中露讽刺

1. 聚焦范进的章节，再次探讽刺艺术的妙处。请学生迅速到文本中寻找范进中举前、后胡屠户和众乡邻的言行，并圈画出来。

2. 请学生们把这些片段读一读，说一说自己的感悟。

预设：

生1：中举前，胡屠户的言语相当犀利，中举后言语则是相当谄媚，一前一后，形成了鲜明的对比。

生2：范进中秀才时，胡屠户"手里拿着一副大肠和一瓶酒"，坐下来便挖苦范进。等范进中举后，立即"提着七八斤肉，四五千钱，正来贺喜"，夸他品貌好，才学高。我从中读出了一个趋炎附势、前后不一的胡屠户，觉得很讽刺。

生3：我想到了一个成语：前倨后恭。这种人在不如他的人面前，表现就"倨"，在地位比他高的人面前，表现就"恭"。胡屠户"倨"得可恶，"恭"得肉麻，前后形成鲜明的对照。对照越鲜明，不和谐就越尖锐，讽刺就越有力、越深刻。

生4：众乡邻对范进的态度也变了。范进中举前他们对范进不屑一顾，家里饿了三天，也没见他们送钱送粮。中举后却送食物、送钱，甚至送房，竭力拉拢、讨好，讽刺意味十足啊。

师：随着范进中举，他的生活发生了翻天覆地的变化。范进自己的言行有变化吗？

（屏显）

中举前
范进唯唯连声：岳父见教的是。
中举后
范进：晚生久仰老先生，只是无缘，不曾拜会。
晚生侥幸，实是有愧。却幸得出老先生门下，可为欣喜。
范进再三推辞方才把银子收下，作揖谢了。

预设：

生5：前后的对比让我觉得极具讽刺意味。中举前呆头笨脑，逆来顺受；中举后谄谀奉迎，奴性十足。真是一个可悲之人！

生6：前后言行的对比，更能突出作品的讽刺意味，让讽刺更为辛辣。

师：对比让讽刺入木三分。一辈子执念于科举，为了科举，受尽白眼，苟且偷生，一朝发达，便熟稔官场之道，攀附关系，虚伪圆滑，这样的成仕之路难道不是读书人的一曲悲歌吗？《儒林外史》中，除了有让我们唏嘘的周进、范进，还有一位让我们倍感痛心的人物，让我们一起来看看他的"变质史"。

名场面三：匡超人变质，白描里含讽刺

1. 请学生们梳理情节，窥见匡超人变质全过程。

明确：寄居庙里，幸遇马二——返乡事亲，知县提携——结识景兰江，参加诗会——结交潘三，作奸犯科——潘三入狱，彻底变质。

2. 通过梳理情节，可以看到一个虚伪、狡诈的丑陋之人，他的言行举止与儒林众生相比，有过之而无不及。作者是通过怎样的方式讽刺这种丑态的呢？请找出相关语句，合作探究。

（屏显）

"当晚点起灯来，替他不住手的批，就批出五十篇，听听那樵楼上，才交四鼓……吹灯睡下，次早起来又批。一日搭半夜，总批得七八十篇。"

生1：这里的"五十篇""七八十篇"突出匡超人批文章速度之快。但匡超人不过是一个刚中秀才没多久的文人而已，批文如此快速，让人难以置信，我觉得充满了讽刺。

（屏显）

还有个拙稿是前年刻的，而今已经翻刻过三副板。不瞒二位先生说，此五省读书的人，家家隆重的是小弟，都在书案上，香火蜡烛，供着'先儒匡子之神位'。

生2：这句我觉得讽刺意味很明显。"先儒"指的是已经去世的儒者。通过写匡超人不懂"先儒"意思的情节，来讽刺他没有真才实学。

师：一个曾经至纯至孝的少年堕落到这样无耻的地步，实在让人不胜唏嘘呀。可是这种讽刺和前面两种形式不太一样，这是什么讽刺手法呢？

预设：像这样在叙事描写中，不动声色地客观描述，不做主观的情绪流露，让人物自己粉墨登场、自行表演，让丑态自然流露，这就是运用白描来讽刺人物，写来似乎非常客观冷静，却讽意十足。

四、知科举制度，探书中旨意

1. 纵观整部《儒林外史》，讽刺的笔触俯拾皆是。无论是夸张式讽刺，还是对比式讽刺，抑或是冷静白描式的讽刺，都让我们读来笑中带泪。作者借这些人物的故事，极力想表达什么呢？

预设：

生1：对科举制度的不满。

生2：我也赞同，我认为作者在抨击科举制度。

生3：我了解过明清时期的科举制度，那时的应试文是考八股，一篇文章有固定格式，考生只要遵照一定的套路去写文章就有可能胜出，显然，这样的考试内容不能真正达到选拔人才的目的。

师：我们一起来了解一下科举制度。

（屏显）

科举制度：是中国古代通过考试选拔官吏的制度。科举从隋唐开创至清光绪三十一年（1905年）举行最后一科进士考试为止前后经历1300多年。

宋代以后，士大夫知识阶层的文化创造能力每况愈下，人才一代不如一代。至明清两代，科举达于极盛而自身的弊病亦达于极甚。

（屏显）

科举仅余糟粕在。

——商衍鎏（清代学者，最后一届科举考试的探花）

据资料记载，自宋代以后，统治者改变考试内容，科举制度慢慢沦为统治者束缚知识分子思想的枷锁，而想要做官，只能通过科举考试，入仕途径非常单一，因而导致部分士人产生了畸形的价值观，从而催生了一些家庭和社会悲剧。再加上科举制度政治化，天地君亲师的教育又造成了师门关系的盛行，这些师门关系在官场中互相拉帮结派，甚至官官相护，造成了官场的黑暗和社会的混乱。难怪乎，作者要在书中第一回道出：

（屏显）

"把那文行出处都看得轻了。""一代文人有厄！"

——《儒林外史》第一回

2. 什么叫"文行出处"？什么叫"厄"？说说你对这句话的理解。

生1：文行出处，我看注释上是这样的，文是学问；行是品行；出是做官；处是隐居。文行出处泛指读书人的学问、品行和对待出仕和隐退的态度。

生2：把这些看轻了，那看重了什么？我认为看重了名和利。如匡超人，为了碎银几两竟然作奸犯科。

生3：一代文人有厄，厄的本义是困厄，遭遇困境。我想这句话应该是说文人会遭遇困境，遭遇灾难。

生4：这些读书人只想着自己的荣华富贵，每日阿谀逢迎，对名利的追求已经成病态，这大概就是作者所说的"一代文人之厄"吧。

师：是啊，大批的文人借科举考试，织起了一张名利场，劣绅假儒在这个功名富贵场里追逐，追富追贵，哪里还看得到仁，看得到义？那么，这个名利场影响的仅仅是读书人吗？如果不是，那还影响了谁？

预设：

生1：还有社会上一些趋炎附势的人，比如胡屠户之类。

生2：应该影响了全社会吧。

师：同学们的探讨真精彩，在文字里，我们触摸着作者的心脉，思考着这本书的主旨要义。接着，我们来看看闲斋老人的评价。

（屏显）

"其书以功名富贵为一篇之骨：有心艳功名富贵而媚人下人者；有倚仗功名富贵而骄人傲人者；有假托功名富贵而自以为高，被人看破耻笑者；终乃以辞却功名富贵，品地最上一层为中流砥柱者。"

——闲斋老人《儒林外史序》

师：追名逐利让整个社会的价值体系受到了极大冲击，世人皆变得荒诞与扭曲，这就是《儒林外史》的讽刺意义所在。作者借儒林故事不是为了抨击腐朽的科举制度，更是为了唤醒这些贪图功名富贵的读书人，去思考如何面对这惨淡人生和污浊世界。

五、作业布置

师：请学生们用今天所学知识，继续深入阅读《儒林外史》，思考：有人说，《儒林外史》是一部讽刺小说，但越读下去，越能体会到作者的悲悯。你赞同这一观点吗？请结合小说内容阐述你的理由，字数不少于300字。

【板书设计】

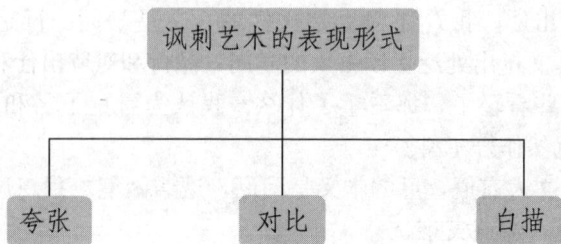

赏儒林丑角　析小说主旨

——《儒林外史》整本书阅读展示课课例设计

【教学目标】

1. 学生通过拟定儒林丑角排行榜、撰写最具讽刺意义人物推荐词、朗读表演相关回目等形式展示阅读成果。

2. 通过课堂辩论、专题探究等形式加深对人物及小说主旨的理解。

【教学重点】

学生朗读、表演相关回目，针对范进是否是"励志典型"展开课堂辩论。

【教学难点】

为最具讽刺意义的人物撰写推荐词，专题探讨"真假儒士"等问题。

【教学课时】

2课时。

【教学过程】

第一课时

一、排定儒林丑角榜

师：同学们，《儒林外史》是我国文学史上极为经典的讽刺小说，塑造了一大批形形色色的人物。大家通过阅读，对书中的人物都有了比较细致的了解。

书中的"丑角"非常多，有癫狂的范进，痴迷的周进，吝啬的严监生，虚伪的匡超人等。丑角的行为滑稽可笑，言语自相矛盾，内心虚伪丑恶，请大家拿出照妖镜，仔细观察，根据小说丑角人物不同的丑态，小组合作完成儒林丑角排行榜。

具体要求如下：每组经过讨论，排出儒林丑角前三名，并简单阐述理由。

预设：

①范进、严监生、周进。他们都是经典的滑稽角色，让人忍俊不禁。比如范进发疯时的丑态，中举后的得意与虚伪嘴脸，绝对可以夺得第一名。严监生临死前伸出两根手指的闹剧，也让我们看到了他的丑态。周进在贡院撞号板时哭天喊地的模样，同样是丑态毕露。

②严贡生、匡超人、王玉辉。严贡生强占别人的猪，诬蔑船家，抵赖船钱，还妄图霸占弟弟房产等，他理应排在第一位。匡超人对待亲友和朋友的变化，让我们觉得他非常虚伪。王玉辉鼓励女儿殉夫，得知女儿去世后，连喊"死得好"让我感受到他的冷酷无情。

③杜慎卿、马二、蘧公孙。杜慎卿，贪图名利却又故作清高，装扮正人君子，其内心是卑鄙龌龊的，要论能装，他绝对排第一。马二先生痴迷八股，游西湖事件更表现了其表里不一的丑态。蘧公孙平庸、虚伪，入赘鲁编修家，婚礼上的行为滑稽可笑。

…………

师总结：经过大家的努力，每组都为儒林丑角排好了次序，并且简要地阐述了理由。大家阐述的理由虽然简洁，但是都很中肯，有的更是对所选择的角色一针见血的评价，从中我们可以看出大家读书时的用心与细致，为大家的表现点赞。

二、拟写人物推荐词

师：请每组为排行第一的丑角写一段最具讽刺意义的推荐词，并上台展示。大家可以对照推荐词评价表中"推荐词内容"一栏的要求撰写。小组长负责分工，落实具体任务。

为了便于大家组织语言，教师给大家一个模板，大家可以按照这个模板进行写作。

最具讽刺意义人物推荐词模板：我们组推荐（ ）为最具讽刺意义人物，我们的理由是：一是他的行为，可看出_____（从人的劣根性角度谈）；二是他的行为，反映了_____（从封建礼教或科举制度角度谈）；三是他的经历，揭露或批判了_____（从社会现实角度谈）。因此，我们组一致认为（ ）当选《儒林外史》最具讽刺意义人物。

推荐词评价表

等级	推荐词内容	上台表现
A	推荐词层次清晰，能充分结合人物的具体事件谈其讽刺意义，理由客观、充分，极具说服力	上台仪态大方，发言流利清晰、声音洪亮，感染力强
B	推荐词层次一般，基本能结合人物的具体事件谈其讽刺意义，理由较客观、充分，比较有说服力	上台比较自然，发言不够流利清晰、声音不够洪亮，感染力一般
C	推荐词层次不清，不能结合人物的具体事例谈其讽刺意义，缺乏依据，主观性太强，没有说服力	上台紧张，发言不流畅、不清晰，声音较小，缺乏感染力

预设：

生1：我们组推荐范进为最具讽刺意义的人物。我们的理由是，一是他几十年如一日地参加科举考试，没有地位，没有尊严，不劳动，苟延残喘，可以看出其骨子里的懒惰；二是他考中后变得疯癫，"我中了，我中了"的丑态让人忍俊不禁，也让人感受到其深受科举制度的毒害；三是范进做官后，收受别人财物，人也变得圆滑，大肆敛财，放纵享受，尤其是丁忧期间还吃大虾元子，揭露了其虚伪的面目。辛辛苦苦考取功名，却迷失在权利与金钱的深渊，直至堕落，让人不禁唏嘘。因此，我们组认为范进当选《儒林外史》最具讽刺意义人物。

生2：我们组推荐严监生为最具讽刺意义的人物。我们的理由是，一是他唯唯诺诺，逆来顺受，胆小怕事，可以看出其猥琐与卑微；二是他家里有钱，对别人很大方，对自己老婆也很慷慨，为其治病一掷千金，对自己却十分吝啬，连一斤猪肉都不舍得买，生病也不舍得医治，导致病情加重。可以看出其吝啬成性，是个典型的守财奴；三是临死前因为两根灯草不肯咽气，一直伸着两根手指，引发众人种种猜测，进而引出一场闹剧，更是让其荣获"吝啬鬼"的称号。纵有万贯家财，却对自己吝啬万分，试问钱财有何用呢？守来守去，守成了一抔黄土，真是可悲可叹啊！因此，我们组认为严监生当选《儒林外史》最具讽刺意义人物。

生3：我们组推荐匡超人为最具讽刺意义的人物。我们的理由是，一是其由细心侍奉父亲的孝子，变为虚伪势力的社会流氓，揭示了其内心的丑陋。坚守初心，从一而终，才是正人君子的品质，而匡超人却发生了质变，让人悲叹厌恶；二是潘三被捕入狱后，曾经的恩人变为阶下囚，他"颇有见解"地慷慨陈词，恨不得离之十万八千里，唯恐被牵连进去，暴露出他薄情寡义的嘴脸；三是逼迫妻子回乡下，导致妻子忧郁而死。明知自己已婚，却要再娶老师的女儿，名利之心，可见一斑。吹嘘自己为"先儒"，揭露了其毫无廉耻、虚伪狡诈的个性。因此，我们组认为匡超人当选《儒林外史》最具讽刺意义人物。

生4：我们组推荐严贡生为最具讽刺意义的人物。理由是，一是他抢夺别人的猪，强要别人的利钱，表面上仁义礼智，内心却无比肮脏。他是一个"变色龙"人物，在官员面前趋炎附势，在下人面前作威作福。二是利用云片糕敲诈勒索船家，抵赖船钱，简直就是流氓无赖；三是在去世的弟弟灵柩前干嚎几声，欺凌弟媳，企图霸占其房产，揭露出六亲不认的丑恶面目。对内对外，金钱至上，为了金钱，无恶不作。因此，我们组推荐严贡生当选《儒林外史》最具讽刺意义人物。

学生根据评分标准，评选出表现最佳的小组，并做简要点评，点评时应兼顾推荐词内容和上台表现两个方面。

师总结：通过这个活动，我们对小说人物的了解更上了一层楼。同学们的写作能力、演讲能力、合作能力都得到了锻炼。同学们在写推荐词的时候，叙议结合，有理有据，对人物进行了精彩的评判。不过在台上演讲时，我们还要注意和观众有眼神交流，不能只低着头看稿子，否则演讲效果会大打折扣。

三、朗读表演展成果

通过话剧表演或分角色朗读的形式，调动学生阅读的积极性，这是对读书效果的一个检测。在课前教师先布置相关任务，让学生以小组为单位选择相关回目，排练时间自行选定。具体要求如下：

1. 每个小组先选定感兴趣的回目，任选话剧表演或分角色朗读的形式，对所选回目进行展示。时间不超过5分钟。

2. 在小组学生完成表演或朗读后，让台下三名学生（随机）进行提问。问题可以涉及该回目中的人物形象、词句赏析、主题思想等方面。

3. 教师针对每个小组的表现进行打分。（见教师评价表）

4. 师生共同评选出表现最优异的小组，同时对其他小组给予相应的鼓励，保护全体学生的阅读兴趣和参与活动的积极性。

教师评价表

汇报小组	所选章节	项目内容	活动要点	得分30分 （表演或朗读15分， 回答问题5分）
1				
2				
3				
4				

问题示例：

示例一：严监生临死前的话剧表演。学生提问："如果这次严监生不死，会有什么故事发生？"（问题有创新性）

示例二：分角色朗读范进发疯片段。学生提问："范进是真疯还是假疯？你对范进的邻居如何看待？"（开放性）

示例三：周进在贡院撞号板的话剧表演。学生提问："周进多大年龄了？为什么哭得如此歇斯底里？周进是怎么进学的？"（回归原文）

示例四：分角色朗读杜慎卿访友神乐观片段。学生提问："杜慎卿为何急于去寻人？当他得知真相后心里想什么？你能用四个字形容当时的杜慎卿吗？"（情境再现）

…………

师小结：列夫·托尔斯泰曾说过，"不但感染性是艺术的一个肯定无疑的标志，而且感染的程度也是衡量艺术价值的唯一标志。"朗读或表演，有利于提升语言的感染力，加深我们对书中人物的理解，提高我们的审美情趣，培养我们的合作意识。在朗读（表演）中，一个个鲜活的人物再现在我们面前，我们仿佛是在和故事中的人物对话，时空阻隔已经不是问题。希望大家热爱朗读，热爱表演，在朗读表演中感受艺术的魅力。

第二课时

一、辩论碰撞思维火花

师：正如马克思所说，"真理是由争论确立的。"辩论是对问题深入的探讨，是思想的交锋，可以碰撞出思维的火花。同学们在阅读中已经知道了范进发疯是由科举制度造成的，我们又通过进一步阅读了解到他中举之后升官发财，境遇与从前有了天壤之别。因此，有的人认为范进寒窗苦读考取功名，改变了命运，实现了人生飞跃，应当受人"尊敬"，将他视为"励志典型"，但是有的人则不以为然。那么大家的看法如何呢？我们就以"范进是不是一个'励志典型'"为题展开辩论。

1. 辩题：范进是不是一个"励志典型"？

正方（全班女生）：范进是一个励志典型。

反方（全班男生）：范进不是一个励志典型。

2. 辩论过程：男生、女生自由辩论，要有理有据，同时注意文明辩论。教师为主持人，为最终的结果进行点评。

（辩论过程略）

3. 师总结：这场辩论非常精彩，正反双方针锋相对，金句频出，辩出了水平，辩出了能力。谁输谁赢已经不重要，关键是我们对这个问题有了更深入的理解，有助于我们树立正确的人生观和价值观。

范进将自己的一生都赌在了科举考试上。鲁迅曾说过："不在沉默中爆发，就在沉默中灭亡。"中举后，三十几年的折磨辛酸，都在"疯"中爆发出来。有人说范进能够中举，一定是有真才实学。但的确是这样吗？当幕客们谈及苏轼时，范进竟然不知苏轼是何人，还以为是本朝的考生，可见其真实的"水平"。这样的科举制度选拔出的"人才"简直就是庸才。

不仅没有真才实学，而且人品也有问题。母亲死后，范进表面上恪守孝道，装腔作势，吃饭时却在燕窝里捡了一个大虾元子塞进嘴里，这副虚伪嘴脸简直是讽刺至极。范进中举后忘记了初心，逐渐迷失了自己。这样动机不纯的努力又有何意义？

文中通过对范进屡试不第到一朝中举后的不同境况的描写，深刻地揭示了封建科举制度对知识分子的毒害，同时生动地刻画了当时社会的世态炎凉，使小说的主旨更加深刻。

二、巧设专题，深挖小说内涵

教师设计几个专题，通过提问的方式了解学生对本书主旨的理解程度，对专题研究的内容师生共同讨论，将学生的阅读引向文本深处。

专题1："假儒士"与"真儒士"。

问题①：《儒林外史》塑造的是不是全是像周进、范进这样的"假儒士"呢？

明确：不是，还有"真儒士"，如王冕、虞博士、庄绍光等人。

问题②：既然这是一部讽刺小说，塑造"假儒士"就够了，为什么还要塑

造"真儒士"呢？作者描写"真儒士"想要表达什么？（小组讨论交流）

明确：塑造假儒士是为了抨击封建科举制度以及社会的黑暗。塑造正面形象，则体现了真儒士的积极进取，个性独立，勇往直前，奋发向上的人格魅力，寄托了作者美好的理想，也是其在浊世中追求真、善、美的人格体现。

第五十五回添写了四个市井奇人，也是寄托了作者的理想，是作者为新一代读书人设计的人生道路，体现了作者对完美人格的追求。

专题 2：封建科举制度和现今高考的异同。

明确要点：有着本质不同。封建科举制度毒害了读书人，让读书人沉迷其中，最终迷失自己。

专题 3：《儒林外史》与《孔乙己》《变色龙》《我的叔叔于勒》等篇目对比阅读。

明确：都运用了对比、夸张等手法，都具有讽刺意味。

专题 4：《儒林外史》中的饮食和服饰文化。

明确：从不同人物的饮食和服饰中可以看出世态百相、人间万状，以及体现出封建等级制度阶层分明的特征。

…………

专题讨论后，后期可以举办专题探究成果展览，如黑板报、人物评论解说、手抄报等，力求形式多样，内容丰富。

（设计意图）设计专题探究，体现整本书阅读的特点，并勾连课内相关篇目，拓展了阅读空间。通过探究，有利于学生深入理解小说主旨及作者思想意图，能够结合生活实际，做到学以致用。

三、作业布置

写作有助于学习者的思考和研究，是促进学习的重要手段。为促进学生对《儒林外史》的深度阅读，教师可布置探究类小论文写作任务，使阅读、思考、写作、生活有机融合，同时落实部编教材提出的阅读讽刺作品要注重"联系现实，深入理解"的建议。为完成小论文写作任务，教师可以提供以下学习支架。

1. 提供论文选题。

一篇小论文，选题至关重要。选题就是选方向，选题切入点要小，要选择学生感兴趣的内容。以下选题可供参考：

①吴敬梓笔下的文人丑相。

②吴敬梓笔下的理想人物。

③《儒林外史》中的对比手法赏析。

④《儒林外史》的喜剧色彩。

⑤《儒林外史》中的礼仪文化。

⑥ 科举制度下的人才选拔。

⑦《儒林外史》中的帽子文化。

2. 提供参考文献。

小论文写作是基于原著以及大量文献阅读之后的写作，是学生深度思考的整合与构建。教师要提供相应的论文，指导学生进行资料的搜集与筛选，以便进行多文本、跨文本的对比阅读，开掘思考深度，拓展写作思路。

学生也可以在家长的帮助下，搜集相关论文。相关小组可以资源共享，充分利用公共资源。

3. 提供小论文写作的程序性支架。

小论文写作对于初中学生来说无疑是一项挑战，初三的学生虽然已经有了一定的议论文学习基础，但是写专门的小论文还是有难度的，因此教师必须给学生提供小论文写作的程序支架：确定选题→搜集资料→拟定提纲→起草初稿→修改论文。同时，教师要提供论证结构典型的两篇论文让学生参考，使学生心中有数，不至于茫然无措。

巧用比较阅读　读懂自传小说

——《简·爱》整本书阅读导读课课例设计

【名著解读】

《简·爱》是部编本教材九年级下册必读的一本名著，是十九世界英国著名作家夏洛蒂·勃朗特的爱情经典小说。这部作品最特别的地方在于它是一部带有自传色彩的长篇爱情小说。虽然书中的故事是虚构的，但是女主人公以及其他许多人物的环境、细节都是取自作者及其周围人的真实经验，被誉为作者"诗意生平"的写照。它通过写一个孤女坎坷不平的人生经历，成功塑造了一个不安现状、自尊自爱、敢于抗争、敢于追求的女性形象，它反映了一个小写的人对成为一个大写的人的渴望和憧憬。

【教学目标】

1. 激发学生的阅读兴趣，读好书，读整本书，丰富自己的精神世界。
2. 初步了解比较阅读方法。
3. 依据学情做好阅读计划。

【教学重点】

用比较阅读法读懂本书。

【教学难点】

学习简·爱的优秀品质，做一名独立坚强的女性。

【教学课时】

1 课时。

【教学方法】

多媒体音频展示，对话启发，自主合作探究等方法。

【预习作业】

完成《简·爱》课前问卷调查。

1. 你的性别是（　　）【单选题】

A. 男　　　　　　B. 女

2. 你喜欢阅读书籍吗？（　　）【单选题】

A. 非常喜欢　　　B. 一般喜欢　　　C. 不太喜欢　　　D. 完全不喜欢

3. 你每日阅读时长是（　　）【单选题】

A. 0 小时　　　　B. 0.5 个小时　　　C. 1 个小时　　　D. 1 个小时以上

4. 你读过夏洛特·勃朗特的《简·爱》吗？【单选题】

A. 读过，还写了读书笔记　　　　　B. 读了一些就放弃了

C. 读了，但没读懂　　　　　　　　D. 听过，但没读过

5. 你是通过什么途径了解《简·爱》的？【单选题】

A. 漫画　　　　　　　　　　　　　B. 《简·爱》青少年版

C. 《简·爱》原著　　　　　　　　　D. 《简·爱》电影版

6. 你在阅读《简·爱》时有阅读计划吗【单选题】

A. 有　　　　　　B. 有一些　　　　C. 完全没有

7. 在阅读《简·爱》时，你有哪些习惯？【多选题】

A. 反复阅读，直到读懂　　　　　　B. 摘抄好词好句，并写上批注

C. 粗读一遍，没有任何印象　　　　D. 和同学、老师交流心得体会

8. 你认为影响你阅读《简·爱》的因素有哪些？【多选题】

A. 学习负担重，没有阅读时间

B. 不是喜欢的类型，没有兴趣

C. 老师没有硬性要求

D. 手机占用了大量的时间

9. 在阅读《简·爱》时，你有什么困难？期望老师提供什么帮助？【主观题】

10. 《简·爱》这本书里哪些宣言让你产生共鸣？【主观题】

（设计意图）通过问卷调查的形式，对学生的阅读有个初步的了解，可以更有针对性地提供有效的指导。

【教学过程】

一、知人论世，导入新课

师：19 世纪的英国，"男尊女卑、男主外女主内"的社会性别观念占主流地位。人们认为，外部世界是男子的活动领域，"文学不能也不应该是妇

女的事业"。正是在这样一种大背景下，有一位女作家为了发表作品不得不使用了男性笔名——科勒·贝尔。有同学知道我说的这位大作家是谁吗？

（屏显）

1847年，对英国文坛而言是值得纪念的一年，因为三颗耀眼的文学新星（同一个家庭的三姊妹）在这一年同时出现在英国文坛：夏洛蒂·勃朗特出版了《简·爱》，艾米莉·勃朗特出版了《呼啸山庄》，安妮·勃朗特出版了《艾格尼丝·格雷》。三姊妹同时驰名文坛，成为英国文学史上的一段佳话。

（设计意图）由于时代、地域等不同，学生们在阅读外国名著时可能会有一些障碍，如何消除与经典的隔膜，需要教师给学生搭建一座通往经典的桥梁，让他们能将自我与作者、当下与过往、文学与生活打通，从而更好地理解文本。而这座桥梁的第一块基石就是"知人论世"。

二、听民歌，了解"苦命孤儿"

很多作家在作品开篇处会用诗词或歌谣隐晦人物的命运，是谓"判词"。接下来让我们来听一首民谣，得以解析简爱的一生。

> 我双脚疼痛难当，四肢力竭；
> 路远迢迢，走不尽野岭荒岗；
> 天空中没有月亮，苍茫暮色
> 即将笼罩在苦命孤儿旅途上。
> 为何逼我走他乡，形单影只。
> ——《简爱》第三章贝茜唱的歌谣

贝茜用甜美的嗓音歌唱着民谣，十岁的简·爱从中听到了悲哀忧伤。"苦命孤儿"似乎就是简·爱身份的真实写照。她无处栖身，无亲可投，形单影只，疼痛难当，而这又何尝不是夏洛蒂的真实经历。

（屏显）

作者生平介绍
1. 不幸的童年。
1816年出生于英国北部约克郡的霍渥斯，父亲是当地圣公会的一个穷牧师，母亲是家庭主妇。
1821年，她5岁时，母亲便患癌症去世。父亲收入很少，全家生活既艰苦又凄凉。

2. 艰难的求学。

两个姐姐被送到一所寄宿学校去读书，不久夏洛蒂和妹妹艾米莉也被送去那里。由于条件恶劣，第二年学校里就流行伤寒病，她的两个姐姐都染上此病，相继去世。

3. 夭折的办学。

做家庭教师受辱。后想在本村办一所学校，结果没有招来学生，只招来了上门收税的官员。

4. 写作的成功。

1847 年，出版《简·爱》轰动文坛，不久，妹妹艾米莉和安妮分别写的长篇小说《呼啸山庄》和《艾格妮丝·格雷》也相继出版。

5. 亲人的逝去。

1848 年，弟弟患病去世。三个月后，艾米莉染上肺结核去世。五个月后，安妮也染上肺结核去世。

6. 巨星的陨落。

1854 年，与一位牧师结婚，不到一年后怀孕，但不幸受寒患病，以致快速恶化，1855 年带着未出生的孩子逝去。

三、列计划，读"天才的杰作"

部编本教材中安排有名著导读，意味着整本书阅读计划要列入教学计划，但这是很特别的课型，课内教师需少讲，主要还是要学生课外自主阅读。教师可以利用课堂上有限的时间进行名著阅读和交流，帮助学生制定科学的阅读计划。

《简·爱》被英国著名作家萨克雷评价为"一位伟大天才的杰作"，全书共38 章，约 32 万字，按照速读每分钟不少于 500 字的阅读速度，学生每天大概可以阅读 3～4 个章节。大概 13 天左右可以完成阅读（见下表）。

阅读内容	时间安排	完成评价
第 1～3 章		
第 4～6 章		
第 7～9 章		
第 10～12 章		

阅读内容	时间安排	完成评价
第 13～15 章		
第 16～18 章		
第 19～21 章		
第 22～24 章		
第 25～27 章		
第 28～30 章		
第 31～33 章		
第 34～36 章		
第 37～38 章		

（设计意图）制订时间和任务量的规划可以使学生合理安排课余时间来阅读整本书，并且依据自身对小说内容的理解和书中章节的情况制订个性化的阅读计划，才能更好地完成阅读任务。

四、整体感知，重构"走"的一生

贝茜的民谣"我双脚疼痛难当……为何逼我走他乡，形单影只"，唱尽了简·爱的一生。如歌谣所唱，简爱一直被命运推着"走"。这部小说的人物、背景、情节、主题等均错综复杂，学生如梳理不清思路，难免会丧失阅读兴趣。

（一）请各小组学生结合以往整本书阅读的经验，说一说可以运用哪些方式对文本内容进行梳理？

学生回答，教师引导，分享阅读方法。

参考：

1. 专题研究法。

专题研究是针对某一主题做的深入研究。学生可根据自身的兴趣与能力，与教师、同学、家长选定主题，进行一系列有意义的研究。这个过程包括资料收集、整理分析、综合、思考等，最后得出结论或新知。

如《简·爱》，教师可以在全班阅读的基础上，根据学生的兴趣，试拟出以下几个专题，分小组进行研究。

主题一：探究简·爱的形象

专题二：思考爱的真谛

专题三：欣赏与排演

2. 思维导图阅读法。

思维导图是一种将思维形象化、可视化的方法。它运用图文并茂的形式，把各级主题的关系用相互隶属或相关的层级图表现出来，将主题关键词与图像、颜色等建立记忆链接。

如"简·爱的一生都在被命运推着走"，师生可以根据地点的变化，梳理她的一生，可概括简·爱在什么地方做了什么事？（也可以按照时间顺序、主要矛盾、人物进行梳理）

简·爱每个阶段都有关键事件改变其人生轨迹，从而做出了她的选择。（多媒体展示，学生借鉴梳理）

（1）盖茨海德府，苦难的童年（第1～4章）

被表哥打——还手

被舅妈冤枉——解释

被送到学校去——不反抗

（2）洛伍德孤儿院，艰难中成长（第5～10章）

被罚站示众——不自卑

海伦死去——铭记

想离开学校——登报

（3）桑菲尔德庄园，体验爱情（第11～27章）

偶然遇见先生——淡然

先生反复试探——离开

先生最后试探——表白

结婚发现真相——离开

（4）流离至沼泽庄园（第28～35章）

流浪被救——好好生活

面对求婚——拒绝

面对遗产——平分

（5）芬丁庄园相聚（第36～38章）

返回寻找先生——结婚

（二）小组探究：简·爱面对人生的十字路口时，总是做出令读者惊讶的选择，请学生们分析简·爱选择背后所体现的性格。

学生合作回答，教师总结：曾看过一篇报道，里面提到李嘉诚喜欢看电影。他看电影时"代入感"很强，每次都会选择一个自己喜欢的角色，然后随着剧情起伏，"过他们的生活"。那么同学们在梳理小说情节时，也可以把自己代入小说，体验简·爱的经历，想象如果自己面临这些选择时会怎么做，并进行对比，分析简·爱的性格特性。

夏洛蒂为简·爱设置了一个"爱情"与"尊严"的两难处境。也正是在这种两难中，我们看到了简·爱有别于他人的高贵：爱情并不凌驾于尊严而存在。

茹清平老师在一书中指出："简·爱不甘被虚妄的幸福与一时的激情所挟持，始终坚持着清醒、冷静的自我审视，而离开这段不对等的关系，是她唯一能够保全自己尊严的方式。"

（设计意图）《义务教育语文课程标准》中的实施建议强调："自主合作探究环节应以学生自主阅读活动为主，引导学生运用浏览、略读、精读等不同阅读方法，通读整本书，了解主要内容。"设计这个小组探究环节，目的在于帮助学生提纲挈领地把握整本书的故事情节。而探究简·爱人生背后的选择，可以引导学生学会通过事件分析、感悟人物的情感。

五、比较阅读，品"诗意的生平"

《简·爱》被称为夏洛蒂·勃朗特"诗意生平"的写照。比较夏洛蒂·勃朗特和简·爱的人生轨迹，请学生们根据列表（见下表），把她们二人的出身、家庭主要成员、幼年主要经历、求学经历、工作经历等进行分析整理。

通过分析会发现她们之间有着惊人的相似之处。在《简·爱》这部小说里，夏洛蒂将自己放在了其中，将自己的一些重要的人生经历融入了简·爱这个人物的创作，简·爱就是她的缩影，因此这部小说也被称之为"自传体小说"。

经历	夏洛蒂·勃朗特	简·爱
出身		
家庭主要成员		
幼年主要经历		
求学经历		
工作经历		
感情经历		

艺术来源于生活，又高于生活，夏洛蒂在塑造简·爱这个人物角色时，又

对她进行了一定的美化。

补充夏洛蒂的感情史：

致康斯坦丁·埃热

先生，我向你提出一个请求：当你回信时，请谈一谈你自己的事，不要谈我；因为我知道，如果谈我，你就一定要责怪我，这一次我想看到你慈祥的面孔。因此，和我谈谈你的孩子们吧。当路易丝、克莱尔和普罗斯彼尔在你跟前时，你从不紧锁眉头。也请和我谈谈学校、学生和女教师们的情况吧。白兰施小姐、索菲小姐和茹斯丁小姐都还在布市吗？请告诉我，假期里你到哪儿去旅游过。去过莱茵吗？访问了科伦或科布伦茨吗？总之，我的老师，务请告诉我一点什么，随便什么都行……

明年五月我还能给你写信吗？我宁愿等待一年，但那是办不到的——太长了。

夏洛蒂·勃朗特 1845.11.18

《夏洛蒂·勃朗特书信》（节选）

从这封书信中可以看出，夏洛蒂·勃朗特现实中爱上了自己的老师，明知不可为而为之，于是只能把这样一种情感寄托在自己所塑造的人物身上，让她在书中圆自己现实生活中无法实现的梦。

自传体小说的特点，表面上看很真实，实际上反映的是作者的一种期待。作者创作《简·爱》，不一定展现的是真实的自己，而是美化过的自己，或者期望中的自己。

和别的自传体小说的不同在于，其他作家常美化为才子佳人、高门贵族的理想爱情，而她的美化方式开创了一个全新的爱情文学小说模式：即创作基于主人公是一个丑陋、普通的平民女孩的角色。

《简·爱》出版前，夏洛蒂曾对妹妹说："我要写一个女主角给你们看，她和我同样貌不惊人，身材矮小，而她却要和你们所写的任何一个女主角一样能引起读者的兴趣。"就是这样一个相貌平凡、家境贫寒，社会地位不高的女性，历经好几个世纪的打磨与淘洗，至今仍感动着一代又一代青年读者，对不少女性读者的人生观、爱情观都产生了积极的影响。

师：看到简·爱倔强而伟大的一生，我们明白，有些人生来就在罗马，有些人拼命奔向罗马。人生有太多种可能，明白和接受了命运本身的不公平，才能昂起头来，做出选择。简·爱就是这样，她一步步突出重围，挥别至暗时刻，迎向全新的未来。我们也可以从她的经历中得到启发，想清楚自己该在何时果断转身，又该在何时勇敢归来。

六、作业布置

　　《简·爱》和《红楼梦》开篇都有命运判词，简·爱和林黛玉都是孤儿，都追求爱情，命运却各不同，请同学们用比较法对她们进行分析。200字左右。

独立，是生命最美的姿态

——《简·爱》整本书阅读推进课课例设计

【教学目标】

1. 梳理《简·爱》故事情节；
2. 学会运用比较阅读的方法阅读外国小说；
3. 初步了解东西方文化的差异，追求独立的生命姿态。

【教学重点】

学会运用比较阅读的方法阅读外国小说。

【教学难点】

初步了解东西方文化的差异，追求独立的生命姿态。

【教学课时】

2 课时。

【教学方法】

朗读法、对话启发法、自主合作探究法等。

【预习作业】

1. 阅读整本书《简·爱》；
2. 完成下列表格，梳理小说情节。

《简·爱》情节梳理表

经　历	章　节	地　点	情节概括
苦难童年	1～4		
艰难成长	5～10		

经　历	章　节	地　点	情节概括
体验爱情	11～27		
别后	28～35		
相聚	36～38		

【教学过程】

一、视频导入

播放关于简·爱说出独立自尊名言的电影视频片段。

"你以为因为我贫穷、低微、不美、矮小，我就没有灵魂，没有心吗？——你想错了！——我跟你一样有灵魂，——也完全一样有一颗心！要是上帝赐给了我一点美貌和大量财富，我也会让你感到难以离开我，就像我现在难以离开你一样……两人平等地一同站在上帝跟前——因为我们本来就是平等的！"

（设计意图）"兴趣是最好的老师。"课堂开始播放视频能激发学生了解人物、梳理情节的兴趣，为下一环节梳理情节做铺垫。

二、梳理情节

《简·爱》是英国女作家夏洛蒂·勃朗特创作的长篇小说，是一部具有自传色彩的作品，作品描述了孤女简·爱坎坷不平的人生经历。我们一起借助下列表格，梳理《简·爱》的情节。

1. 学生自由回答。
2. 老师投影完整表格，进行小结。

《简·爱》情节梳理表

经　历	章　节	地　点	情节概括
苦难童年	1～4	盖茨海德府	简·爱出生后不久父母双亡，寄住在舅舅家，舅舅去世后，遭到舅妈和表哥的欺负
艰难成长	5～10	洛伍德孤儿院	简·爱在教规严厉、条件艰苦的洛伍德孤儿院做了六年学生、两年老师

（续）

经 历	章 节	地 点	情节概括
体验爱情	11～27	桑菲尔德庄园	简·爱与罗切斯特先生相爱
别后	28～35	沼泽庄园莫尔顿学校	简·爱度过一段平静的生活，意外得到一笔遗产
相聚	36～38	桑菲尔德芬丁庄园	简·爱回到阔别一年的桑菲尔德府，发现这里一片废墟，在芬丁庄园找到失明的罗切斯特，并和他举行婚礼

（设计意图）新课标中提到："教师是学习活动的引导者和组织者。"因此要凸显学生的主体地位，突出教师的引导作用，引导学生通过清晰的表格自己完成情节的梳理，而不是教师直接讲解代替学生的思考。

三、比较阅读

师：四大名著之一《红楼梦》的女主人公林黛玉用血和泪追求纯粹的爱情，英国女作家夏洛蒂·勃朗特的著名长篇小说《简·爱》女主人公在追求爱情的过程中的独立自信，让世人惊叹、钦佩。林黛玉和简·爱都反抗传统，追求独立，结局却截然相反，为什么呢？

接下来，我们学习"比较阅读"的阅读方法，通过对比分析林黛玉和简·爱人物形象的异同，探寻中西方文化的差异，思考生命的意义。

1. 介绍"比较阅读法"。

比较阅读法，是把两种或两种以上同类或者有一定联系的文本放在一起比较分析其共同性和特殊性。这个比较是有条件的：①要有可比性；②要选择可比点；③比较点的选择可以是某个方面或某个角度，如"词语比较""技巧比较""文体比较""人物比较"等。

2. 举例说明"人物比较"法。

可以将所学课文《范进中举》和《变色龙》中的范进和奥楚蔑洛夫进行比较阅读，比如从他们的可笑表现、悲剧根源等几个方面进行比较。

范进中举后疯癫落魄的样子和奥楚蔑洛夫因为小狗身份不同而做出截然相反的判断的狼狈样子，都是该人物的可笑表现，作者在描写他们的可笑表现时，都运用了对比和夸张的讽刺手法，突出人物的滑稽之处，进而表达对他们的讽刺和批判。

范进和奥楚蔑洛夫悲剧的根源都不仅仅在个人，而是作者通过讽刺这两个人物来反映社会悲剧。《范进中举》嘲讽批判的是腐朽的科举制度，因为在八股取士制度当中，科举考试的所有命题都不准超出四书五经的范畴，文体严格限制于八股文。《变色龙》有力地嘲讽了沙皇专制制度下封建卫道士的卑躬屈膝的嘴脸，反映出当时俄国社会的黑暗。两部小说反映的虽然是不同国家、不同制度的黑暗，但是也存在共同点——两人都没有独立的思想。

（设计意图）这是一个过渡环节，引入学生课文中学习过的人物形象，介绍"比较阅读"的阅读方法，并用所学课文进行举例，教会学生"比较阅读法"，为下面重点环节的突破做铺垫。

四、分析形象异同

请学生们结合整本书的内容，说说林黛玉和简·爱形象上的异同，完成表格（见下表）。

提示：从身世、性格、爱情观等方面进行思考。

《红楼梦》和《简·爱》对比阅读表

	相同点	不同点	
		林黛玉	简·爱
身世	寄人篱下	生活富足	颠沛流离
性格	率真叛逆自尊心强	多愁善感、敏感含蓄	倔强勇敢、自尊自强
爱情观	执着追求心灵相通	为爱而生、为爱而死	经济独立、精神平等

教师讲解：

（1）身世。

相同点：都是孤女，过着寄人篱下的生活。（林黛玉和简·爱自幼父母双亡，一个被寄养在外祖母家，一个被寄养在舅舅家）

不同点：林黛玉出身公侯世家，书香门第。她6岁丧母，没过几年父亲也去世了，黛玉便长期寄居在贾家。林黛玉寄人篱下的生活是富足有爱的。

简·爱出生于清贫的牧师家庭，父母早亡，经历辗转后，最终被寄养在舅舅家。舅舅去世后，舅妈和表兄妹便嫌弃她、冷落她、欺辱她。她的生活环境不仅是寄人篱下，更是颠沛流离。

（2）性格。

相同点：率真叛逆，自尊心强。

林黛玉多疑善妒，说话常常含针带刺，以此表达她对平等尊重的强烈要求。周瑞家的分送宫花，别人都谢过收下，唯独黛玉发问："是单送我一人的，还是别的姑娘都有呢？""别人不挑剩下的也不给我。"粗略看去，黛玉确实挑剔、小气，透过表象，却可以感到她时时处处看重作为一个独立个性的自我，追求自由、自尊和平等。

不同点：

林黛玉寄居贾府，虽然受到无微不至的关怀，但毕竟是寄人篱下，因此，自上轿走向贾府，"步步留心，时时在意，不肯轻易多说一句话，多行一步路，惟恐被人耻笑了她。"性格敏感含蓄，暗自神伤。

简·爱虽然孤苦伶仃，但反抗意识特别强烈，悲惨的家世，寄人篱下、遭人白眼的环境不但没有使她屈服，反而让她产生了强烈的反抗意识，说话行事都是大胆直白——如第4章中，简·爱在即将被送往洛伍德寄宿学校之际，向里德太太宣称："我这一辈子绝不会再叫你一声舅妈""要是有人问我喜不喜欢你，问我你待我怎么样，我就说，我一想起你就觉得恶心，你待我残酷到极点。"

（3）爱情观。

相同点：执着追求心灵相通的爱情。

林黛玉的爱情观是纯粹的，没有如薛宝钗般在爱上附加自己的人生要求。在大观园中，只有林黛玉从不对宝玉说"仕途经济"的话，林黛玉对贾宝玉的爱，是接受贾宝玉的一切，她不在乎贾宝玉是否考取功名，只是执着追求心灵相通的爱情。

简·爱那段关于"平等爱情观"的慷慨陈词已为世人永远传颂，"你以为因为我贫穷、低微、不美、矮小，我就没有灵魂，没有心吗？——你想错了！——我跟你一样有灵魂，——也完全一样有一颗心！……因为我们本来就是平等的！"这是她赤诚的心声，也是她人生追求的信念。最后，罗切斯特彻底破产时，简·爱毅然与他结合，他们的爱情不是建立在财富的基础上，而是建立在人格独立平等和心灵相通的基础上。

不同点：

林黛玉的一生为爱而生、为爱而死，爱情是她生命的全部追求。

简·爱追求自由平等的爱情，但爱情并不是她追求的全部。简·爱还追求经济上的独立，罗切斯特要她马上放弃家庭教师的工作，好整天陪着自己，她执意不肯。

（设计意图）"自主合作探究"环节，教师引导学生进行朗读，可以师生对读，也可以演读，深入分析人物形象，给予学生大量的思考和讨论时间。在学生充分合作讨论后，再请学生表达。

五、同中求异析结局

《红楼梦》的故事写于封建等级森严的清朝，女性只是男性的附庸。《简·爱》写于19世纪，那时的英国，女性也是男权社会的附庸，女性婚姻以追求财富和地位为目的。林黛玉和简·爱这两位女性都追求自由平等的爱情，结局却一悲一喜。请学生从性格和情感表达方式这两个角度，思考她们结局不同的原因是什么。

1. 从性格上看。

林黛玉是当朝探花林如海与国公之女贾敏的女儿，出身于钟鼎世家，书香门第。如此显赫的名门望族，必定家教严明，封建礼教严苛。虽然她追求自由自主的爱情，但是当她的追求不能实现时，她选择的是默默抗争、抑郁而终。心思敏感、情感细腻、自尊自爱，多愁善感的林黛玉，终究无法反抗强大的封建礼教。

简·爱自幼失去父母，从小便学会要独自一人面对生命所有的苦难。她的性格热情、奔放、坚决、毫不妥协。简·爱会和表哥厮打在一起，会直接对舅妈破口大骂，她的反抗和叛逆是强烈大胆的。

2. 从表达情感的方式上看。

林黛玉羞于说爱。明代冯梦龙有诗云："不写情词不写诗，一方素帕寄相思。相思接了颠倒看，横也丝来竖也丝。"贾宝玉通过送给林黛玉两块旧手帕表明心意。林黛玉知书达理，在追求爱情的过程中委婉、羞怯。有一回宝玉挨打，林黛玉是趁袭人梳洗之时，宝玉叫众丫鬟都退出之后才进来的。她情感表达含蓄委婉，面对压迫不平，只能被迫忍受。

简·爱是大胆直接地表达情感的。她面对罗切斯特，这个和她在不同阶层的贵族，大胆地说出了自己的爱意，并且不以为耻。她在追求爱情的过程中不卑不亢、沉着大胆的个人魅力让罗切斯特为之倾倒。简·爱通过她的独立宣言，直接明了地让我们感受到她那勇敢向社会挑战的独立的生命意识，她也因此成为文学史上独立女性的代表。

（设计意图）这个环节的比较阅读，同中求异，可以很好地锻炼学生的比较思维和概括能力。

六、探究小结

师：这堂课，我们通过比较阅读的方法，异中求同，同中求异，多角度分析林黛玉和简·爱的异同，深入体会了她们具备的"独立人格"的魅力。

"我为的是我的心"，不屈就社会规范，不附带任何条件的真正的自我意愿，这是林黛玉的独立人格。"我现在不是凭着习俗、常规，甚至也不是凭着肉体凡胎跟你说话，而是我的心灵在跟你的心灵说话"，摒弃一切附加的条件，只追求心灵契合的爱情，这是简·爱的独立人格。

在追求爱情、追求自我价值的过程中，林黛玉和简·爱以弱小的身躯对抗社会强权意识，以心灵的强大捍卫人格尊严，在追求独立人格的道路上闪耀着人性的光辉。

七、作业布置（二选一）

1. 试着用比较阅读的方法，结合名著内容，比较海伦·凯勒和简·爱性格的异同，写一篇 200 字左右的鉴赏文字。

2. 通过查阅资料，查找古今中外文学作品中其他独立女性角色，聚焦"独立"，写一段 200 字左右的鉴赏文字。

探究中外小说中的女性爱情观
——《简·爱》整本书阅读展示课课例设计

【教学目标】

1. 进一步熟悉小说的故事情节；

2. 学生作为鉴赏主体，品味人物个性化的语言，自主熟练运用比较阅读法理解和分析人物形象；

3. 欣赏中外小说中的女性魅力，从中汲取精神力量，提升文学素养。

【教学重点】

品味人物语言，理解和分析人物形象，通过比较阅读体味中外女性追求自由、平等的爱情观。

【教学难点】

从作品中汲取精神力量，提升文学素养。

【教学课时】

2课时。

【教学方法】

诵读法、问题探究法、合作学习法、写作练习法。

【课前准备】

1. 安排学生利用课余时间阅读《简·爱》，做好读书笔记，通过书籍或网站查阅作者和作品相关信息，并通过比较阅读方法分析《红楼梦》中具有反叛精神的女性形象，着重分析尤三姐这一人物形象。

2. 学生阅读原著，通过书本和网络查找作者和作品相关信息，制作读书卡片，并对重点段落进行圈注和旁批。

3. 了解马斯洛的需求层次理论。

4. 教师准备好展示课课件和教学内容。

【教学过程】

一、导入新课

师：前两堂课，咱们以比较阅读的方法为主线，先后梳理了夏洛蒂·勃朗特与简·爱的人生轨迹；林黛玉与简·爱的各种异同。本节课咱们将继续运用比较阅读的方法，深入文本，巧借表格梳理尤三姐与简·爱的异同。

二、展示环节

任务一　梳理情节　了解主人公人生轨迹

阅读成果展示：结合小说情节，梳理简·爱的人生轨迹，学生分小组展示读书卡片或手抄报（见下列图表）。

地点	身份	主要事件
盖茨海德	童话里的"灰姑娘""外来人"比不上佣人的小姐	被表哥殴打关进红屋子；受到舅妈诋毁；送进学校
洛伍德学校	六年学生，两年教师	认识朋友海伦；布洛克赫斯特先生当众羞辱，老师解围
桑菲尔德庄园	家庭教师	认识庄园主罗切斯特先生，帮助庄主灭火，接受求婚，发现其早有妻子
圣·约翰家	表妹	被圣·约翰收留并得到遗产，拒绝其求婚
桑菲尔德庄园	家庭教师	答应了罗切斯特的求婚，结婚生子

学生读书卡片：梳理主要情节

手抄报

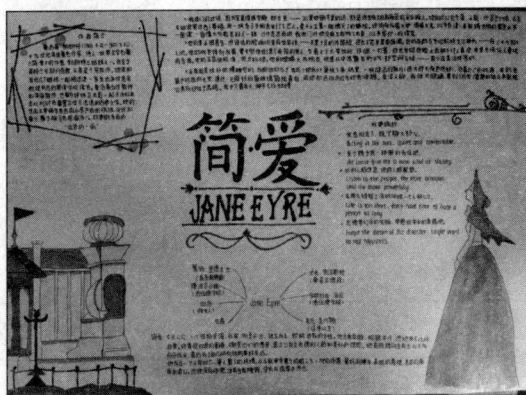

学生手抄报

学生思考，交流展示。

思考1：简·爱是一个怎样的人？她哪里最吸引你？结合文本整体感知人物形象。

生1：简·爱在我们心目中的形象是既单纯又聪慧，既温柔又倔强，平凡而不平庸，她用对尊严的捍卫和爱的奉献完成了一个大写的人的价值书写，这就是她的永恒魅力。简·爱她最吸引我的地方是尽管饱受命运的捉弄，尝尽生活的煎熬，遭受旁人的误解与欺侮，她却依旧能以她的坚贞不屈、宽容豁达接受这一切，并教会世人：人存在的价值是尊严与爱。

思考2：学生有感情地朗读经典的人物对话和简·爱的爱情宣言，试想想简·爱对待爱情的态度是怎样的？

生2：小说中这句话"别因我是个卑微的人，就没有主宰爱你的权利"，说明简·爱在爱情方面追求的是精神平等，是彼此双方的真爱，是彼此双方的忠诚和坚持，如此才能够得到真正的爱情。

307

生 3："你认为我会留下来，成为一个对你来说无足轻重的人吗？你认为我只是一架机器——一架没有感情的机器？你认为我能忍受让人把我的一口面包从嘴里抢走，让人把我的一滴活命水从杯子里泼掉吗？你以为因为我贫穷、低微、不美、矮小，我就没有灵魂，没有心吗？——你想错了！——我跟你一样有灵魂，——也完全一样有一颗心！"读到这段，我被简·爱表现出的独立爱情观所折服，她对待爱情的勇敢、平等、自由，着实令人敬佩。

师：从简·爱的爱情宣言里，我们可以看出那份坚毅，那份正直与高尚，而这点也深深吸引了罗切斯特。她给我们展现的是一种纯粹的爱情，是一种追求全心付出的爱情，还有作为一个人应有的尊严。

（设计意图）这是课堂的第一环节，学生可就自己喜欢的段落、句子来表达自己的阅读感受。在此过程中，教师主要是一个倾听者，师生产生共鸣是本环节的理想境界。

任务二　比较阅读法　探究人物爱恨情仇
（屏显）

请学生将《红楼梦》中的尤三姐和简·爱进行比较阅读，完成下列表格（见下表）。

项目	尤三姐	简·爱
身　世	尤三姐是贾珍妻子尤氏继母（尤老娘）和前夫的女儿，尤二姐的妹妹，亦称作尤小妹。	简·爱出生在一个穷牧师家庭，在童年时失去父母，成为了一个孤儿。舅母因丈夫临死前的嘱托收养了她，但没给她爱和温暖。
人生经历	贾珍父子垂诞三姐的美貌，她为此而反抗。她看中了柳湘莲，但柳湘莲认为她是个不干净之人，要索回定情礼，刚烈的尤三姐在奉还定情礼时自刎。	1. 苦难童年阶段，童年失去亲人寄人篱下，简·爱的朋友海伦又离开她去了天堂。2. 艰难的成长阶段：简·爱在桑菲尔德庄园，帮助滑倒的人，他是那儿的主人。3. 体验爱情阶段：在桑菲尔德庄园里，简·爱勇敢向罗切斯特先生表白。4. 离别阶段：罗切斯特的原配妻子破坏了婚礼，简离开了。5. 团圆阶段：简重回庄园与罗切斯特团聚。

项目	尤三姐	简·爱
对待爱情	爱的直白，死的刚烈。 尤三姐的悲剧是自己一开始一厢情愿，最后却只能以死自证清白。	在简·爱看来，真正的爱情不取决于外在条件、家世背景，所以她才能够冲破门第与社会等级渴求平等的爱情。她渴望被爱，但不乞求爱。她敢于冲破陈旧的社会观念堂堂正正地去爱，她认为爱情的前提是尊严，最终她获得了真爱。
结局	尤三姐在被柳湘莲拒婚、退还定情礼时拔剑自刎。	简·爱拒绝了圣·约翰的求婚，她回到了罗切斯特身边，并最终嫁给了他。

1. 身世的异同。

学生发言：

生4：从身世来看，她们有几分相似，地位都很卑微。简·爱是个孤女，出生于一个穷牧师家庭。父母相继去世后，年幼的她被寄养在舅舅家里。自舅舅去世后，她过了10年受尽歧视和虐待的生活。舅妈把她视为眼中钉，并把她和自己的孩子隔离开来，从此，她与舅妈的对抗更加公开和坚决，直到简·爱被送进洛伍德孤儿院。

生5：《红楼梦》里的尤三姐出身卑微，尤家贫穷，尤二姐、尤三姐都是尤老娘改嫁时"带了来的"。贾敬死时，尤老娘把她姐妹俩带到宁国府来是为了倚赖阔亲戚过活的。因此，她的地位十分低下。

2. 人生经历的异同。

生6：她们的人生都历经坎坷，都是在艰难的日子里寻求真爱。最后简·爱迎来了罗切斯特的爱，而刚烈的尤三姐最后是以死来抗争的。

3. 对待爱情的异同。

生7：两位女性对待爱情的态度有所不同。简·爱追求的婚姻是建立在经济独立、精神平等、两情相悦的基础之上的。这样的爱情婚姻在任何时代都不过时，都是值得肯定的。在十九世纪的英国，简·爱和罗切斯特的结合属于跨阶层的婚姻，这在当时的时代是不可思议的。而尤三姐对待爱情态度是有变化的。从开始的醉里贪欢、纵情声色犬马到从梦中醒悟不再受人摆布，到最后自刎殉爱。从这点来看，尤三姐和简·爱性格很相似，都极为刚烈，二者对待爱情都是那么坚定、执着。尤三姐的一生虽然很短暂，但却以悲壮的气势演奏出人生的三部曲：屈辱、抗争、殉情。

4.结局的异同。

生8：简·爱得到叔父去世留下的一大笔遗产，拒绝了传教士圣·约翰的求爱。她回到桑菲尔德庄园，看到那座宅子已成废墟，她深爱的罗切斯特先生已从富甲一方的庄园主沦落为一无所有的残疾者。她并没有被这巨大的反差所吓倒，仍像原来那样善良、勇敢、反抗、独立，选择与罗切斯特先生结婚。这从一个侧面表现了她要求平等的坚强意志和蔑视传统道德的可贵之处。

而尤三姐就没有那么幸运了，她摆脱了贾珍父子的觊觎，为自己争取来了"自由婚姻"的权利，在那时能做到这点已难能可贵。我想这也是尤三姐的根本目的，她想要嫁给自己心爱的人，以便跳出贾府这个火坑，最后选择了为人正派、颇具游侠之气的柳湘莲。但面对柳湘莲的贞节观念和他对宁国府的鄙视，尤三姐只能拔剑自刎维护自己的清白。只能说尤三姐"为自尊殒命，为爱情永生"了，从中底层人物的命运可见一斑。两位女性，两种命运，一悲一喜，令人深思。

师：尤三姐的悲剧，是社会的悲剧，是时代的悲剧。尤三姐的社会地位是低下的，但她的思想却并不低下，不愿附和男人随波逐流，用自己特殊的方式以恶制恶，保护自我。这一反抗思想在封建社会难能可贵。而简·爱和罗切斯特的婚姻是建立在平等的基础之上，正是这种平等基础之上的爱情使他们终于完美地走到了一起，也正是这最后的大团圆结局最终完成了对简·爱的塑造，她终于凭着自己的反抗与奋斗使自己走上了一条幸福之路。

（设计意图）之所以让学生用比较阅读法来分析简·爱和尤三姐两位女性形象，是因为常用比较法阅读经典，有利于调动学生阅读的积极性和主动性，从而更加深刻地理解小说的内容，提高阅读效果。

任务三　知识迁移　跨学科研究

（屏显）

从马斯洛的需求层次理论看简·爱和尤三姐的异同。

生9：马斯洛需求的五个层次分为生理需求、安全需求、归属与爱的需求、尊重需求和自我实现需求。简·爱性格坚强，朴实，刚柔并济，是独立自主、积极进取的女性。她有顽强的生命力，从不向命运低头，渴望得到平等的爱与尊重，这些都是自我意识的觉醒，最后他与罗切斯特有情人终成眷属，也实现了自我的婚姻自由。尤三姐渴望爱情，渴望获得尊重，于是选择了为人正派、颇具游侠之气的柳湘莲，但因柳湘莲的封建保守思想葬送了他们的爱情，也导致了尤三姐的悲剧命运。从她们追求爱情和反抗压迫来看，她们都想通过努力获得尊重需求，实现自我的价值和理想。她们为此不惜付出所有努力，义无反顾，这在当时都是难能可贵的。

师：马斯洛最高层次的需要是自我实现的需要，如寻求自我满足、成就、发展最优潜能的需要。如果说易卜生笔下娜拉的离家出走是叛逆女性对传统夫权的决裂，是追求自我个性解放；如果说列夫·托尔斯泰笔下安娜的卧轨自杀是新时代女性对个性压抑的无言反击，那么，夏洛蒂·勃朗特为我们塑造的简·爱却是用坚韧的意志表达了对平等爱情、独立个性的追求。

（设计意图）从美国人本主义心理学家马斯洛提出的需求层次理论来解析简·爱在当时社会环境下所受的个性压抑及其自强、自尊个性的形成原因。

任务四　联系自身　学生谈爱情观

学生朗读中国当代作家舒婷的《致橡树》，进一步分析简·爱的爱情观。

（屏显）

致橡树

我如果爱你——
绝不像攀援的凌霄花，
借你的高枝炫耀自己；
我如果爱你——
绝不学痴情的鸟儿，
为绿荫重复单调的歌曲；
也不止像泉源，
常年送来清凉的慰藉；
……
坚贞就在这里：
爱——
不仅爱你伟岸的身躯，
也爱你坚持的位置，
足下的土地。

师：舒婷在《致橡树》中对青年男女浮躁、肤浅的爱情观进行了鞭挞，否定了世俗不平等的观念，批判了高攀依附、一厢情愿、一味奉献的爱情观，以坚定的信念和肯定的态度，呼唤自由民主、平等独立、志同道合、同甘共苦的爱情观念。时至今日，在物欲横流、精神世界多元化的现代社会，《致橡树》对女性爱情观的确立、独立个性意识的构建依然具有重要的现实意义与指导价值。

生 10：爱情是两个人的事，而婚姻生活是两个家庭的事。

生 11：恋爱中的男女双方都要有各自独立的意识，也要为对方着想，承担起应有的责任，不该是单方面的付出，而需要彼此同甘共苦，相濡以沫，共同面对所有问题。

师：《致橡树》这首诗张扬了女性的主体意识，凸显了女性的自我价值，也体现了平等、独立、相持相守的爱情观。从古至今，爱情都是人类永恒的话题。愿未来生活里，我们都能让爱自由呼吸，并成为更好的自己。

（设计意图）

学生欣赏文学作品，要有自己的情感体验，能初步领悟作品的内涵，从中获得对自然、社会、人生的有益启示。品味作品中富于表现力的语言，能对作品中感人的情境和形象说出自己的体验。

三、作业布置

请以"简·爱，我想对你说"为题，写一段文字，文体和字数不限。

后　　记

罗文华

　　摆在大家面前的是一本能解决广大一线教师燃眉之急的名著阅读教学设计著作《初中语文必读名著整本书阅读教学设计》。该书应《义务教育语文课程标准（2022年版）》而出，为真正落实立德树人的根本任务而生。

　　2022年4月20日，受梁贵生校长的委托，笔者作为南昌整本书阅读推进小组成员在南昌市"智慧阅读　书香校园"工作启动仪式暨专题报告会上做了《阅读分享　点燃梦想》的线上发言，赢得了九万多名听众的关注与点赞。

　　为了实现笔者多年来的愿望——带领广大一线语文教师合作编写一本名著阅读教学专著，我们申报了省级课题《初中语文整本书阅读分点有序实施研究》，希望能以课题研究为契机，以部编版初中语文六册教材所涉及的12部必读名著为研究对象，以一线教师在进行名著阅读教学时所遇到的重难点为突破口，从理论、方法、实操三个角度有序展开，旨在引导教师们如何设计出一堂初中语文整本书阅读课。

　　此次初中语文名著阅读课例开发历时一年，我们遇到了诸多难题，均被一一化解，如有个别老师因工作太忙无法按时完成任务时，我们主动帮助他查找各种资料，主动协助他完成后续工作；有些文稿较为粗糙不够精炼，笔者和另外两位主编主动帮助他反复打磨、力争出精品。为了进一步统一思想，更好地做好名著阅读课例开发工作，我们利用晚上时间，多次召开线上研讨会；为了研读新课标，掌控新动向，我们经常在作者群里分享阅读心得，交流读后感；为了避免同一部名著三个课例之间的重合，我们组建了 12 个小组，反复研讨，找到该部名著的核心价值，再围绕核心价值，分成导读课、推进课、展示课有序展开……

《初中语文必读名著整本书阅读教学设计》的出版是集体智慧的结晶，是团队力量的凝聚。借此机会，笔者要向所有支持、帮助我们的领导、同仁、朋友们表示衷心感谢！

若此书能对您有所启发与帮助，那我们将倍感欣慰。笔者更期待此书能成为名著阅读教学道路上的"问路石"，以引出更多更好的名著阅读教学法，共同培养孩子们爱阅读、会阅读的习惯，引导家长与孩子们进行亲子阅读，着力营造全民阅读的氛围。

期盼使用本书的广大师生、家长、广大阅读爱好者提出宝贵意见，我们将集思广益，不断修订，使之趋于完善。

2023 年 8 月 30 日